The "Comfort Women" Problems and Wartime Sexual Violence

「慰安婦」問題と戦時性暴力
● 軍隊による性暴力の責任を問う

髙良沙哉 著 Sachika Takara

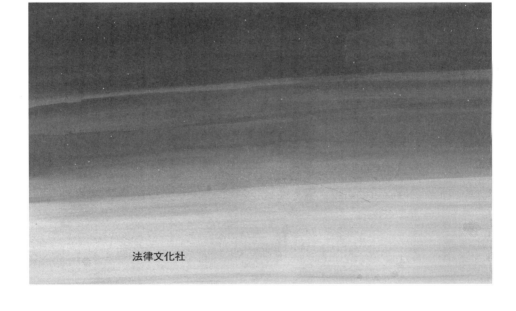

法律文化社

目　次

序章　軍隊と性暴力 ――問題の所在と本書の構成―― ……………1

　1　問題の所在　1
　2　考察の方法と順序　2

第1章　軍人の性暴力は軍隊の構造的暴力か ……………5

　第1節　構造的暴力とは何か　5
　第2節　軍隊の構造的暴力としての性暴力　6
　　1　個人の欲望から軍隊の構造的暴力へ　6
　　　(1)　スーザン・ブラウンミラー（Susan Brownmiller）の見解　6
　　　(2)　ベティ・リアドン（Betty A. Reardon）の見解　7
　　　(3)　ヒメナ・ブンスター（Ximena Bunster-Burotto）の見解　9
　　　(4)　シンシア・エンロー（Cynthia Enloe）の見解　11
　　2　さまざまな場面における軍人の性暴力　15
　　　(1)　竹中千春の見解　15
　　　(2)　大越愛子の見解　16
　　　(3)　アティナ・グロスマン（Atina Grossman）の見解　18
　　　(4)　山下英愛の見解　19
　　　(5)　田中利幸の見解　20
　　　(6)　中満泉の見解　22
　　　(7)　柴田修子の見解　23
　　　(8)　グエン・カーク，キャロリン・ボウエン・フランシス（Gwyn Kirk and Carolyn Bowen Francis）の見解　23
　　　(9)　高里鈴代の見解　24
　　3　性暴力は軍隊の構造的暴力か　25

第2章　いわゆる「慰安婦」に対する軍隊の性暴力 ········ 31

第1節　日本軍「慰安婦」制度の概要　32
1. 「慰安所」設置　32
2. 「慰安所」設置理由　33
3. 「慰安所」設置と国家・軍隊との関係　35
   - (1) 「慰安所」開設の責任　35
   - (2) 「慰安婦」募集と国家・軍隊との関係　36
4. 「慰安所」の類型　38
5. 軍隊による「慰安所」の管理・統制　38
   - (1) 「慰安所」の統制　38
   - (2) 「慰安所」の管理　39
   - (3) 「慰安所」の衛生管理　40
   - (4) 小　括　42

第2節　「慰安婦」制度と性的植民地支配　43
1. 日本人居留地の性的植民地支配　43
2. 軍都と性的植民地支配　44
3. 中国，台湾と日本の性支配　47
4. 植民地支配と軍「慰安婦」制度　48

第3節　公文書等にみる「慰安婦」制度と戦時性暴力の構造　48

第4節　他国における戦時性暴力　50

第3章　「慰安婦」訴訟 ――日本の裁判所と民衆法廷―― ········ 57

第1節　いわゆる「慰安婦」訴訟　58
1. 裁判例で共通して認定されている「慰安婦」制度の実態　59
2. 個々の事例で認定された被害実態　60
   - (1) いわゆる「純粋の慰安所」　61
     - ㈠ 統制のある「慰安所」における被害　61
     - ㈡ 統制のある「慰安所」の特徴　65
     - ㈢ 統制の曖昧な「慰安所」における被害　66
     - ㈣ 統制の曖昧な「慰安所」の特徴　67

(2)　性的拷問の被害実態　68
　　　　㈠　性的拷問の被害　68
　　　　㈡　性的拷問の被害の特徴　71
　　　(3)　「純粋の慰安所」と性的拷問　72
　3　「慰安婦」制度と軍隊の構造的暴力　72
　　　(1)　「純粋の慰安所」と軍隊の構造的暴力　72
　　　(2)　「性的拷問」と軍隊の構造的暴力　73
　4　請求棄却の根拠　74
　　　(1)　国内法に基づく請求について　74
　　　(2)　国際法に基づく請求について　76
　5　裁判例に関する見解　77
　　　(1)　山口地判1998年4月27日（判例時報1642号24頁）に関する見解　77
　　　　㈠　判決を評価する見解　78
　　　　㈡　判決に批判を加える見解　82
　　　(2)　広島高判2001年3月39日（判例時報1759号42頁）に関する見解　82
　　　(3)　東京地判2003年4月24日（判例時報1823号61頁）に関する見解　83
　　　(4)　東京高判2003年7月22日（判例時報1843号32頁）に関する見解　84
　　　(5)　小　　括　85
　6　「慰安婦」訴訟の意義と課題　85
　　　(1)　「慰安婦」訴訟の意義　85
　　　(2)　「慰安婦」訴訟の課題　88
　　　　㈠　国内法的課題　89
　　　　㈡　国際法的課題　91
　　　(3)　小　　括　93

第2節　民衆法廷——女性国際戦犯法廷——　94

　1　女性国際戦犯法廷の概要　94
　　　(1)　救済の場の必要性　94
　　　(2)　女性国際戦犯法廷の概要　95
　2　加害責任についての判決理由　97
　　　(1)　天皇および高官個人の責任　97
　　　(2)　日本の国家責任　99
　3　被害と加害からみた日本軍性暴力の構造　105
　　　(1)　被害の実態　105

        (2) 被害実態から明らかになる「慰安婦」制度の特徴　114
            (一) 軍隊による「慰安所」管理・運営　114
            (二) 「慰安所」設置目的　116
            (三) 女性たちの徴集・連行　116
            (四) 「慰安所」の形態　118
            (五) 「慰安所」での生活実態　119
            (六) 女性たちの物体化　122
            (七) 終戦と女性たち　122
            (八) 民衆法廷の結論　122
            (九) 被害者証言からみる「慰安所」　123
        (3) 加害の実態　124
    4 女性国際戦犯法廷判決　127
        (1) 天皇裕仁有罪　127
        (2) 時効の不成立　128
        (3) 国際法上の違法　128
        (4) 「慰安婦」制度＝性奴隷制　129
            (一) 加害者証言からの認定　129
            (二) 「慰安所」の目的・効果　129
            (三) 「慰安婦」徴集　130
            (四) 軍隊の関与　131
            (五) 「慰安婦」システム　131
            (六) 日本による欺瞞　131
            (七) 「慰安所」は売買春施設ではない　132
    5 救済措置　133
    6 小　括　134
        (1) 民衆法廷の意義　134
        (2) 判決に向き合う　135
        (3) 「慰安婦」制度と軍隊の構造的暴力　138
第3節　日本軍「慰安婦」制度と戦時性暴力　139
        (1) 軍隊の構造的暴力　139
        (2) 公文書にみる「慰安婦」制度と構造的暴力　140
        (3) 裁判例に表れた「慰安婦」制度と構造的暴力　141
        (4) 女性国際戦犯法廷判決にみる「慰安婦」制度と構造的暴力　144

　　　　(5)　「慰安婦」制度は軍隊の構造的暴力か　146
　　　　(6)　「慰安婦」被害の責任を問う　148

第4章　第二次世界大戦後の軍隊と性暴力　167

第1節　戦後も続く「慰安所」の影響　167
　　1　戦後韓国における軍隊と性　167
　　2　女性の性の搾取の問題点　170
第2節　沖縄と軍隊と性暴力　171
　　1　沖縄戦の「慰安婦」　171
　　2　第二次世界大戦後の沖縄の軍隊と性暴力　174
　　3　平時における軍人による性暴力と構造的暴力　175
　　　　(1)　平時における軍隊・軍人と性暴力　175
　　　　(2)　沖縄における軍人の平時の性暴力　176
　　　　(3)　軍人の平時の性暴力の構造的暴力性――沖縄の事例から――　179
第3節　民族紛争下における性暴力　182
　　1　ルワンダにおける民族紛争下の性暴力　182
　　　　(1)　アカイェス事件概要　182
　　　　(2)　アカイェス事件判決の意義　184
　　2　ジェノサイド罪としての性暴力　185
第4節　小　括　185

終章　構造的暴力としての軍隊の性暴力　191
　　　――日本社会が向き合うために――

　　1　軍隊の性暴力の問題性　191
　　2　構造的暴力と戦時性暴力　191
　　3　公娼制・「慰安婦」制度と戦時性暴力　193
　　4　「慰安婦」制度の構造的暴力性①　194
　　　――日本の裁判例の検討――
　　5　「慰安婦」制度の構造的暴力性②　197
　　　――女性国際戦犯法廷判決の検討――

6 軍隊の構造的暴力としての平時の性暴力 200
  7 民族紛争下におけるジェノサイド罪としての性暴力 201
  8 構造的暴力の責任を問う 202
  おわりに 204

あ と が き
参考文献一覧
事 項 索 引
判 例 索 引

序章　軍隊と性暴力
―― 問題の所在と本書の構成 ――

1　問題の所在

　なぜ軍隊は性を暴力的に侵すのか。性暴力は個人の尊厳を踏みにじる，破壊的暴力であり，軍人のふるう性暴力は決して容認されるものではない。たとえ戦時であっても，平時であってもそれは決して許されない行為である。

　これまで戦時性暴力は，「戦争につきもの」「戦争だからしょうがない」とされてきた。しかし，さまざまな戦場で，さまざまな国の軍隊が，異なる時代であっても性暴力を繰り返し行うのは，何らかの共通性があるからではないだろうか。その共通性を明らかにすることで，戦時性暴力の構造を透明化し，加害の追及を可能にし，再発防止にどのような措置を講ずるべきかを考える出発点に立つことができると考える。

　さて，軍人による性暴力は，日本に無関係の問題ではない。日本政府は，かつての日本軍が引き起こした戦時における性暴力の事例，いわゆる日本軍「慰安婦」問題に対して，被害者が納得する救済を行わないまま，現在に至っている。「慰安婦」制度の被害者たちによって1991年から日本の裁判所に提起されてきた，謝罪や損害賠償を求める裁判では，司法は，被害者たちを法的に救済しなかった。結局，日本軍「慰安婦」問題という，第二次世界大戦下の日本軍による性暴力について，日本国は，立法も行政も司法も国家として責任をとらないまま，被害者たちの生命の時間的限界が来るのを待ち続けているようにみえる。

　そして，沖縄では，1945年3月26日の慶良間列島への米軍上陸，それに次ぐ同年4月1日の米軍の沖縄本島上陸以降，米軍人たちによる沖縄の女性や少女に対する強姦などの性的暴力が繰り返し発生し，多くの沖縄の女性たち（ときには男性も）がその被害を被ってきた。1972年に沖縄が日本に「復帰」し，2012年で「復帰」40年を迎えたが，日米軍事同盟の下で，日本政府が駐留を受け入

れている米軍基地の周辺で，平時であっても軍人による性暴力被害が発生し続けている。
(1)

　軍人による性暴力に関する考察は，軍隊がその構造上有している，性暴力に至りやすい性質を明らかにする。そして，性暴力に至りやすい構造を有する軍隊を，国家が安全保障の手段として選択すべきかを考える契機になる。さらに，軍人による性暴力を根本的解決するにはどうすればよいのかを，国家が考える契機になる。

　本書では，軍隊の「構造的暴力」といわれる戦時性暴力について考察する。なぜ軍人が性暴力を引き起こすのかを検討する中で，軍隊の「構造」を明らかにする。そして，日本政府が長年置き去りにしてきた，日本軍「慰安婦」制度という第二次世界大戦下の日本軍による性暴力について検討する。

　本書では，戦時性暴力を中心に検討し，その延長線上にあると考える，第二次世界大戦以後の性暴力については，沖縄で発生した軍人による性暴力事件および民族紛争下の性暴力について若干検討を加えて考察する。

2　考察の方法と順序

　本書では，まず第1章で，軍隊と性暴力に関する言説を整理することを通して，戦時性暴力が軍隊の構造的暴力であることを明らかにする。戦時における軍人の性暴力に関する見解は，個人の欲望の発現であるという見解から，軍隊の構造的暴力であるという見解へと変化している。このような見解の変化の流れを追いながら，なぜ軍人たちは性暴力をふるうのかを，軍隊「構造」の問題として検討し，軍隊を支える家父長制の特徴について述べる。その上で，第2章以降において，より具体的に，日本軍の構造的暴力，平時の米軍の構造的暴力について概観し，軍人の性暴力を多面的に捉えたい。

　次に，第2章では，戦時における性暴力の具体的事例として日本軍による第二次世界大戦下の性暴力について検討する前提として，日本軍「慰安婦」制度の設立の流れを述べる。ここでは，日本の植民地支配や，植民地における軍都の形成と性支配，日本軍「慰安婦」制度の設立，「慰安婦」徴集，「慰安所」設置・運営について，先行研究や公文書に基づいて概観する。

　第3章では，日本軍「慰安婦」問題を題材に，戦時性暴力について検討する。

日本軍「慰安婦」制度については，日本の裁判所の裁判例（第1節），女性国際戦犯法廷の判決（第2節）を基にして考察する。

　第3章第1節では，「慰安婦」制度に関する，日本の裁判所の判決を読み返し，「慰安婦」の訴える性暴力被害に対して，裁判所がどのように判断しているのか確認する。判決で認定された被害事実に基づいて，「慰安婦」制度における軍人の性暴力の実態を把握し，日本軍による性暴力の構造，特徴を示す。

　日本の裁判所は，どの事例でも最終的には，「慰安婦」制度の被害者を法的に救済しなかったため，次に，救済の方策を示した女性国際戦犯法廷の判決を第3章第2節で検討する。女性国際戦犯法廷は民衆法廷であるため，その判決に法的拘束力はないが，法廷の判決には，裁判所の判決には表れていなかった被害証言や，また当時日本軍人であった者が加害者証人として行った証言もあり，被害と加害の両面から，日本軍による戦時下の性暴力を把握することができる。また，裁判所の判決が被害者証言を事実として認定しながら，被害者救済を退けたのと比較して，民衆法廷の判決は被害者証言に基づく加害責任者の責任追及の姿勢が明確であり，さらに踏み込んで具体的な被害者救済の措置を日本政府に勧告している点にも注目したい。

　第3章では，国家の裁判所と民衆法廷という2つの方向から，日本軍による戦時の性暴力を検討し，第1章で示す戦時性暴力の構造的な特徴との共通性を見出し，この問題に対する国家・軍隊の責任の所在を明確にする。

　さらに第4章において，平時における軍人の性暴力は，戦時性暴力の延長にあると捉え，平時の軍人による性暴力についても若干検討を加える。第二次世界大戦後の沖縄における，軍隊と性暴力について，具体的な強姦事件の判決に表れた，加害行為の特徴を検討することで，平時における軍人の性暴力も軍隊の構造的暴力といえるのかを検討する。平時における軍人の性暴力について考察する前提として，第二次世界大戦中に沖縄にもあった日本軍「慰安所」から続く，沖縄における軍隊と性暴力との関係を概観する。加えて，第4章では，民族紛争下のジェノサイド罪としての強姦についても事例を挙げ，若干検討を加える。

　以上のように検討することによって，本書全体を通して軍隊と性暴力の関係，軍人のふるう性暴力に含まれる構造的暴力としての特徴を明確にし，軍人

個人だけではなく，国家・軍隊の責任の存在を明確にする。

(1) 沖縄県編『沖縄苦難の現代史』(岩波書店，1996年) 26頁。基地・軍隊を許さない行動する女たちの会『沖縄・米兵による女性への性犯罪 (1945年4月～2004年8月)〔第7版〕』(基地・軍隊を許さない行動する女たちの会，2004年) など。

第1章　軍人の性暴力は軍隊の構造的暴力か

第1節　構造的暴力とは何か

　戦時に発生する軍人の性暴力，平時における軍人の性暴力は，「軍隊の構造的暴力」と表現される。しかし，例えば，在日米軍が大規模に駐留している沖縄において，米軍人による性犯罪は多く発生しているが，個々の事件において責任を追及されるのは，個人としての軍人であり，軍隊組織ではないし，合衆国でもないし，外国軍隊の駐留を受け入れるという政策を採っている日本国でもない。従来から筆者は，加害者個人とともに，軍隊，軍隊をコントロールし安全保障政策を決定する国家の責任を問う必要性を訴えてきた。もし，軍人の性暴力が「軍隊の構造的暴力」なのであれば，軍人個人を処罰したとしても，問題の根本的な解決は得られないからである。また，軍人による駐留受入れ地域の住民に対する性的暴力は，地域に対する「占領意識」や，軍事基地に起因する多くの問題と関連づけられ，個人に起こった被害には，集団に対する侵害として受け取られる側面があり，非軍人による性暴力と異なる特徴がある。

　軍人による性暴力の問題を根本的に解決していくためには，国家・政府の責任を問うていかねばならないと考えるが，責任を問うためには，国家・政府のコントロールする軍隊の中に，その性質として構成員である軍人の性暴力を誘発する構造が内包されているということを明確にし，責任の所在を明らかにする必要がある。

　行為主体に着目すると，直接的暴力は主体が明確であり，殴る，傷つける，痛めつけるなど物理的に，あるいは言語的に，またときには両方によって，身体，精神，心に影響を与える暴力である。戦時性暴力は，軍人という主体による強姦という点で，直接的暴力である。一方，構造的暴力とは，「社会的（＝政治的＋経済的）構造から生み出される」暴力である。「『直接的』暴力は『間接的』

暴力の一部分であり,『間接的』暴力は『直接的』暴力を媒介に発現され」る。構造的暴力は,「構造のなかに組み込まれており,不平等な力関係として」現われる[3]。つまり,戦時性暴力が,構造的暴力であるとすれば,この直接的暴力は,構造的暴力の部分であり,軍隊構造に組み込まれた暴力であり,軍隊構造の暴力性が,戦時性暴力を媒介として発現され,女性の「性」を不当に侵害することになる。

では,直接的暴力として表れる戦時性暴力は,軍隊の構造に組み込まれた暴力なのであろうか。以下では,軍人の性暴力に関する言説を整理しながら,軍隊と性暴力との関係を明らかにしていく。

第2節 軍隊の構造的暴力としての性暴力

1 個人の欲望から軍隊の構造的暴力へ

(1) スーザン・ブラウンミラー(Susan Brownmiller)の見解

ブラウンミラーは,強姦とは,「すべての男がすべての女を恐怖の状態にとどめておくことによって成立する,意識的な威嚇のプロセス」であり,「自らの性器が相手に恐怖を呼び起こす武器となりうる」ということを男性が自覚していると指摘する[4]。「強姦衝動そのものには女性の純潔を無視すること以外,高尚な政治的動機など必要としない……欲望の満足」である[5]。

このように述べた上で,戦時性暴力を次のように説明する。「男が女からひき離され,"銃"という力を付加されれば,その力がすべての女に向かって振り下ろされるのは当然のなりゆきである。なぜなら戦争で女が強姦されるのは,その女が敵を象徴しているからではなく,彼女が女であるからであり,女であるゆえに敵となるからである[6]」。戦時性暴力は,単に女だからという,「ありふれた理由でなされるありふれた行為」であり,戦争が男性に,「女性に対する侮辱を発散させるためのまたとない心理的背景を提供」する[7]。

「どこにでもいる普通の男」が,戦争状態で女性をレイプするのは,軍隊の持つ男性性という性質が影響している。軍隊の男性性は,「男だけが持つことのできる兵器の粗暴な力,戦う男同士の精神的連帯,有無をいわせぬ従属を強いる命令と規律,上下関係の単純な論理」であり,軍隊は「もっとも排他的な

男性用クラブ」である。この男性性を特徴とする軍隊の中で、男性たちはもともと念頭にあった、女性は「受動的存在にすぎない」という「仮説」の正しさを確信する。そして戦争が「むき出しの男性心理を白日の下にさらし」、「強姦を暗黙のうちに許可する」[8]。

強姦衝動には、本来的に政治的動機などないが、戦時におけるレイプには、特別な意味が付与される。戦時におけるレイプには、征服した側の正当な戦利品という意味がある[9]。そして、侵略された側の女に対するレイプは、侵略された側の男の「恥辱」を意味し、「負けた男の悲劇」と捉えられるため、軍事的な効果として士気の低下を生む。レイプは「性を武器にしたとどめの一撃」であり、敵に対する威嚇の手段となる[10]。

またこの見解は、戦時における売春とレイプの境界は曖昧だが、別のものとして区別している。区別の基準は、売春が「女性の自由意思にもとづく」ものであり、レイプは自由意思を排してなされる点にあると主張する。戦時における強姦と売春の明確な違いは、「どんな状況下でも、強姦のほうを好む男性はいるから」という分析が特徴的である。このことを、売春婦がいたとしても、強姦が発生し続けてきたことによって説明している[11]。

このように、ブラウンミラーによれば、戦時性暴力は、普通の男性の中にもともと自らの性器という武器で女性を威嚇する個人的な欲望が備わっており、それが軍隊の男性性の下で目覚め、戦争状態に背中を押されて行う欲望の発現である。女性は、単に女性であるという理由で戦時にレイプされる。戦時下において、女性に性暴力が及ぶのは当然であり、それは男性個人の欲望に基づく行為であるが、戦時下においてはその効果が利用され、レイプは、敵に対する攻撃の手段となり、戦利品となる。戦時下の性暴力は、日常の普通の男によるレイプの延長線上にある暴力である。したがって、戦時性暴力は女性が女性であるために受ける暴力であり、その原因は男性の個人の欲望にある。

(2) ベティ・リアドン（Betty A. Reardon）の見解

リアドンの見解について以下に述べる。

権威主義的家父長制は、その産物である社会秩序維持のために戦争を作り出し、維持している[12]。「合法的かつ制度的に組織化された軍事力」、「軍隊を使う手段とメカニズム」である戦争行為は、体系化されたものでなければならない

と想定されている。⁽¹³⁾

　家父長制社会において、人は「暴力と権威主義」を他者に押し付けるものとして、またはそれに対処するものとして社会化される。したがって、家父長制社会においては、他者に暴力をふるいたいという欲求は当然であり、戦争はこの根源的欲求に依拠している。⁽¹⁴⁾

　そして、「軍に浸透にしている権威構造は、社会全体にも浸透している」。権威主義構造の浸透した社会では、人は、「訓練と社会化の継続によって条件づけられ」、早くから権威主義と暴力とを教え込まれる。そこにおいては性差別主義が前提であり、男性と女性の役割は異なる。「男性は、暴力を、『同等者』に対しては競争的に、また、『劣等者』に対しては抑圧的に用いる能力を発展させることで、暴力への恐怖に対処するよう条件付けられる。女性は、順応と回避の行動を開発するだけではなくて、暴力への対処が人間であることの根本的条件であることを学ぶことによって、暴力への恐怖に対応するよう条件付けられる」。⁽¹⁵⁾家父長制においては、「攻撃性と従順は、男女間の核心」である。⁽¹⁶⁾

　リアドンは、レイプは性差別主義と戦争システムの共通の特徴だと指摘する。「レイプの本質は、力と暴力を使って、あるいは力と暴力で脅して、人もしくは人々に、従順を強いることである」。レイプは、「女に分をわきまえさせるための意図的な装置」であり、「戦争行為の意識的戦術であ」り、「戦争システムの究極的な隠喩であ」る。⁽¹⁷⁾家父長制下では、「暴力が社会関係の最終的決定者、力が公衆秩序の構造を支える」要なのである。⁽¹⁸⁾

　男女の性差や他者との生物学的あるいは文化的差異は、「多様な生命形態を維持していくための自然の装置」である。そして、家父長制における性差別主義や戦争システムは、自然装置の域を超えた他性の「暴力的利用」であり、本質的に暴力は不必要な害であると断言する。⁽¹⁹⁾「暴力の利用とその脅迫によって女性への支配も維持するという、社会が男性に与えた許可は、多くの形態の直截的暴力、構造的暴力の重要な原因」とみなすことができる。⁽²⁰⁾性差別主義と戦争システムは、「本能的なものでも先天的なものでもな」く、男女は社会化され、その役割を担うよう訓練されているのである。⁽²¹⁾

　男性権威主義に対する、女性による真の平等要求が強まれば、それは「究極的脅迫を呼び起こす究極的挑発になる」。「兵器は、男性アイデンティティの重

要な要因であり，家父長制が機能するためには，決定的な要因」である。そして，「家父長制は，女性の脆弱性に依拠している。戦争システムは，女性の脆弱性を増殖する」よう女性を社会化し，戦士として弱者を護るよう男性を社会化する。したがって，女性が「脆弱性」のレッテルに挑戦し，「弱者であることを拒否し，平等という課題に挑戦しようという女性が増えるにつれ」，そのような女性の抑止のために「より大量の兵器が開発されてきた」と指摘する。

よって，権威主義的家父長制の下では，抑圧者と被抑圧者として性別役割分業が社会化され，訓練され，与えられた役割に対する被抑圧者の抵抗は，抑圧者による暴力を引出し，激化させる。暴力は家父長制構造における根源的欲求であるから，暴力と権威主義，性差別主義とが社会化された状況では，女性に対する男性のレイプは当然起こることとなる。この見解は，男性の女性に対するレイプや戦争を，権威主義的家父長制の軍隊と社会の当然の帰結として，戦争を説明する。このように考えれば，戦時レイプが家父長制下の戦争という暴力の一部として，戦術として行われるのは当然といえよう。

(3) ヒメナ・ブンスター（Ximena Bunster-Burotto）の見解

ブンスターは，ラテンアメリカにおける女性の政治犯に対する拷問について述べる中で，軍事国家における女性に対する拷問の重要な部分として性暴力の問題を扱っている。女性に対する軍隊・軍隊構成員による性暴力は，個人の欲望の発現とは切り離された，軍事国家によって「組織化され制度化された……管理された」強制であり，「女性の性奴隷化は，拷問者としての軍事国家によって具体化され物理的に正確化された」暴力である。

軍事国家は，家父長制の構造を有し，「男らしさ」を特権化した家父長制国家の特徴を，他の家父長制国家よりも明確化し，固持しようとする衝動をもった国家である。軍事国家は，「軍隊，男らしさ，力」というものが，「公権力の永続や拡張のために運用される」という考えに基づく国家であり，ジェンダー差異（gender differences）に着目した，「男らしさ」の強調と女性嫌悪がある。軍事国家では，女性の役割と「女性」という概念は，「男性によって使われる道具であるという仮定に基づいて」運用される。女性は「社会秩序に対しておそろしく脅威」となる存在であり，そのため女性や女性の役割は，男性に定義され管理されるという観念が働く。

ブンスターの調査，分析は主にラテンアメリカの女性たちに対する性奴隷化に関するものであるが，女性を尊敬される女性あるいは母のイメージであるマドンナと娼婦とに二分し，女性の役割を限定して支配しようとする社会状況は，世界に広く行き渡っている。[28]

　軍事国家が，政権の維持や永続性のために行う拷問では，男性，女性ともに対象となるが，被拷問者が女性である場合には，「男性に対するものよりもかなり極悪」であり，「もっとも非人間的で，残酷な，そして女性としてのアイデンティティや女性の身体に対して，意識的にそして制度的に命令された，(女性の)品位を下げる」拷問方法が選択されるのが特徴である。[29] そして拷問は，内科医のような専門家の管理や，軍隊や警察による計画や命令が行われ，それに基づいて兵士たちによって実行される。[30]

　軍事国家によって標的とされる女性には2種類あると指摘する。平等主義を掲げ能動的に国家へ働きかける活動に関与しているために標的とされる女性と，その女性の父や兄弟，夫や息子，恋人が当該政府の敵と考えられ，その男性の「所有」として標的にされる女性である。[31] 前者の女性は，能動的な政治的要求を止め，彼女が「家庭へ退き，妻や母としての伝統的な役割を果たさねばならないと彼女に教える」ための教育として性的拷問を受ける。[32] マリアニスモ(Marianisumo)[33] の理想が根強いラテンアメリカにおいては，女性は，第1の性である男性に対して第2の性であり，女性が敬意を払われるのは，妻，母としての役割だけだからである。[34] 後者の女性に対する性的拷問は，その女性を「所有」している男性の意識，名誉に影響を及ぼす。「彼の目の前で，女性の政治犯，通常は妻，娘，母，恋人，または友人を，野蛮な性的拷問の行使から守ることができなかった」という，男性の性別上の自信に向けられた拷問を意味する。[35]

　女性に対する拷問は，精神的拷問でも身体的拷問でも，性的拷問が手段として選択される。それは，聖母マリアを理想とした，性的に清潔な女性というステレオタイプの社会的役割のためであり，[36]「女性の性的アイデンティティや女性の身体に対して，……品位を下げ」，「もっとも醜悪で，露骨に明らかな形態で，女性を性奴隷化」する拷問は，組織化された暴力の形である軍事組織によって具体化され，現実に実行された，「男らしい」家父長制的な侮辱であり，

女性嫌悪の表れである。また，ブンスターが分析した，12歳から49歳までの女性たちに対する拷問では，多くのケースで集団レイプが行われていた。集団レイプは，女性たちに振るわれた拷問の一部であり，結束した男性たちによって連続して行われた。家父長制国家の純化である軍事国家は，弾圧政治に依存する。その弾圧の手段として，女性に対して，性奴隷化，レイプのパラダイムを使う。拷問者が，女性たちを完全にコントロールして，尋問に対する証言を引き出すために集団レイプを行う。このような手段としてのレイプは，性的拷問の監督者によって，集団レイプのために集められた兵士集団が召集され，命令の下で発動される組織的なレイプである。

以上のように，女性に対する軍隊組織による性暴力は，個人の欲望から切り離された，組織的に管理された暴力である。性的拷問は，家父長制国家と明らかに関係している。家父長制国家における「男らしさ」の観念が，軍事国家においてはより特権化，明確化，強化されるため，「男らしさ」の強調の下での女性の役割の限定，女性嫌悪が生まれる。女性は，夫や家に属する受動的な「聖母」としての女性であり，それを逸脱する女性や，その女性を「所有」する男性の名誉を傷つけるために拷問される。したがって，女性と社会に内在化された「聖母」的で性的に清廉な女性を破壊し，女性本人を破棄し，女性を「所有」する夫・家族の名誉を傷つける手段として，性的拷問が選ばれると指摘している。兵士個人，兵士の集団による性的拷問であっても，それは兵士の属する軍隊，軍事国家による管理の下での命令された暴力であり，その責任の所在は明確である。

(4) シンシア・エンロー（Cynthia Enloe）の見解

エンローは，フェミニストの視点で，軍事化を進めるジェンダー構造を可視化した。軍事化は，爆弾や軍人の迷彩服のような「わかりきった場所においてのみ起こるのではなく，爆弾や迷彩服から遠く離れた人々，モノ，概念の，意味や用法を変えること」によっても起こるということ，そして，「軍事化は男らしさを特権化するが，女らしさと男らしさ双方の意味を操作することによって」行われるため，一面的に見ていては，軍事化に気付くのが難しいと指摘する。

家父長制は軍事主義（militarism）と関連し，「一般に，軍事主義とナショナリ

ズムは双方とも家父長制的な価値観につねに満たされており、その結果いずれも、集団としての男性と概念としての男らしさをいっそう特権化」する。軍事化は、「男らしさを特権化する」過程である。そして、軍事化には、男らしさだけではなく、女らしさの操作も不可欠であり、常に必要とされてきた。

　エンローは、映画『ランボー』を契機としたフェミニスト分析において、以下の3点を示す。①「軍国主義を確立し発展させてきたのは、エリートたちの利益や、国家の官僚政治だけでなく、男らしさというものに対する社会的な概念であるということ」。②文化が異なる社会においても、「軍国主義は明らかにある特異なかたちの男らしさに依存している」ということ。③「男らしさの軍事化は、『女らしさ』の役割なくしては成し得ない」。しかし、女らしさの役割は非常に重要ではあるが、「わき役に止めておかなければならないもの」である。

　軍隊における家父長制的な性質と、国家とは関係している。「軍隊は他の家父長制的制度に似ている」、「一方で、軍隊は他とは違って特殊な制度であり、……おそらくもっとも重要なのは、軍隊が有する、国家――中央政府およびその権威を維持するための法やイデオロギー――との密接な関係である」。「男らしさを特権化する軍事化」においては、特定の「男らしさ」、「女らしさ」の概念を構築することによって、軍隊内部の強固な男らしさを維持する。軍隊システムは、「政治的なジェンダー化された」システムであり、軍隊内部の兵士の「男らしさ」は、自然な伝統的なものではなく、政治的操作によって構築されるものである。

　「性行為は、日常的に男らしさと女らしさを構築するもののひとつ」であり、「戦争では、また軍事下の平和では、性関係が特別な意味を持つ」ものであり、軍事化と性とは関連する。

　軍隊は、「兵士の士気や規律を支える男らしさ」に依存しており、男性兵士の「アイデンティティや兵士としての男らしさを維持」させるために、性的快楽を必要とする。その性的快楽を支えるものとして、例えば「アジアやラテン女性が従順だという神話」を必要とし、基地周辺に国家が管理する軍用売春を必要とする。軍用の売春は、客となる男性兵士の「セクシュアリティの概念を衰えさせないように国家が明らかに彼らを保護しているという点において他の

商業売春とは違う」システムである。

　また，軍用売買春と兵士によるレイプには共通性がある。例えば，「軍隊売春婦，軍人の妻，軍隊看護婦，女性兵士，防衛産業の女性労働者や『民間の』軍属」のような，軍隊による搾取にさらされる女性たちに焦点をあてることが，「兵士という『人的資源』の利用可能性，質，健康，士気，戦闘準備態勢といったたえずつきまとう問題解決のために，軍隊に利用されている制度としての軍隊の性質や作戦を暴くために」必要だと指摘する。「軍人の妻や軍隊売春婦，戦時レイプの犠牲者としての女性たちの生活の特性」は，伝統ではなく，政治的なものであり，さまざまな決定書類や指令の結果である。

　軍事化された売買春は避けられないとする「男はしょせん男だ」式の説明は，戦場や軍隊刑務所での性的凌辱は避けられないとする「強姦者はケダモノにちがいない」という原理的説明と非常に似通っている。しかし，これらの性暴力は，本能的なものでも，伝統でもない。指令系統によって下される指令の結果である。従来の原理的説明によって，「軍隊の指揮官たちは売買春の指揮をとった責任から守られてきた。どちらも，女性に対するセックス化された虐待から上級男性士官を遠ざけるため，軍隊の男性のなかにある二項対立化された男らしさに依拠している」。

　より詳細に説明すれば，戦時性暴力は，「手当り次第の暴力ではな」く，「男性兵士の優位意識によって，軍の指令系統の力によって，女性の人種と階級の違いによって行われる」レイプである。「組織的なレイプとは，管理されたレイプ」である。

　そして，軍事化されていないレイプと異なって，軍事化されたレイプには，次のような特徴がある。①「軍事化された男性強姦者は，レイプする女性に対しても，性的凌辱行為に対しても，何らかの方法で『敵』，『兵士であること』，『勝利』，『敗北』についての自分の理解をおしつける」。②その結果として，「軍事化されたレイプは，そうでないレイプよりも，個人化するのがいっそう難しい」。「社会的紛争のイメージおよび/または国家安全保障や国防組織のような公的制度や武装反乱軍の機能から，その理論的根拠の多くをひきだしているからである」。③「軍事化されたレイプを生き延びた女性は，……分，週，年といった単位自分の対応を考えていかなければならない」。そして「集合的記憶

との関係，国民の運命をめぐる集合的見解との関係，そして，組織化された暴力制度そのものとの関係も」深く考えなければならない。[55] 被害者もまた，個人化するのが難しいといえる。

「戦時レイプとは，……よく練られた政策の一部」であり，[56] 軍隊における兵士の「男らしさ」を維持するために，軍用の売買春と同じく，組織的に下された命令の結果である。組織的な大量レイプは，戦利品としてのいきあたりばったりのレイプではなく，戦争の手段として作戦に組み込まれた組織的な，管理されたレイプである。軍事化されたレイプは，集団で，一連の命令の下に，作戦行動として戦争遂行という目的を果たすために，意識的になされるレイプを意味する。[57]

軍事化されたレイプが発生する特殊な条件として，第 1 に，「男性兵士に『十分に利用可能な』軍事化された売買春が供給されないためにおこるといわれる『娯楽的レイプ』」，第 2 に「不安に陥った国家を景気づける道具としての『国家安全保障レイプ』」，そして，第 3 に「明白な戦争手段としての『組織的な大量レイプ』」の 3 つがある。[58]

娯楽的レイプは，軍事化された売買春が「十分に利用可能」なものとして男性兵士に用意されていないために，娯楽を求めた男性兵士たちが引き起こすとされる軍事化されたレイプである。「実際には，軍隊の政策決定の世界において，軍事当局者はレイプと売買春をまとめて考えている」と指摘する。[59] したがって，軍事化されたレイプを防ぐ政策として，軍事化された売買春が用意される。娯楽的レイプの具体例として，エンローは，かつての大日本帝国政府のいわゆる「慰安婦」政策を挙げる。また，軍当局の政策決定者は，「レイプと売買春をまとめて考えている」にもかかわらず，都合にあわせて「軍事化されたレイプと軍事化された売買春」をまったく異なるものであると議論するとして，「1930年代と40年代の大日本帝国政府の『慰安婦』政策に着想を与えたのは，レイプを売買春と関連づける」思考法にあるとし，これと「驚くほど似た思考法が，今日の英米軍の性の政治を支えている」と指摘する。その具体例として，1995年9月の沖縄県で発生した3名の米兵による少女に対する集団強姦事件を挙げている。[60]

国家安全保障レイプは，「国家安全保障だと見なすものを確実にするため

に，レイプやレイプの脅威を組織的に利用する」ものであり，国家安全保障の道具としてのレイプである。広範なレイプが敵軍によって引き起こされるという脅威をあおり，女性をナショナリズムに動員する場合や，女性を私的領域へ押しこめるための手段として利用されるレイプである。強姦や強姦されるかもしれないという脅威が，国家安全保障を確実にするために利用されている。例えば，紛争の相手方によって広範なレイプが行われるという思い込みが，女性をナショナリズム運動に動員し，女性は無力であり男性の庇護を必要とするというイメージを保持するのに利用される[62]。

　以上のように，軍事主義やナショナリズムは家父長的観念を基礎としており，軍隊は男らしさを特権化する家父長制的な性質を有する。軍事化を推し進めるために，男らしさ，女らしさの組織的・政治的操作というジェンダー構造に基づく管理が為されている。男らしさの特権化のために，女らしさの操作が不可欠であるが，女らしさは補助的なものに抑えられる。女性は，男らしさに仕える性的従順さや純潔を求められ，男らしい兵士を供給するための母性を求められ，兵士の男らしさを再認識させるための性のパートナーと位置づけられる。したがって，軍隊はそのジェンダー構造における男らしさの維持と強化のために女らしさの役割として，売春制度とレイプを必要とするのである。エンローは，軍事主義に内在する家父長制的な考え方の存在と，軍事化の基礎としての家父長制の観念が男らしさを特権化するものであると指摘した。この男らしさ，男性性の維持，強化のために，売春やレイプが組み込まれる。したがって，軍隊内部の男性性の維持，強化のための軍用売春や戦時レイプ，平時の軍人によるレイプは，政治的なものであり軍隊の指揮・命令のもとに行われる管理された性暴力である。そして，軍隊組織の性暴力は，個人による加害であっても，被害者の属する集団，国民の集合的な問題となるという指摘は重要である。

2　さまざまな場面における軍人の性暴力

(1)　竹中千春の見解

　竹中は，ジェンダー研究では，家父長制という支配概念を，「父親が長を務め，女性・老親・若者・子ども・家内奴隷などを従えるありかた」という，も

ともとの意味を,「男性が女性を支配する体制」という意味で刷新したと説明する。そして,この支配体制を「男性優位主義」思想が支えていると説明する。[63]

　紛争状態のように,集団内に緊張が走る場合,家父長制では,「家としての存続と繁栄」が目的であるため,「集団は解体の危機を避け,『敵』に対抗するための物理的強制力を集約しようとする。そのため支配エリートは,集団のアイデンティティやイデオロギーを明示し,人々の帰属意識を高め,動員を図ろうと努める」。その過程で起こる特徴的なことは,男らしさ女らしさの概念が,集団のアイデンティティの創造の過程で利用され,集団の共同体意識を高めることに役立つ点である。「国家の軍隊や武装組織は,屈強な戦う男を英雄として称揚し,彼らを助ける女性を尊ぶ。こうした思想は,地域・学校・教会などを通して家族や個々人を縛る」。そして,このような思想と同質でない者は,権力によって迫害されやすくなる。[64]このようなアイデンティティ創造の過程において,支配勢力が「宗教・伝統・文化を定義し,それを住民に強制するとき」,女性は集団内の「アイデンティティの指標 (identity marker)」として利用されやすく,そのため女性は自らの「『身体 (body)』を人質に取られて,自由を喪失」する。[65]

　このような家父長制的な支配体制の中で,例えば「政治集団Aが政治集団Bの領土を軍事占領した場合に,Aの男性がBの女性にレイプ・強制結婚・強制妊娠などの性暴力をふるい,女性の身体を『占領』する現象」が発生する。[66]

　竹中は,ジェンダー研究における家父長制概念を定義し,支配エリートが,「男らしさ」と「女らしさ」を定め,その集団の存続・繁栄のために操作すると説明する。家父長制の基礎が「男性優位」であるため,「女らしさ」の概念や女性は,その集団にとって利益になるよう利用され,また他の集団との対立の場では,レイプなどの性暴力の標的となって,女性の「身体」に対する占領が,その集団の占領を象徴的に示すような「指標」とされる。ここにおいて女性に対する性暴力は,女性個人に対する侵害,暴力を超えて,女性の属する集団に対する暴力を意味する。

(2) 大越愛子の見解

　大越は,軍隊と軍用売買春の問題を検討する中で,軍隊と性との関係を次のように明快に説明した。

近代国民国家は,「近代男根主義国家の主要政策」として,女性を「優秀な種の再生産」の役割を担う女性と「性的欲望を処理するための性器的役割」の女性の二種類に分断した。「国民国家において制度化された軍隊と公的売買春施設の関係」は,男性が兵士となることを国家によって義務付けられ,同時に,公的に設置された売買春施設へ出入りする「特権」を付与されるという関係にある。したがって,「生命をかける兵士たちの欲望を,巧みに処理する女性たち」という構図ができあがると説明する。これは,国家による兵士の「性」の管理を意味する。このような国家の軍事・労働体制の下では,男性の性的欲望は,簡単に処理されるべき単なる「生理的衝動」と化す。そのため男性は,女性に執着せず,そのことが,「女性の無人格化,性器化」の要請につながる。簡単に処理されるべき男性の性的衝動と,その処理のための無人格化された女性の単なる「性器の結合,排泄作用」が性的関係であると偽装される。大越は,このような「貧弱な性的結合によって充足されることのない欲望は,相手の女性への憎悪に転化する。女性憎悪が支配欲と結びついて,暴力が作動する」とする。[67]

男性性を誇示しようとするとき,男性は暴力的になると指摘する。とりわけ「常時死の危機にさらされている兵士は,無化されるかもしれない男性性を誇示するために,必要以上に暴力的になる。またそのことが戦場で求められる。それゆえ兵士たちの暴力性が常時維持されるための場が必要」であり,「買春施設は,女性に対する暴力的性行為が許容され」,兵士の暴力性の維持に資する場所である。軍隊は,「男性の性的欲望は本質的に暴力的であるというイデオロギーが量産」される組織である。「公娼制度があるから兵士がそれを利用したのではなく,軍隊の維持のために公娼制度が必要とされ,その常置が正当化され」る。[68]

男性は,以上のような暴力的な性的欲望の充足が「女性の義務」であると信じ,このような信念を補強するために,「強姦こそが男らしさの証明であり,女性の方も拒否する素振りを示すが,実はそこからマゾヒスティックな快楽をえているのだ等の数々の」強姦神話が捏造されたと指摘する。そして,このような「男根中心的イデオロギーによる倒錯した性意識こそが,戦争を基盤とする近代国民国家が男性・女性に強いるセクシュアル・ポリティックスの帰結」

であると主張する。⁽⁶⁹⁾

　そしてその上で，戦時において女性が強姦される理由を以下のように説明する。女性が，「暴力と虐殺の対象」となるのは，「現実に種の再生産の担い手であり，文化的・象徴的レベルにおいて民族の再生産の担い手でもある」からである。なぜ女性の強姦・虐殺という手段がとられるのかについては，強姦や虐殺は「その女性個人や女性が属する男性及び家族に対して不名誉」を与えるだけでなく，「女性の胎内にはらまれている種に対する，民族の血に対する凌辱という意味づけを付与」されているからである。戦争の戦術としてジェンダーは利用され，女性の征服が敵国の征服につながる。「ナショナリズムは女性を，守るべき母国の女性と征服すべき敵国の女性へと分断」する。そして兵士は，母国の女性を守るために，敵国の女性を強姦するという仕組みである。⁽⁷⁰⁾

　以上のように大越は，近代国家を「男根主義」的な国家であると位置づけ，兵士となる強い男性性を持った男性に，女性の性を買う特権を付与することで，「性」を国家がコントロールできる仕組みを明らかにした。そして暴力性が要求される戦場に兵士を送り出す軍隊は，その性質として暴力性維持のため兵士のための買春施設制度を必要とし，買春施設の女性たちに対する性的暴力を許容すると指摘した。このような国家において女性に付与されるジェンダー役割は，性的欲望の充足と種の再生産である。そのことから，強い暴力性を帯びた強姦を許す強姦神話が生まれ，戦時において，自国の種の担い手である女性の「性」を守ると同時に，相手国の女性の「性」を暴力的に侵す戦術が生まれるとした。国家は軍隊における男性性の維持と強化のために売買春を必要とし，そのような「男根主義」社会の当然の帰結として，戦時性暴力が発生する。ここにおける軍用売春や戦時性暴力は，国家に管理され，組み込まれた戦術だといえる。

　(3)　アティナ・グロスマン（Atina Grossman）の見解

　グロスマンは，戦時レイプがナショナリズムと士気の高揚に利用されたと指摘し，軍隊構成員による性暴力を次のように述べている。

　第二次世界大戦時における「モンゴル系野蛮人」が，ドイツ人女性を強姦するという「恐ろしいイメージ」を利用した，ナチスのプロパガンダが，「銃後」の女性たちの純潔を無傷のまま守ろうとする兵士の「東部戦線の士気を高め，

……ナチの戦争機構の，熱っぽい（そして成功をおさめた）努力の不可欠な一部を構成していた」。このプロパガンダは，「戦争が根本的に負け戦だとわかってからずっと後までも，死にものぐるいの抵抗をかきたてるのに利用された」。

ソヴィエト軍がベルリンを制圧して以降，1945年4月24日から5月5日までの間に，ベルリンにいた約150万人の女性の3人に1人が強姦されたといわれる集団強姦が発生した。集団強姦は，女性たちに「犠牲者としてのドイツ人というアイデンティティ」を強めさせただけでなく，襲われた女性たちを「守れなかった（あるいは守らなかった）男たちにとっても『虐待（Missbrauch）』の犠牲者としてのドイツ人というアイデンティティを強め」る役割を果たした。この集団強姦の結果の妊娠が中絶され，性病が治療され，「ドイツ社会が『再男性化』」されるにともなって，集団強姦は語られなくなった。それは，この集団強姦の事実が，被害者である女性たちにとっての「恥」というよりも，「ドイツの男たちにとって屈辱的すぎ，同胞男性がどういう反応するかを恐れる女たちにとっては，危険が大きすぎたため」であったからである。

女性の性に対する侵害は，その女性の属する国の男性にとっての「屈辱」であり名誉を傷つけるものである。そのために，制圧した地域の女性たちに対する集団強姦が発生し，自国の女性に対する強姦の恐怖が，自分たちの名誉に対する侵害であるから，軍隊兵士の士気を高め，ナショナリズムの高揚に利用されるのである。戦時性暴力は，組織的に政策的に利用される暴力といえる。

この見解と同様に上野千鶴子も，兵士の暴力が特に女性の性に向かうのは，「それが『敵』の男性に対するもっとも象徴的な侮辱であり，自己の力の誇示であることを」兵士たちが知っているからだと述べる。

兵士が女性に対して振るう性暴力は，女性の属する男性あるいは男性中心の集団に対する暴力であり，侮辱であるという点が特徴である。

（4） 山下英愛の見解

山下は，日本軍の行ったいわゆる「従軍慰安婦」に対する性暴力についての文脈で，兵士を「戦場で効果的に戦わせる上で大きな役割を果たしたのが兵士としての男性性とそれによって結びついた連帯意識の確認であり」，その男性性や連帯意識の確認が，集団強姦や「慰安所」での性行為によって達せられたと述べる。「慰安所」では，「女性たちは単なる性的対象物とされ，兵士たちは

『慰安婦』との性関係を通して女性を支配し，それによって『真の男』たることを確認した」。また，この見解は，軍隊の階級制の特徴として，「軍事主義的男性性は，また同時に，従順や犠牲，服従のような，一般に『女性の特性』とされる要素を兼ね備えていた」ため，軍隊の外では，男性性を求められる軍人たちが，日本軍内部では，上官の命令に絶対的に服従する「女性の特性」を求められた，とも指摘する[76]。このような部隊内での絶対服従の緊張感を解放する場所が「慰安所」であった[77]。

戦場において行われる集団強姦や「慰安所」の利用は，軍隊が男性性や兵士たちの連帯意識の維持や確認のために必要としたものであり，女性たちの人間性を否定し，性的に支配することで，兵士が自らの男性性を確認するプロセスである。そうであるとすれば，軍隊は，戦場において戦うために，集団強姦を必要とし，「慰安所」という性施設を利用するのである。

(5) 田中利幸の見解

田中は，性的搾取は軍事帝国主義が政治的権威の確立と強化を図るための手法であると主張する。

売春と強姦の本質は「奴隷化」であり，支配力誇示のために相手方を性的支配の対象として，「奴隷化」し「支配する」ことである[78]。

そして，戦争や武力紛争下において，女性に対する性的搾取が急増し，しかもそれが残忍な暴力形態をとるのは次の理由からである。

田中は，性的快楽は「相互に自己の生命を深く強く再確認しあう喜び」であるとし，常に死の可能性に直面し，故郷や家族から離れざるを得ない戦争において，「多くの兵士＝男が性的欲望の満足を強く求めることはごく自然な現象」であり，「身の危険が高まれば高まるほど，兵士の性的欲望は高まる」。田中は，これを普遍的な現象とする[79]。

戦闘で生き残るためには，敵に対して自分たちの攻撃力・防御力が勝っていなければならないから，「自分の命を守るために，敵よりも暴力的にならなければなら」ず，兵士たちは，「相互に急速に残虐性を強化させていく」。兵士たちは，自己を残虐化することで人間性を失い，敵兵を非人間化する。その結果として，「第三者，例えば非戦闘員である民間人，とくに敵国市民の非人間化へと拡張されていく」。このような状況下で，「死の恐怖からの逃避と自己生命

の再確認のために性交渉を強く求める。兵士は女性を非人間化し暴力で犯してでもこうした欲望を満たそうとする」。したがって、「とりわけ敵国市民の女性を非人間化し強姦することは心理的にきわめて容易なことである[80]」。

また、「女性を肉体的に暴力で支配するという行為は、敵を支配し屈服させるという兵士の欲望を刺激し、同時に満足させる」。戦闘において、敵によって「自分たちに属する女性」が敵兵に強姦されることはもっとも屈辱的な行為であり、敵に属する女性を強姦することは、「敵を自分たちに従属させることを確認させる強烈な行為[81]」である。

その他、極度の緊張の発散・解消という理由もある。「軍組織は、軍隊内部で兵卒や下士官が常に士官の命令に服従しなければならないという厳格な階級制度」であり、「敵を支配し従属させることが責務である兵士が、自己の軍隊内では上官の命令＝支配に絶対服従しなければならない」という矛盾の中におかれ、実戦の場ではこの矛盾が極度に激化し、強い緊張感を生む。「その緊張感は外に向けて暴力を行使することによって発散、解消される[82]」。

さらに、兵士には「数分先の自分の命がどうなるかわからない、自分で自分の命と運命をコントロールできないという非常に不安な『自己無力感』」がある。そのため多くの兵士が「支配力」を渇望し、攻撃的な強姦によって女性を支配しようとする。しかし、無力感からの解放は一時的なものであるから、繰り返し強姦をし続ける状況に陥り、戦場における強姦がくりかえし発生する[83]。

また、平時に発生する兵士による性暴力は、軍組織が「力強い男」という観念を兵士たちに常に植えつけ続ける必要性があり、「戦時と平時を問わずに見られる軍性暴力の根本原因は、国を問わず、どこの軍隊であろうと、『性的に屈強な男らしさ』を強調してやまないこうした軍事イデオロギーの性格そのものである[84]」。

田中は、軍隊兵士による性暴力を、個人の自然的欲望と、軍隊の性質の両面から説明した。兵士個人の性的欲求は個人に内在する当然のものとして説明されるが、それが強姦として暴力性を伴って表現されるのは、強姦の本質が奴隷化であり、敵に対する暴力性・残虐性の誇示だからである。敵を非人間化することで戦闘をやり抜く兵士たちが、敵の女性たちを非人間化し強姦することで、自己の生命を再認識する。そして、敵の女性を性的に奴隷化することは、

敵を従属させることを意味し，敵にとって屈辱的な行為であるため戦術としての強姦が発生する。また，軍隊内部の階級制度の緊張感にさらされる兵士たちのストレス解消という側面も指摘している。さらに，平時に発生する兵士による強姦は，国家・軍隊の要求する「性的に屈強な男らしさ」の維持のために必要とされる。個人の欲望が，より暴力的に表現されるのは，戦場においては当然のことであり，それは戦術として利用され，軍隊の性質に起因するものでもあり，国家・軍隊が要求するものであるという，複雑な構造を示している。

(6) 中満泉の見解

中満は，民族浄化において性暴力が行われることに言及し，民族浄化や性暴力は，「それ自体が紛争の目的でもあり，また戦争行為における主たる手段・戦術ともなり，暴力の規模や手法においても特筆されるべきものである」とする。1990年代半ばの旧ユーゴスラビアやルワンダにおける「民族浄化」は，「紛争の主たる目的」であり，そのための手段として性暴力が「積極的かつ組織的に利用された」。民族浄化は，「ある地域で特定のアイデンティティグループの絶対的優位性を確立するために，敵対するグループを虐殺・殲滅したり，強制的に追放したり（難民化），強制収容所などに隔離したりする行為」と説明される。「レイプは敵対する民族の女性の人権を深く傷つけるだけでなく，組織的なレイプ犯罪の実行によりグループ全体に絶大な心理的恐怖を与え，地域からの逃亡を促す」[85]。

近年の国内紛争における性暴力と，かつての日本軍による「慰安婦」に対する性暴力や，戦争終結後の混乱の中で発生した戦争犯罪は区別される。前者は，「明確に民族追放や殲滅の意図を持って行われているジェノサイドであり，人道に対する罪」であり，後者は，「女性の人権・人格の軽視や，占領下の被支配国民への差別的な体質・構造に起因する暴力」である[86]。

この見解は，民族浄化の際に，被害者の圧倒的多数が女性であることや，女性を対象とした性的拷問と女性の人権・人格の軽視との関係に重点を置かず，また「慰安婦」被害が，人道に対する罪の文脈で語られることがあることについての言及もなく，異なるものとして区別している。しかし，ここにおける重要な点は，民族浄化において，手段として組織的な強姦が行われたという点である。ここにおける強姦は，個人の欲望ではなく，他の民族を征服するための

戦術として意図的に政策として利用された強姦である。

(7) 柴田修子の見解

柴田は，戦時性暴力を「国家による制度的暴力」と捉え，戦時における性暴力に関する言説を整理し，次のように説明する。

戦時性暴力とは，「単に戦闘時に行使される性暴力を意味するのではな」く，「戦争行為主体である国家による制度的暴力であるという意味があり，責任の所在を個人のみならず構造のなかでとらえようとする意図がある(87)」。

柴田は，1961年から36年間続いたグアテマラ内戦における，ジェノサイドとその際に行われた強姦を具体例として挙げる。そして，2010年に開廷した民衆法廷の中で明らかになった戦時性暴力の特徴を示す。戦時性暴力は「権力の誇示，勝利の表現，交換貨幣，戦利品という4つの意味を象徴」しており，暴力が公務員や警察，軍隊によって実行されたことを示した。これは，政府が用いた戦略の一環，戦略の手段としての性暴力であるとして，民衆法廷では，政府の責任が明らかとなった(88)。

この見解は，戦時性暴力に含まれる，個人を超えた国家の責任を明確に示した。柴田によれば戦時性暴力は，政府によってコントロールされ実行される政策の一環であり手段である。単なる個人の欲求ではなく，「権力の誇示，勝利の表現，交換貨幣，戦利品」といった明確な価値のもとに実行された暴力である。

(8) グエン・カーク，キャロリン・ボウェン・フランシス（Gwyn Kirk and Carolyn Bowen Francis）の見解

カークとフランシスは，海外に駐留する合衆国軍隊について述べる中で，女性に対する性暴力が，軍隊システムに起因するものであると主張する。沖縄に駐留する在日合衆国軍隊の構成員たちは，「攻撃的になること，そして殺すことを訓練され」，本質的に洗脳されているため，この本質的な洗脳が，軍服を脱ぎ公務を離れても続くことが，米軍基地周辺での性暴力の原因だとする(89)。

また，在日米軍基地を含む，東アジアに駐留する合衆国軍隊の「分離トレーニング」が，女性に対する暴力の要因であると指摘する。合衆国軍隊では，駐留地域との間をフェンスで分離する方法で，「物理的に，職業上も，経済的にも，法的にも，そして文化的にも地元住民から分離されて」おり，軍人たちは，

海外に居住しながらも「アメリカの生活や文化の，無秩序に広がった，フェンスで囲まれた孤立領土に住んでいる」という特徴がある。駐留地域からの軍人が，「物理的，経済的，そして文化的な分離は，軍隊が戦争のためのトレーニングの一部」として用いる手法であり，他者との「感情的な分離を強める」。このような分離トレーニングによって，「『敵』を擬物化し，非人間化できるように」し，軍隊を攻撃的なものにする。分離トレーニングで得た攻撃性が，駐留「受け入れ地域において，不注意な運転，地域住民の暴行，そして女性に対する暴力を含む合衆国軍人の行動」の要因であると指摘する。⁽⁹⁰⁾

したがって，この指摘は，合衆国軍隊のみに関するものではあるものの重要である。軍人たちのふるう性暴力は，軍隊における訓練が，軍事基地のフェンスの外へ流れ出た結果なのである。攻撃的に人を殺し，より暴力的，非人間的になることを訓練された軍人たちが，基地のフェンスの外に出て，民間人と接触すれば，日ごろの訓練の結果として暴力が発動される危険性が高く，実際に，軍事基地周辺では売買春施設の女性たちに対する性暴力や，地域の女性に対する性暴力が多い。

(9) 高里鈴代の見解

沖縄において，在日米軍人による性暴力に抵抗する運動を展開してきた高里は，兵士の行う性暴力を次のように説明する。

軍隊は侵略の際の「当然の権利として，その軍隊が侵入していく地域の女性を強姦する。それは，自分たちの支配の表現でもあるし，最もきわだった略奪の方法であり，それが個々の兵士に報酬として許されている構造が軍隊の中にある」と主張する。そして，「支配被支配の関係の中におかれている兵士たち」の行う性暴力は，被支配者の「先端での行動として容認されてきた」。⁽⁹¹⁾

兵士たちの性暴力の特徴は，被侵略地域での支配，略奪，報酬としての性暴力である。軍隊内部は，厳格な命令系統にあるため，上官による下士官の支配，命令の組織であるが，軍隊構造じたいが支配，略奪，報酬としての性暴力を許容し，被支配者である先端の兵士たちの性暴力を容認する性質を持っているということである。

3 性暴力は軍隊の構造的暴力か

以上のように軍隊と性暴力との関係に関する言説を整理した。ここで，これらの言説の共通点を示すことで，軍人の性暴力が軍隊の構造的暴力といえるのかを明らかにしたい。

軍隊による性暴力については，その性暴力が個々の男性と女性との間における，男性の個人的欲望の発現であるとする考え方から，軍隊内部の構造や性質，それを支える観念に基づいて，計画され，管理され，命令された暴力であるとして，構造的暴力の問題と捉える考え方に変化してきている。[92]

強調される軍隊の特性は，男性性・男らしさ，支配服従の命令系統である。軍隊を運用する軍事国家，軍国主義的観念や制度，軍国主義を推し進める軍事化は，男性性・男らしさの特徴を持っている。

この軍隊の特性の基礎にあるのが家父長制である。この男性の支配という性差別主義的な男性優位の制度の特徴が軍隊の基礎にある。ただし，軍隊と家父長制との関係には，いくつかの説明の仕方がある。家父長制は，暴力と権威主義による他者の支配を特徴としており，軍隊，戦争行為には家父長制の特徴が浸透しているとする説明や，軍事国家は家父長制の構造を有し，「男らしさ」を特権化するという説明，軍隊は家父長制と似ているが，他の家父長制的な組織とは，国家・政府の権威と密接に関連する点で異なるという説明，軍国主義やナショナリズムも家父長制の観念を有しており，「男らしさ」を特権化するという説明がある。説明の仕方は多様であるが，共通することは，軍事国家，軍国主義，そこにおける軍隊は，家父長制の特徴をその内部に有しているということである。

家父長制の特徴は，男性性・男らしさの強調，性差別主義的な男性優位主義であること，暴力と権威主義による他者の支配を特徴とすることである。その結果，男女間の性別役割が男性によって定義づけされ，男性の能動性・攻撃性と女性の受動性・従順・性的純潔の役割に男女は社会化される。男性優位主義は，女性嫌悪を生む。

このような家父長制の特徴が，軍隊の訓練や戦争行為，紛争の場で運用される。家父長制の特徴を生かした政策決定であり，軍隊の特徴である徹底した指揮命令系統によって下される指令である。軍隊は「男性性」という重要な性質

を維持し，強化する組織である。

　家父長制の特徴があるため，例えば，性別役割分担の下で，能動的な女性に対する「教育」として強姦が選択されたり，自国の女性がレイプされるかもしれないということが，女性の役割である性的純潔を脅かすことになり，同時に男性に従属する女性に対する侵害が，男性の名誉を傷つけることに直結するため，軍事的なナショナリズムの高揚と兵士の士気の高揚に利用される。反対に，敵対する相手方の女性に対する性的凌辱が，敵の男性，領土，民族の種に対する凌辱を意味するため，攻撃の手段・戦術として戦時性暴力が政策として選択され，命令される。女性の身体に対する凌辱は，女性個人の人権問題を離れて，女性の属する集団に対する凌辱の問題へと取って代えられてしまう。軍隊は暴力的な男性性の維持・強化のために，他者に対する暴力的な支配の表れである性暴力を必要とし，男性優位主義的な女性嫌悪は，国家・政府によって管理された軍用売買春や戦時・平時の強姦，軍人同士連帯した集団強姦を必要とする。女性の性は，侵略の対象となり，報酬の対象になる。

　これらの性暴力の根本に男性個人の性的欲望があるとする考え方もある（上述のブラウンミラー，田中の分析）。性暴力をふるうか否かは，軍人個人にもよるかもしれない。しかし，家父長制的な特徴を基礎とする軍隊組織が，性暴力を政策として選択し，決定し，命令を下し，性的に暴力的な男らしさを必要とする組織であるから，軍人による性暴力を許容し，軍人を性暴力へ向かわせる政策の決定者を免責していると考える。軍人でない者も性暴力を犯すが，軍人による性暴力は，軍人の属する軍隊の命令を背負っているため，具体的な犯罪の場面で，男らしさの強調としての残虐性や暴力が繰り返される点や集団で犯罪行為に至る場合が多いなどの一定の特徴がみられるのである。

　したがって，軍人による戦時性暴力および平時における性暴力は，家父長制を基礎とした軍隊の構造的暴力だと考える。軍隊には，家父長制を基礎とした男性性・男らしさの強調と，社会の中にある性別役割に基づき，受動的な役割に社会化された女性に対する，能動的で攻撃的な男性の性暴力を許容する構造がある。そして，一方で，性暴力が，軍隊組織の特徴である屈強な男性性・男らしさの維持と増強に資するため，軍隊の政策決定者によって，戦場において意図的に性暴力が選択され，指揮・命令され，軍人によって実行される。

軍人による性暴力は直接的暴力であるが，軍隊構造の中に組み込まれた，男性優位主義的な支配・被支配の不平等な関係に基づく暴力であり，構造的・間接的暴力であり，軍隊の政策決定者，指揮・命令を下す者の責任を問うことができると考える。

（1）　髙良沙哉「平和時における軍隊構成員による性的暴力をいかに考えるか──沖縄の視点から──」沖縄大学法経学部紀要7号（2006年）48, 49頁。
（2）　ヨハン・ガルトゥング「平和学とは何か」ヨハン・ガルトゥング，藤田明史編著『ガルトゥングの平和学入門』（法律文化社，2003年）53頁。西山俊彦「『構造的暴力理論』の批判的考察と平和学の課題」ヨハン・ガルトゥング，藤田・同上，106頁。
（3）　ヨハン・ガルトゥング著，高柳先男，塩屋保，酒井由美子訳『構造的暴力と平和』（中央大学出版部，1991年）11, 12頁。
（4）　スーザン・ブラウンミラー著，幾島幸子訳『レイプ──踏みにじられた意思──』（勁草書房，2000年）6頁，Susan Brownmiller, *Against Our Will: Men, Women, and Rape* (Simon and Schuster: 1975): pp.14, 15
（5）　ブラウンミラー・同上，37頁，Brownmiller, *Ibid.*, at 37.
（6）　ブラウンミラー・同上，78頁，Brownmiller, *Ibid.*, at 64.
（7）　ブラウンミラー・同上，31頁，Brownmiller, *Ibid.*, at 32.
（8）　ブラウンミラー・同上，31頁，Brownmiller, *Ibid.*, at 32, 33.
（9）　ブラウンミラー・同上，32頁，Brownmiller, *Ibid.*, at 33.
（10）　ブラウンミラー・同上，37〜38, 77頁，Brownmiller, *Ibid.*, at 37, 38, 64.
（11）　ブラウンミラー・同上，94, 95頁，Brownmiller, *Ibid.*, at 76, 77. しかし，ブラウンミラーは，売買春を肯定しているわけではない。売春の合法化の問題に触れて，男性の抱く性衝動が，金で手に入る考えは，「強姦の大衆心理とワンセット」であり，「セックスは男性権力のおまけとしてカンタンに手に入るものだという誤った観念が，強姦を企む者の心理に勢いを与えつづける」と述べている（ブラウンミラー・同上，321頁，Brownmiller, *Ibid.*, at 392.）
（12）　ベティ・リアドン著，山下史訳『性差別主義と戦争システム』（勁草書房，1988年）24頁，Betty A. Reardon, *Sexism and the war system* (Teachers College Press: 1985) p.12.
（13）　リアドン・同上，26, 27頁，Reardon, *Ibid.*, at 13.
（14）　リアドン・同上，26, 27頁，Reardon, *Ibid.*, at 13.
（15）　リアドン・同上，26, 27頁，Reardon, *Ibid.*, at 13.
（16）　リアドン・同上，70頁，Reardon, *Ibid.*, at 39.
（17）　リアドン・同上，70頁，Reardon, *Ibid.*, at 39.
（18）　リアドン・同上，72頁，Reardon, *Ibid.*, at 39, 40.
（19）　リアドン・同上，73頁，Reardon, *Ibid.*, at 40.
（20）　リアドン・同上，74頁，Reardon, *Ibid.*, at 41.
（21）　リアドン・同上，76頁，Reardon, *Ibid.*, at 42.

(22) リアドン・同上，81, 82頁，Reardon, *Ibid.,* at 45, 46.
(23) リアドン・同上，82頁，Reardon, *Ibid.,* at 46.
(24) Bunster-Burotto, "Surviving Beyond Fear: Women and Torture in Latin America," in *Women and Change in Latin America,* June Nash and Helen Safa ed. (Bergin & Garvey Publishers, inc. 1986) pp.297-325.
(25) Bunster-Burotto, *Ibid.,* at 297.
(26) Bunster-Burotto, *Ibid.,* at 300.
(27) Bunster-Burotto, *Ibid.,* at 300.
(28) Bunster-Burotto, *Ibid.,* at 298, 322.
(29) Bunster-Burotto, *Ibid.,* at 306.
(30) Bunster-Burotto, *Ibid.,* at 298, 302.
(31) Bunster-Burotto, *Ibid.,* at 303.
(32) Bunster-Burotto, *Ibid.,* at 307.
(33) Bunster-Burotto, *Ibid.,* at 299.
　　Marinisumo/Machismoという「女らしさ」,「男らしさ」の理想は，家父長制のラテンアメリカにおける現れである。そして，ラテンアメリカのみならず，世界的な観念であると指摘する。Machismoの理想は，「男性は，社会，および家族内での特権を享受し，女性より優れている」と考えるものである。これに対し，Marianismoの理想は，聖母マリアに対する信仰，つまり「(子の) 養育あるいは母性および純潔の理想を同時に具体化する女性」である聖母マリアに対する信仰である。このMarianismoの理想が，ラテンアメリカの世界観や文化と制度のすべての面に浸透しており，女性たちは，その理想を女性の性別的なステレオタイプとして規定された役割として真似すること強いられる。
(34) Bunster-Burotto, *supra note* 24, at 307.
(35) Bunster-Burotto, *Ibid.,* at 304, 305.
(36) Bunster-Burotto, *Ibid.,* at 304.
(37) Bunster-Burotto, *Ibid.,* at 306.
(38) Bunster-Burotto, *Ibid.,* at 310.
(39) Bunster-Burotto, *Ibid.,* at 310. ブンスターが調査に基づいて挙げている性的拷問は，兵士による集団レイプだけではない。女性に対する性的拷問には多様な形態がある。家族の前でレイプすることによって，精神的にも肉体的にも傷つける場合や，膣内にネズミを挿入し，肉体的に重大な傷を負わせるとともに，精神的にも回復困難なトラウマを残す拷問，犬にレイプさせ屈辱的な精神的トラウマを残す拷問，鉄などの異物の挿入による性的虐待の具体的事例の聞き取りの結果が示されている。その他，女性を裸にして見世物にするような拷問や，乳房の切除や性器への電気ショックなど，多くの事例が報告されている (Bunster-Burotto, *Ibid.,* at 305, 308, 310-312.)。
(40) シンシア・エンロー著，上野千鶴子監訳，佐藤文香訳『策略——女性を軍事化する国際政治——』(岩波書店，2006年) 214頁, Cynthia Enloe, *Maneuvers: the international politics of militarizing women's lives* (University of California Press: 2000): p.289.

(41) エンロー・同上，117頁，Enloe, *Ibid.*, at 144.
(42) エンロー・同上，37頁，Enloe, *Ibid.*, at 34.
(43) シンシア・エンロー著，池田悦子訳『戦争の翌朝――ポスト冷戦時代をジェンダーで読む――』(緑風出版，1999年) 82頁，Cynthia Enloe, *The morning after: sexual politics at the end of the Cold War* (University of California Press: 1993): p.73.
(44) エンロー・前掲注 (40) 55頁，Enloe, *supra note* 40, at 45.
(45) エンロー・同上，36頁，Enloe, *Ibid.*, at 34.
(46) エンロー・前掲注 (43) 171頁，Enloe, *supra note* 43, at 154.
(47) エンロー・同上，159頁，Enloe, *Ibid.*, at 144.
(48) エンロー・同上，129, 160, 161頁，Enloe, *Ibid.*, at 118, 145.
(49) エンロー・同上，161頁，Enloe, *Ibid.*, at 145.
(50) エンロー・前掲注 (40) 53頁，Enloe, *supra note* 40, at 44.
(51) エンロー・同上，36頁，Enloe, *Ibid.*, at 34.
(52) エンロー・同上，130頁，Enloe, *Ibid.*, at 152.
(53) エンロー・前掲注 (43) 182頁，Enloe, *supra note* 43, at 167, 168.
(54) エンロー・前掲注 (40) 101頁，Enloe, *supra note* 40, at 134.
(55) エンロー・同上，65頁，Enloe, *Ibid.*, at 110, 111.
(56) エンロー・同上，115頁，Enloe, *Ibid.*, at 143.
(57) エンロー・同上，97～127頁，Enloe, *Ibid.*, at 132-151.
(58) エンロー・同上，65頁，Enloe, *Ibid.*, at 111.
(59) エンロー・同上，65, 66頁，Enloe, *Ibid.*, at 111.
(60) このレイプ事件を受けて，アメリカ太平洋司令官が「レンタカーを借りる金で女が買えたのに」と発言した点，また加害米兵らが当初，買春を計画していたが，レイプに切り替えたことから，兵士にとって買春が日常の娯楽と考えられており，また買春という「娯楽」が用意されないときにレイプに及ぶということを指摘している。(エンロー・同上，66～81頁，Enloe, *Ibid.*, at 111-122.)
(61) エンロー・同上，83～97頁，Enloe, *Ibid.*, at 123-132.
(62) エンロー・同上，84, 85頁，Enloe, *Ibid.*, at 124.
(63) 竹中千春「国際政治のジェンダー・ダイナミクス――戦争・民主化・女性解放――」国際政治161号（『ジェンダーの国際政治』）(2010年) 12, 13頁。
(64) 竹中・同上，12～14頁。
(65) 竹中・同上，14頁。
(66) 竹中・同上，15頁。
(67) 大越愛子「『国家』と性暴力」江原由美子編『性・暴力・ネーション フェミニズムの主張4』(勁草書房，1998年) 110～113頁。
(68) 大越・同上，113～114, 121頁。
(69) 大越・同上，113～114, 121頁。
(70) 大越・同上，117～118頁。
(71) アティナ・グロスマン著，萩野美穂訳「沈黙という問題――占領軍兵士によるドイ

ツ女性の強姦——」思想898号(岩波書店, 1994年) 139, 142, 154頁。
(72) グロスマン・同上, 139頁。
(73) グロスマン・同上, 139, 142, 154頁。
(74) グロスマン・同上, 139, 142, 154頁。
(75) 上野千鶴子『ナショナリズムとジェンダー』(青土社, 1998年) 114頁。
(76) 山下英愛『ナショナリズムの狭間から——「慰安婦」問題へのもう一つの視座——』(明石書店, 2008年) 115, 116頁。
(77) 山下・同上, 114頁。
(78) 田中利幸「国家と戦時性暴力と男性性——「慰安婦制度」を手がかりに——」宮地尚子編著『性的支配と歴史 植民主義から民族浄化まで』(大月書店, 2008年) 112頁。
(79) 田中・同上, 102頁。
(80) 田中・同上, 104頁。
(81) 田中・同上, 104頁。
(82) 田中・同上, 104, 105頁。
(83) 田中・同上, 106頁。
(84) 田中・同上, 109頁。
(85) 中満泉「国内紛争と民族浄化・性暴力」宮地尚子編著『性的支配と歴史 植民主義から民族浄化まで』(大月書店, 2008年) 240, 243, 244, 246頁。
(86) 中満・同上, 240, 243, 244, 246頁。
(87) 柴田修子「戦時性暴力とどう向き合うか——グアテマラ民衆法廷の取り組み——」日本比較政治学会年報13号(『ジェンダーと比較政治学』)(ミネルヴァ書房, 2011年) 163頁。
(88) 柴田・同上, 173～186頁。
(89) Gwyn Kirk and Carolyn Bowen Francis, *Redefining Security: Women Challenge U.S. Military Policy and Practice in East Asia*, The Berkeley Women's Law Journal Volume 15, p.2000. 246-250. この主張は, 沖縄を拠点として活動する軍事主義に抵抗する女性の市民団体「基地・軍隊を許さない行動する女たちの会」共同代表高里鈴代の主張に賛同し, 踏襲したものである。
(90) Kirk and Bowen Francis, *Ibid.*, at 246-250.
(91) 高里鈴代『沖縄の女たち 女性の人権と基地・軍隊』(明石書店, 2003年) 110頁。
(92) 柴田・前掲注 (87) 168頁。

第2章　いわゆる「慰安婦」に対する軍隊の性暴力

　ここでは，軍隊による性暴力の事例として，日本軍による「慰安婦」に対する性暴力について述べる。日本軍による「慰安婦」に対する性暴力は，軍人の性暴力のもっとも極悪な例の1つである。1990年代に，長い間の沈黙を破り日本軍「慰安婦」とされた女性たちが，日本の裁判所に，日本の国家としての謝罪と賠償を求めて，立て続けに訴えを提起した。しかし，日本の裁判所の下した判決は，どれも「慰安婦」たちの命がけの訴えに応えるものではなかった。

　1992年1月12日の『朝日新聞』で吉見義明が，「慰安婦」制度に対する国家の関与を裏付ける資料を発見・公開するまで，日本政府は一貫して関与を否認していた。この資料の公開後，1993年8月4日に当時の河野洋平内閣官房長官が，いわゆる「河野談話」を発表した。河野談話は，従軍「慰安婦」問題は「女性差別，民族差別に関する重大な人権侵害であって，心からお詫びと反省の気持ちを申し上げる」と述べられている[(1)]。その後，1995年7月に当時の村山富市内閣総理大臣は，「慰安婦」とされた女性たちに謝罪して，「女性のためのアジア平和国民基金」を創設し，「国民的な償いや医療，福祉の事業の支援など」に取り組むことを発表した。しかし，国民の募金で創設したものであり国家による正式な賠償ではなかったことから，元「慰安婦」の反感をかう結果となった[(2)]。2007年末に同基金は解散している[(3)]。

　日本政府は，戦後の賠償問題については，国家間で解決済みであるとの立場をとっている。1993年当時に認めた以上の国家の責任については認めず，その後は，当時の国家の責任の所在を明らかにすることもなく，被害者の訴えに耳を貸さぬまま，甚大な被害を出した軍人による性暴力の歴史は，修正と抹消の危機にさらされている。

　日本軍・軍人による「慰安婦」に対する性的暴力あるいは性的虐待は，大日本帝国憲法下で起こった出来事である。しかし，軍人による性暴力を清算して

こなかった日本は，現代に起こっている軍隊による性暴力の問題にも向き合えないである。「慰安婦」問題は，まだ過去の出来事ではない。

　第2章では，まず第1節で，日本軍「慰安婦」制度の制度概要を，発見された公文書やそれに対する解説に依拠しながら述べる。「慰安婦」制度関連の公文書は，第二次世界大戦終了の前後で，焼却されたものが多い。かろうじて発見され明らかになった資料は，「慰安婦」たちのこれまでの証言を裏付けるものとして，日本軍「慰安婦」制度の様子を明らかにするものである。「慰安婦」制度概要を明らかにしながら，この制度が「慰安」だったのか，性奴隷制だったのか，軍人個々人の性暴力だったのか，組織的犯罪だったのか，日本軍独特のものであったのか，それともさまざまな軍隊が行ってきた構造的暴力としての共通の性格を持つものであったのかを明らかにしたい。またそれによって，責任の所在を明らかにすることに努めたい。そのことが，軍人による性暴力を，単に個人の問題で終わらせず，現代にもつながる問題としてみることだと考えるからである。(4)

　次に第2節では，「慰安婦」制度の基礎となったと考えられる，日本による植民地支配に伴う公娼制の導入について述べる。「遊廓」と呼ばれながらも，「慰安所」としての役割を果たしていた施設があったことを示し，「慰安所」を多角的に検討する。

　そして第3節では，他国における戦時の性暴力について若干述べ，日本軍「慰安婦」制度と比較し，軍隊による性暴力があらゆる国家において取り組まなければならない問題であることを示す。

第1節　日本軍「慰安婦」制度の概要

1　「慰安所」設置

　海軍「慰安所」は，1932年1月の上海事変とともに設置された。陸軍「慰安所」は，上海事変の頃，1932年3月に海軍「慰安所」に倣って開設された。

　在上海領事館によって1938年に出された「昭和13年中に於ける在留邦人の特種婦女の状況及其の取締並びに租界当局の私娼取締状況」によれば，「上海事変勃発ト共ニ我ガ軍隊ノ当地駐屯増員ニ依リ此等兵士ノ慰安機関ノ一助トシテ

海軍慰安所(事実上ノ貸席)ヲ設置」した。この貸席に海軍「慰安所」が含まれており，ここでは，「海軍下士官兵ヲ専門ニ絶対地方客ニ接セシメズ且酌婦ノ健康診断モ陸戦隊及当館警察官吏立会ノ上毎週一回専門医ヲシテ実施」させているとある。海軍「慰安所」における「酌婦」つまり「慰安婦」の検診が陸戦隊員・領事館警察官の立ち合いで，専門医によって定期的に行われたことがわかる。⁽⁵⁾この陸軍「慰安所」開設が3月であるから，海軍「慰安所」開設はもっと早く1932年の事変勃発と同時期であると考えられる。

2 「慰安所」設置理由

日中全面戦争が始まった1937年末ごろから「慰安所」の数が急増した。「慰安所」の設置理由は，当時の北支那方面軍参謀長岡部直三郎の「軍人軍隊の対住民行為に関する注意の件通牒」(1938年6月27日)に表れている。「軍人及軍隊ノ住民ニ対スル不法行為」が住民の犯行意識を煽り，特に，「強烈ナル反日意識を激成セシメシ原因ハ各所ニ於ケル日本軍人ノ強姦事件」が伝播し，深刻な反日感情を醸成している。「特ニ強姦ニ対シテハ各地ノ住民一斉ニ立チ死ヲ以テ報復スル」のが常である。「軍人個人ノ行為ヲ厳重ニ取締ルト共ニ一面成ルヘク速ニ性的慰安ノ設備ヲ整ヘ整備ノタメ不本意乍ラ禁ヲ侵ス者ナカラシムルヲ緊要トス」とある。「慰安所」急増の原因は，上海事変後から南京を占領するまでの間の，日本軍人らによる強姦の頻発にあった。不法行為の中でも特に強姦事件が，中国住民の反日感情を激化させたことは，「死ヲ以テ報復」という激しい抵抗からもうかがわれる。この頻発する強姦事件を抑えるために，「性的慰安ノ設備」が必要だという結論に至っている点は，まったく女性の人権の観念を欠いた短絡的な発想である。

日本軍が「慰安所」開設を必要とした日本軍特有の理由には，「軍隊内での兵士に対する極端な人権無視」が挙げられる。他の軍隊でも訓練の過程で，軍人の人権を無視し戦争遂行のための攻撃性を鍛える訓練はなされるが，日本軍はとりわけ人権無視の傾向が強かったという。そして，日本の戦争は侵略戦争であったため，日本軍も日本政府も，軍人たちに「説得的な戦争の大義を示すことができ」ず，軍人たちは何のために戦っているのか，戦争の意義を見出すのが難しかった。戦争は長期化したが，日本軍は「休暇・帰還システムを構築す

ること」もできず、戦争終結の展望が見えなかったことも、軍人たちの「精神を荒廃」させた。このような軍人たちの不満が軍隊自体に向くことを防止するため、軍隊内の「絶対服従・常時監視」が一層厳しくなり、より一層軍人の不満が膨らんだ。抑圧され精神的荒廃にさらされた軍人たちの感情は「異民族であり、弱者である戦地・占領地の住民に対して爆発する。それは、とりわけ女性に対する暴行・強姦として現れ」た。

このように日本軍内部に根本的な理由がありながら、それに対峙せず、実際に強姦対策としてとられたのが、「慰安所」の開設、拡大であった。強姦対策に「性的慰安」を提供しようとする日本軍の発想は、国府台陸軍病院附軍医中尉早尾𠂤雄の「戦場に於ける特殊現象と其対策」という軍医部・軍法務部に委嘱された論文（1939年6月）に表れている。「性慾ト強姦」の項で、「出征者ニ対シテ性慾ヲ長ク抑制セシメルコトハ自然ニ支那婦人ニ対シテ暴行スルコトトナロウト兵站ハ気ヲキカセ中支ニモ早速ニ慰安所ヲ開設シタ、其ノ主要ナル目的ハ性ノ満足ニヨリ将兵ノ気分ヲ和ラゲ皇軍ノ威厳ヲ傷ツケル強姦ヲ防グニアッタ」。しかし、それでも「慰安所」が不足した地域や前線では、強姦が多数発生したと述べている。早尾軍医中尉は、軍人たちが強姦へ向かう心理を「内地デハ到底許サレヌコトガ敵ノ女ダカラ自由ニナルトイフ考ガ非常ニ働イテ」いるからだとしている。また、憲兵による取り締まりの以前には、大量の強姦が発生したが、「部隊長ハ兵ノ元気ヲツクルニ却ッテ必要」として見て見ぬふりをしたという。ここに日本軍の人権意識のなさが表れている。

強姦に対して「性的慰安」を提供する発想が、結果的に「女性に対する性暴力を軍が戦地・占領地で容認することを意味し」、「慰安所で性暴力を体験した兵士は、慰安所の外でもそれを実行しよう」とし、「慰安所」のない戦地や前線では、「住民に対する暴行・強姦を、慰安所がないから仕方がない」として肯定する要因となった。

この点、先の早尾軍医中尉論文には、「軍当局ハ軍人ノ性慾ハ抑ヘル事ハ不可能ダトシテ支那婦人ヲ強姦セヌ様ニト慰安所ヲ設ケタ、然シ強姦ハ甚ダ旺ンニ行ハレ」たと書かれている。「慰安所」設置理由には、軍人の性病蔓延を防ぐための性管理という理由があったが、同論文で早尾は「慰安婦」を通して性病が広がり、強姦もなくならなかったと指摘している。

3　「慰安所」設置と国家・軍隊との関係
(1)　「慰安所」開設の責任

　「慰安所」の開設の責任はどこにあるのだろうか。まず，設置の指令という点からみる。1932年3月の上海事変の頃の「慰安所」の開設は，上海派遣軍司令官白川義則大将・参謀長田代皖一郎少将が，上海で行った。岡村寧次上海派遣軍参謀副長官や岡部直三郎高級参謀が指示し，永見俊徳参謀が「慰安所」を設置した。
(11)

　「慰安所」の設置に関し，岡村寧次は，「私は恥ずかしながら慰安婦案の創設者である」と述べ，1932年の上海事変の際に，強姦事件が発生したため，「同地海軍に倣い，長崎県知事に要請して慰安婦団を招き，その後まったく強姦罪が止んだので喜んだものである」としている。一方で，岡村は，風紀の乱れている師団では，「慰安婦団を同行しながら，強姦罪は跡を絶たない有様」であったと述べている。また，岡村は，「各兵団は，殆どみな慰安婦団を随行」していたとも述べた。「慰安所」の設置原因は，日本軍人による強姦事件の発生であったが，「慰安所」設置後も強姦が発生していたことがわかる。
(12)(13)(14)(15)

　1937年末の「慰安所」の開設は，司令官松井石根大将・参謀長塚田攻少将の中支那方面軍が，「慰安所」設置の指示を出し，上海派遣軍参謀第二課が慰安所案を作成し，参謀長勇中佐などが南京で「慰安所」設置を担当した。また，司令官柳川平助中将・参謀長長田辺盛武少将の第10軍の参謀であった寺田雅雄中佐は，憲兵を指導して「慰安所」を作らせた。北支那方面軍参謀長岡部直三郎の通牒（1938年6月）により，各部隊に「慰安所」設置を「緊要トス」と指示している。
(16)(17)

　1939年11月には，安藤利吉中将・田中久一少将率いる第21軍が「慰安所」設置を指示し，日本の内務省に「慰安婦」募集をさせ，台湾総督府にも「慰安婦」募集をさせ，「慰安所」を設置した。1941年7月以降は，司令官梅津美治郎大将・参謀長吉本貞一中将率いる関東軍が計画して，朝鮮総督府に「慰安婦」を募集させ，満州の「慰安所」へ送ったという。
(18)

　「慰安所」設置や「慰安婦」募集は，軍隊が必要とし，上海派遣軍，北支那方面軍，第21軍，関東軍など軍隊が指示し，内務省や台湾あるいは朝鮮総督府が募集していたのがわかる。

(2) 「慰安婦」募集と国家・軍隊との関係

　「慰安婦」募集の方法の面から，軍と国家と「慰安所」との関係を以下に検討する。

　国家や軍隊による募集の指示を示すものとして，1938年2月23日に内務省警保局長が，各庁府県長官宛て（東京府知事を除く）に出した「支那渡航婦女ノ取扱ニ関スル件」がある。これには，「慰安婦」の募集周旋業者の中には，軍当局の了解があるかのように語って募集を行う者がいるが，現地の実状に鑑みると「慰安婦」の渡航は，「必要已ムヲ得ザルモノアリ警察当局ニ於テモ特殊ノ考慮」を講ずる必要がある。「慰安婦」の「募集周旋等ノ取締ニシテ適正ヲ欠カンカ帝国ノ威信ヲ毀ケ皇軍ノ名誉ヲ害フノミニ止マラズ銃後国民特ニ出兵兵士遺家族ニ好マシカラザル影響ヲ与フルト共ニ婦女売買ニ関スル国際条約ノ趣旨ニモ悖ル」ことのないようにすることが困難になる。[19]

　内務省警保局長の通牒によれば，当時，「慰安婦」募集は軍当局の了解を得て行うべき事柄であった。しかし，そのことで女性を騙して募集する業者がいることが日本軍の威信等を傷つけることになるという危惧が表れている。そして，同通牒には問題があったとしても，「慰安婦」募集は必要であるから，帝国の威信や皇軍の名誉，そして兵士の家族や遺族の感情，最後に国際条約を守るために，厳重に取り締まるべきことが書かれている。よって，当初は「婦女売買ニ関する国際条約」を意識していたこともわかる。

　そして，女性たちの支那渡航に関して，各庁府県長官が遵守すべき重要な項目として，次のことが挙げられている。渡航しようとする「慰安婦」は，「現在内地ニ於テ娼妓其ノ他事実上醜業ヲ営ミ満21歳以上」であり，性病などの伝染病に感染していない健康な者であり，そのような者については「中支方面ニ向フ者ニ限リ当分ノ間之ヲ黙認」して，①外務省次官通牒による身分証明書を発給すること，②女性本人が，警察に赴き身分証明書の発給を申請し，同一戸籍内の最近尊属，戸主の承認を得ること，③身分証明書発給の際には，「婦女売買又ハ略取誘拐等ノ事実ナキ様特ニ留意スル」こと，④「婦女ノ募集周旋等ニ際シテ軍ノ諒解又ハ之ト連絡アルガ如キ言辞其ノ他軍ニ影響ヲ及ボスガ如キ言辞ヲ弄スル者ハ総テ厳重ニ之ヲ取締ル」こと，そして，⑤「慰安婦」の周旋に際して，虚偽または誇大に宣伝することはすべて厳重に取り締まり，募集周旋

に従事する業者に対して、「厳重ナル調査ヲ行ヒ正規ノ許可又ハ在外公館等ノ発行スル証明書」を有しない、身許が不確かな者に対しては認めてはいけない[20]。

このように、軍当局が民間業者を介して、「慰安婦」募集を行っていた。内務省は、各庁府県長官に対して、周旋業者を厳重に管理させ、日本軍や国家が、「慰安婦」募集の条件や手続等も定めて実施していたのは明らかであるが、表向きは、民間業者がやっている建前をとって、軍や国家が関わっていないという形式を作っていた。

また、陸軍省兵務局兵務課は、1938年3月4日に「軍慰安所従業婦等募集ニ関スル件」を出している。これは、陸軍省副官から北支方面軍および中支派遣軍参謀長宛ての通牒案であり、「陸支密」と表記されている。北支方面軍および中支派遣軍が、上海事変の地で「慰安所」を設置するために、日本国内で「慰安婦」を募集するにあたって、「軍部諒解等ノ名義ヲ利用」して、「軍ノ威信ヲ傷ツケ且ツ一般民ノ誤解ヲ招ク虞アルモノ或ハ従軍記者、慰問者等ヲ介シテ不統制ニ募集シ社会問題ヲ惹起スル虞アルモノ」、あるいは、募集を担当する者が適任ではなく、「募集ノ方法、誘拐ニ類シ」警察に検挙された者も少なくないため、今後の「慰安婦」募集に当たっては、「派遣軍ニ於テ統制シ」、適切な人選をし、「実施ニ当リテハ関係地方ノ憲兵及警察当局トノ連繋ヲ密ニシ、以テ軍ノ威信保持上並ニ社会問題上遺漏ナキ様配慮」するよう指示している[21]。これは、民間業者を仲介とした「慰安婦」募集に対する注意喚起である。

この文書からは、軍隊が民間業者を利用して、「慰安婦」を募集していたことがわかる。この文書の内容は、今後、軍隊がさらに統制を厳しくする一方で、具体的な実施は軍隊が直接行わないとするものである。「慰安婦」募集の間接的な統制の方法として、軍隊が業者の人選を厳しく行うことや、地方の憲兵や警察と連携して行うことが、示されている。その目的は、「軍ノ威信保持」にあった[22]。

このように派遣軍が選定した業者を介して、「慰安婦」募集をした場合の他は、次のような募集方法をとったものもあった。占領地では、「各派遣軍の指示を受けて、指揮下の軍隊や師団・旅団・聯隊などの後方参謀や副官が憲兵などを指導して、あるいは占領地の村長など地元の有力者に命じて、住民の中か

ら」徴集する方法をとっており、軍隊の指示による強制徴集が一般的な方法であった。他に各都道府県や台湾では、「各派遣軍が、内務省・朝鮮総督府・台湾総督府に徴募を依頼」する方法がとられた。この場合には、徴集する人数を割り当て、警察の協力を得て内密に行われた。太平洋戦争期には、「海外に出動した部隊は最大350万」にもなっており、「慰安婦」の需要が非常に高まったため、日本において提訴された多くの「慰安婦」訴訟にあるような、「詐欺、暴行、脅迫、権力濫用、その他一切の強制手段」という、当時、帝国日本が締結していた「醜業を行はしむる為の婦女売買取締りに関する国際条約」(1925年12月に条件付き加入、1927年に条件撤廃)の規定に反する方法での連行が行われていた。

4 「慰安所」の類型

「慰安婦」徴集方法と関連して、「慰安所」の類型を示す。吉見義明によれば、「慰安所」には3つの類型があった。

①軍直営「慰安所」、②軍隊が監督統制する軍人・軍属専用の「慰安所」(特定の部隊専属の「慰安所」や軍が認可した「慰安所」)のような「純粋の慰安所」、③民間の売買春施設を一時的に、軍人用に指定する軍利用の「慰安所」、この種の「慰安所」は軍隊に特別の便宜を図るが、軍利用でないときには民間人も利用する施設があった。そしてその他に軍人が利用する施設には、④純粋に民間の売買春施設で、軍人個人が利用するかもしれないが、軍隊が関与していない施設があった。

5 軍隊による「慰安所」の管理・統制

(1) 「慰安所」の統制

このように日本軍「慰安所」は、軍隊の着想によって始められ、軍隊が「慰安婦」募集・徴集に深く関わっていた。「慰安所」を設けたのには、性病を原因とした兵力の減少を避けるために、軍隊による性管理を行うという重要な目的もあった。しかし、上記のように強姦やそれによる性病罹患を防ぐために「慰安所」を設置したが、それが性暴力を誘発し、性病を広める悪循環を生んでいた。

では、「慰安所」の管理体制はどのようなものだったのだろうか。「慰安所」の監督、統制、経営管理は、前線では軍隊が行っていた。在外公館のある都市

部では，公館と軍隊が役割分担して管理していた。

例えば，1938年4月16日に在南京領事館で行われた陸軍，海軍，領事館の三者の「在留邦人ノ各種営業許可及取締ニ関スル協議」では，次のようなことが決定された。まず，陸海軍専属の「慰安所」は「陸海軍ノ直接経営監督」の下にあり，一般人も利用できる「慰安所」は，その「取締ハ領事館其ノ衝ニ当リ之ニ出入スル軍人軍属ニ対スル取締ハ憲兵隊」が行うと分担し，「軍憲領事館ハ協力シテ軍及居留民ノ保健衛生ト業者ノ健全ナル発展ヲ期セントスル」と決定されている。1938年7月5日に「在上海総領事発信在南京総領事宛通報」にも，「中支方面陸海軍占領警備区域内」における慰安所の運営や監督について，同様の役割分担が記されている。[26]

(2)「慰安所」の管理

軍隊が，「慰安所」の管理を非常に綿密にしようとしていたことを示す規定が発見されている。

独立攻城重砲兵第二大隊の「常州駐屯間内務規定」(1938年3月)は，「慰安所」の使用規定であり，1つの「慰安所」を利用する6つの部隊それぞれの利用曜日，利用時間と料金について定め，「使用時間ハ一人一時間ヲ限度トス」と時間制限を定めている。毎週2回の医師の検査曜日と実施時間を定め，その他にも，「慰安所」を利用する際の注意事項が5つも列記されている。その中に，「慰安所」内での飲酒や「慰安婦」対する暴力の禁止，そして「女ハ総テ有毒者ト思惟シ防毒ニ関シ万全ヲ期スヘシ」と定める，性病感染に対する注意喚起の規定がある。しかし，実際には，元「慰安婦」の証言に表れているとおり，軍人たちの「慰安婦」に対する暴力の事例は多く，性病罹患者も多く発生していたことから，規定は形骸化していった可能性が高い。また，この規定には，「慰安所」に来る際には「各隊毎ニ引率セシムヘシ」とも附記され，軍人たちがいつ性行為をするかは，軍隊のコントロールの下にあった。[27]この軍人の行動規範を見ると，軍人の性は完全に軍隊の管理の対象であったことがわかる。ここまで完全な監督下でなされる「慰安婦」との性行為は，第1章に挙げた大越愛子の指摘するように，戦争行為の一環として単なる「処理」の問題と化していた。

軍事極秘として，第二軍司令部によって出された「第二軍状況概要」(1938年12月10日)には，警備司令官は，「皇軍本来ノ面目ヲ発揮シ威信ヲ発揚スルニ遺

憾ナキヲ期シツツアル」として「慰安所」管理の概要を説明する中で，軍人の「慰安所出入ノ為ノ外出以外之ヲ認メ」てないこと，「慰安所」を切符制にして混雑を防いでいることを挙げている。(28) 軍人の自由も制限し，「慰安所」に行く以外の外出を認めず，慰安所でも切符制を導入して秩序を保つよう管理することが，「皇軍本来ノ面目ヲ発揮シ威信ヲ発揚スル」ことになるということは，軍人の性管理が軍隊にとっていかに重要であり，「慰安所」への出入りが，戦争遂行にとって不可欠の部分だと，軍隊が真剣に考えていたことがうかがわれる。

北支那方面軍軍医部の出した「幹部に対する衛生教育順序」(1940年2月)は，北支派遣多田部隊冨家部隊福島調査隊の性病に関する調査に基づいて出されたものである。部隊の性病罹患者のうち，戦地で感染した者が大半であったことや，性病予防を各人が徹底していないという懸念から，性病予防の教育について書かれたものである。「慰安婦」はすべて性病に感染していると考えて，予防策を必ず実施するよう前置きし，具体策を9つ挙げている。飲酒して性交してはならないこと(理性を失うという理由)，検査証明書のある「慰安婦」であることを確かめること，性交前に「慰安婦」に性器の洗浄をさせること，「サック」(コンドーム)を必ず使用すること，星秘膏(性病予防薬)の使用手順，性交後5分以内に性器を消毒することなど，予防策を詳細に示し，予防法を「全部ヤル程感染ノ悪魔カラ逃レルコトガ出来ル」と軍人に呼びかけている。(29)

一方，「慰安婦」に対する管理は，軍人に性病を感染させないようにすることが最重要であった。陸軍教育総監部本部長安藤利吉の出した「戦時服務提要」(1938年5月25日)は，性病について，積極的な予防と「慰安所ノ衛生施設ヲ完備スル」ことを挙げている。(30) 陸軍省医務局衛生課起案「大東亜戦争関係将兵ノ性病処置ニ関スル件」(1942年6月18日)では，戦力の減退と日本国内への性病の搬入を予防しなければならないとして，「派遣部隊ニ於ケル性病予防ニ就テハ指導ニ依リ感染ノ機会ヲ避ケシムルト共ニ出動地ニ於ケル慰安所等ノ衛生管理ニ関シ遺漏ナキヲ期スル」としている。(31)

(3) 「慰安所」の衛生管理

そして，軍隊による「慰安所」に対する衛生管理方法は，驚くほど具体的に細かく規定されていた。例えば，フィリピン「慰安所」では，フィリピン島軍政監部ビサヤ支部イロイロ出張所が「慰安所(亜細亜会館，第一慰安所)規定送付

の件」(1942年11月22日）で，「慰安所」経営者が遵守すべき事柄として，家屋寝具を清潔にし，日光消毒すること，洗浄消毒施設を完備すること，コンドームを使用しない軍人の遊興を止めさせること，コンドームを使用した上洗浄すること，罹患した「慰安婦」の接客禁止や「慰安婦」の外出を厳重に取り締ること，「慰安婦」を毎日入浴させること，営業状態を軍政監部へ毎日報告することが義務付けられていた。「慰安婦」の外出は厳重に制限されており，午前8時から午前10時までの間で，軍政監部所長の許可を経た上で，散歩区域として指定された場所のみ散歩することができた。「慰安婦」の検黴は毎週1度，警備隊医官によって行われると定められていた。[32]

連合軍総司令部翻訳通訳課の「日本軍隊における生活利便施設（ATIS調査報告第120号）」(1945年11月15日）の「在マニラ認可飲食店，慰安所規則」(1943年2月にマニラ兵站地区隊中佐によって出されたもの）によると，マニラの「慰安所」の衛生についてもやはり詳細に規定されていた。「慰安婦」には，毎週2回軍医による検診が義務付けられた。「慰安所」の経営者は，性病予防具を用意し，「慰安婦」に活用させること，「消毒剤（濃度2000〔分の1〕）の過マンガン酸カリウムもしくは0.5〔パーセント〕のクレゾール石鹸溶液）を容器に入れて，便所，その他特定の場所に置く」こと，「慰安所」内を清潔に保ち，洗浄，消毒すること，コンドームの使用を拒む者の「慰安婦」との接触禁止，「慰安婦」を毎日入浴させること，「慰安婦」の部屋にワセリンを置くこと，「寝具は，清潔なもののみを使用し，頻繁に外気に当てて干す。予備の寝具を用意する。敷布と枕カヴァーは，白いものを使用し，清潔に保つ」ことなど非常に詳細に定められていた。寝具の色まで指定しているのには，驚かされるが，南地区でも同様の規定がある。[33]「ワセリン」は，性交痛を和らげるために軟膏を「慰安婦」に与え，コンドームの表面に塗らせたという証言が，多く出ていることから，ワセリンを「慰安婦」の部屋に置くことを規定として義務付けていたということは，軍隊が，「慰安婦」たちの過酷な性労働の実態を知っていた可能性を示唆している。

また，規定に定める消毒剤に関しては，朝鮮民主主義人民共和国内の芳津にあった「慰安所」としての役割を果たしていた「遊廓」，「豊海楼」の目撃者が証言している。芳津出身の申楽天はこの「慰安所」建設の1938年当時は8歳であった。施設が「慰安所」だとは，周囲の住民には知らされていなかった。施設は，

憲兵が常に警備しており，住民は「慰安所」に近づくことすらできなかった。申は子どもであったため，憲兵の厳重な警備の中でもとがめられず「慰安所」に近づくことができた。申は10歳ごろ，建物内で，「女性の顔になぜか白い布がかぶせられていて，その上に軍人が覆いかぶさっている」様子と，軍人が部屋を去った後，女性たちが「ピンクの液体で性器を洗浄」しているのを目撃していた。申はその後，医師になり，「ピンクの液体」が過マンガン酸カリウムであることを知ったと証言した。⁽³⁴⁾

「慰安所」に対する軍隊の管理体制では，軍隊は軍人に対してもその行動を厳しく規制する定めを置いた。「慰安婦」がすべて性病に罹患していると想定して，警戒感をあらわにしながらも，罹患を防ぐために「慰安所」を閉鎖することはせず，かえって「慰安所」を設置，運営，拡大した。対策として「慰安婦」に対しては，定期的な性病検診を義務付け，性交後の洗浄や入浴，消毒など，厳しい義務を課して管理していたことがわかる。しかし，それでも性病は拡大した。日本におけるいわゆる「慰安婦」訴訟で，元「慰安婦」女性たちが主張するように，コンドームを利用しない軍人がかなりの数いたこと，「慰安」行為の結果として妊娠した「慰安婦」がかなりの人数いたことを考えると，根本的にそのような規則を守ることができるような「健全」な状態にはなく，荒廃状態にあり，軍人たちに義務を守らせるのは現実的ではなかったと考えられる。

(4) 小　　括

以上のように，日本軍「慰安婦」制度は，1932年にできた制度であり，1937年末から1938年には広範囲に開設されて「慰安婦」が急増し，「慰安所」や「慰安婦」の不足のために，詐欺や暴力等による徴集と運用という暴力性を内包しながら継続され，1945年の日本の敗戦によって終了した。多くの「慰安婦」が，日本軍の撤退後，敗戦も知らされないまま置き去りにされた。自力で故郷に帰る者もいたが，その地に残った者や，他の国，地域や移住した者がいた。「慰安婦」とされたことで，生まれ育った地域に帰れない女性が多かった。証拠隠滅のために日本軍に殺された者もいた。⁽³⁵⁾「慰安所」のあった場所は，韓国，朝鮮民主主義人民共和国，中国，香港，台湾，フィリピン，マラヤ，シンガポール，タイ，ベトナム，カンボジア，ビルマ（現ミャンマー），日本本土，北海道，小笠原諸島，沖縄など，東南アジア地域の広範囲に及び，「慰安婦」とされた

女性たちもさまざまな国・地域から連行され被害にあったが、韓国・朝鮮の女性が多かったといわれている。[36]

第2節 「慰安婦」制度と性的植民地支配

1 日本人居留地の性的植民地支配

　第1節のような「慰安所」の捉え方では、日本による性支配全体を捉えるには不十分であり、「帝国日本の朝鮮植民地支配を視る歴史認識が欠落している」[37]と指摘して、植民地支配の始期との関係で「慰安婦」制度の始まりを考える見方がある。藤永壯は、「慰安婦」制度を、「女性に対する性支配・性暴力、国家権力による戦争への動員政策、そして植民地支配体制の矛盾などの諸要因が、重層的に絡み合って成立したもの」だと指摘する。[38]

　宋連玉は、1876年の釜山開港の後、日本領事館が設置された1880年までには、売春業者が朝鮮に渡っていたことや、1878年初めに朝鮮行きに限って旅券申請が許された広島、山口、島根、福岡、鹿児島、長崎厳原支庁（対馬）など西日本の庶民や若い女性たちが、働き口を求めて釜山へと渡り、その多くが実際には娼妓となった可能性を指摘し、植民地支配の始まりが日本の公娼制文化の朝鮮半島への流入であると主張する。また、宋は1881年から1882年には100名を超える娼妓が釜山におり、日本の植民地支配によって朝鮮半島のセクシュアリティの在り方が変化したとする。釜山領事館は1881年11月には、居留地の日本人を対象とした売春営業を許可した。釜山に適用された営業許可では、年齢15歳以上の娼妓を認め、娼妓は貸座敷内で生活することとされ、外出を制限された。娼妓に対する梅毒検査の受診義務や、娼妓の外泊禁止、客には姓名の記帳義務が決められていた。「売春業により軍事占領した地域を支配・収奪するメカニズム、性暴力のシステム化ともいえる軍事占領地・植民地管理売春制度」の始まりであった。[39]

　日清戦争後、日朝貿易が盛んになるにしたがって、朝鮮半島への日本人移住者が増加したことにより、「軍事的占領地以外の経済収奪のための居留地」が増加し、「料理店」と称した実質的売春業が増加した。そこで、1892年には売春業者に対する規制を廃止し、従来の貸座敷を「特別料理店」という名称に変

えて釜山で開業した。娼妓を第二種芸妓,乙芸妓と名称を改変した形態が1916年まで続いた。居留地拡大に伴って,日本人居留地の目に触れる機会が拡大したため,貸座敷の直接的なイメージをカムフラージュする意図が指摘される。職を求めた庶民や貧しい女性たちを利用した売春業が,「居留民会の財源を支え,朝鮮における植民地支配の経済的基礎の重要な部分」となった。⁽⁴⁰⁾

　日露戦争に際して,朝鮮における日本軍の駐留が増大すると,性暴力の増加,性病,売買春などが問題となった。これを受けて,1905年に設置された朝鮮統監府は,公娼制の基礎の上に,「軍事的要衝地であるソウルや平壌などで管理売春を公認し,性病管理の徹底化」を図ろうとした。日本の植民地政策下での朝鮮における性売買は,「軍司令部の意向が強く働いた軍事占領地型の管理売春,売春業者経営型公娼制」,日本内地と異なった民族的差別を内包した,「植民地型公娼制が併存」していた。したがって,朝鮮半島では早くから「軍慰安所的遊廓」が存在していたのである。⁽⁴¹⁾

　植民地支配とともに流入した日本の公娼制は,貧しい女性たちや庶民を対象としたこと,性病管理のために検査を義務付け,女性たちを監禁状態にしていた点で,「慰安所」と似た特徴がある。また,日露戦争の際に,朝鮮総督府が日本軍相手に設置した軍事的要衝地の管理売春は,設置理由も「慰安所」と類似し,軍人の性を公的管理下においてコントロールする点で「慰安所」と同様であり,早い段階で,「慰安所」の基礎が存在していたといえる。

2　軍都と性的植民地支配

　日本による朝鮮半島に対する植民地支配と性売買制度とのつながりは,軍事的占領の場面でより色濃く表れている。例えば,金富子は,日本が軍都として切り開いた群山(大韓民国)を例として,植民地支配と性売買とのつながりを明らかにする。20世紀前半,日本人居留地がつくられ,1910年のいわゆる「韓国併合」後,群山は日本の植民地支配とともに,日本人のための都市として形成,発展し,植民地支配の終焉とともに消滅した軍都であった。群山には,日本の植民地支配の象徴とされた遊郭と神社が設置された。遊郭は神社とともに,日本の植民地支配を示すものであったという。金富子は,「遊郭という日本独自の性売買制度(公娼制度)と日本人娼妓の上陸は,当該社会の性売買慣行やセク

シュアリティのあり方に影響を与えずにおかなかった」と指摘する。[42] 群山の遊郭は他の軍都にあった軍慰安所的性格の性売買施設に比べて，民間の日本人対象の施設であったが，第二次世界大戦終了後に駐留した米軍や韓国軍を対象とした性売買施設の基礎となった。[43]

　金栄・庵逧由香は，日本の軍都であった羅南と会寧（朝鮮民主主義人民共和国）を例として，日本による軍事的植民地支配下で流入した遊廓という公娼制と，日本軍「慰安所」との連続性を示す。羅南と会寧の遊廓では，娼妓に和服やカンタン服（ワンピース）を着せ，日本名を付け，朝鮮語を禁止し日本語を強制するという，「女性の性とともに民族を消し去る『慰安所』の管理方法」が行われていた。軍「遊廓」の関係を，戦地に持ち込んだものが軍「慰安所」であると主張する。金・庵逧は，朝鮮半島における日本の植民地化の過程で日本の公娼制度が浸透し，「その土台の上に『慰安所』制度が完成されたことを考えるなら，朝鮮半島においては『慰安所』制度は軍隊の責任だけではなく，植民地責任こそが問われなければならない」，「『性暴力』という両者の共通項こそが問われなければならない」と主張する。[44]

　日本が朝鮮半島に持ち込んだ遊郭と「慰安所」には共通性があり，「遊郭」と呼ばれていたものであっても，軍隊との関わりや強制連行，女性の朝鮮語の禁止などの差別，軍人の利用など，「慰安所」と明確に区別するのが難しい施設もあった。[45]

　軍都であった羅南と会寧では，日露戦争を契機として日本軍の駐屯が始まると，いわゆる「日本料理店」という名称で，娼妓を抱えた性売買施設が朝鮮半島に設置された。とりわけ日本軍の軍事的拠点であった咸鏡北道の二大都市の羅南と会寧は，日露戦争時に日本軍とともに「日本の売買春施設が持ち込まれた典型的な地域」であった。[46]

　日本による植民地支配が始まった早い段階から，羅南は軍都とされ，都市の約３分の２が日本軍の軍用施設であった。この軍都には，「遊廓地域」が設置された。遊廓設置の理由は，この地域が軍営地であり，軍人が多く徘徊して風紀を乱さないためであった。羅南には，外泊が許された将校たちが利用する２階建ての大きな遊廓があり，休日になると兵士たちが遊廓に列をなして殺到していた。この地域の遊郭では，日本軍憲兵の立会のもとに，女性たちに週１回，

性病検査が義務付けられており，性病予防のために軍隊が軍人にコンドームを配布し，遊廓へ行く際に携帯させていた。軍隊による性管理の特徴があった[47]。

同様に軍都であった会寧でも，日露戦争終戦頃から遊廓と思われる「日本料理屋」が開業していた。受付に女性の写真が貼ってあり，建物内部は小部屋で仕切られ，休日には軍人たちが殺到していた。会寧の遊廓は，軍人の利用が少ない日は民間人も利用できたが，女性たちは軍人の休日には1日に10名以上もの軍人の相手をさせられ，拒否すれば暴力を振るわれる環境にあった。女性たちは朝鮮語を禁じられ，性病検査を軍医が行っており，軍隊の管理の下にあった[48]。

羅南，会寧の遊廓は，遊郭とされながらも，軍人の利用，軍隊の管理，朝鮮語禁止等の民族差別，軍人の暴力による性行為の強制など，「慰安所」との共通性が見られる。

また，軍専用港や陸軍・海軍施設が設置されていた大楡洞は，小さな村であったが，憲兵の見張り付きの軍人専用の遊廓があった。この遊廓には，常に憲兵の見張りが付いており，住民は遊郭の建物や遊郭の女性たちに近づくことができず，住民にはそこが遊廓であることも知られていなかった。しかし，日本軍の敗戦と軍隊の撤退後に，遊廓の女性たちは施設に置き去りにされ，地域住民へ助けを求める者や，自力で遊廓を去った者がいた。住民に保護された女性たちが，住民たちに話したことによって，その遊廓の実体が明らかになった。大楡洞の遊廓では海軍部隊が上陸すると，大勢の軍人が押し寄せ，満足な食事も与えられず，昼から夕方まで10名以上の兵士の相手を強制され，夜は将校の相手をさせられた。女性たちは和服やカンタン服を着用し，朝鮮語の使用が禁止させられていた。女性が顔に白い布がかぶされて性行為をさせられていたことや，過マンガン酸カリウム液で性器の洗浄を強制されていたことが，当時子どもであった住民の目撃証言から明らかになった。このような管理方法は，「慰安所」における性病予防性管理の方法と同じである[49]。

金・庵逧は，軍都における遊廓と「慰安所」との関係について次のように分析する。軍都における遊廓は，「戦地の『慰安所』と変わらない役割を担わされ」，「軍隊が駐屯する町の『遊廓』は構造的に，性管理を行うための施設という位置づけになるのであり，実際に軍は性管理施設として『遊廓』を取り込ん

でいた」。「軍事都市における軍と『遊廓』の関係を戦地に持ち込んだのが『慰安所』である」と指摘した。[50]

　以上のように，日本による植民地支配によって，軍都とされた都市では，「遊廓」としながらも，「慰安所」と同様の特徴を有する施設が存在しており，「遊廓」と「慰安所」の境界があいまいであることがわかる。軍都では「遊廓」であるのに，軍人の利用や，憲兵による見張り，和装等・日本名・日本語の強制といった民族差別，性病予防のための管理，軍人による性暴力，建物内が小部屋で仕切られていたことや，写真で女性を選ぶシステムなど，「慰安所」の特徴を有しており，第1節に説明した「慰安所」創設よりずっと以前において，すでに「慰安所」の様式ができていたことがわかる。

3　中国，台湾と日本の性支配

　日本の公娼制が導入されたのは朝鮮半島だけではない。日清戦争直後の台湾への日本軍の駐屯とその後の武力による台湾の植民地支配の開始のあと，民政移行した1896年4月以降，日本は台湾における風俗営業の営業規則を作成し，公娼制を導入した。日露戦争後に日本が領有したサハリンでは，1907年4月に風俗営業の営業規則が制定され，公娼制が導入された。中国本土では，日露戦争前後から，日本人の風俗営業の営業規則が制定された。上海には「からゆきさん」が多く渡航してきていたため，1905年には，営業規則が定められていた。日本軍に占領された青島でも青島軍政署が1915年9月に風俗営業規制を制度化した。中国東北の満州では，日露戦争中に，守備軍や軍政署が，検黴を実施して売春婦の性病管理を行い，施設の設置，料金設定など売買春施設の運営を行い，軍人専用の施設もあった。これらの地域における売買春は，「慰安婦」制度ができたとされる1932年よりもかなり前である。しかし，その後，「慰安所」が多数設置される満州には，日露戦争中にすでに，「慰安所」とほぼ同様の，軍隊による性管理システムができていたことがわかる。このころには，朝鮮人女性の売買ルートもでき，親が子を売るケースや詐欺や誘拐などの手段による連行なども行われていた。[51]

4 植民地支配と軍「慰安婦」制度

以上述べてきたように，日本による植民地支配開始から，軍「慰安所」制度が導入される前までの間の期間に行われた，日本の公娼制の植民地への導入は，確かに「慰安所」の制度の基礎を築いていたと考えられる。日本人の流入，日本の植民地支配と共に公娼制も流入した。公娼制は日本人女性を伴って流入したが，需要の増大によって，植民地の女性たちを制度に巻き込んでいった様子がある。その中で，「慰安婦」制度の特徴の1つであった，女性たちの民族性の抹消という民族差別が表れていた。

軍隊の駐留に伴って，軍人の性病罹患を予防するための軍隊による性管理や憲兵による監視などの管理制度ができあがっていった。娼妓の需要が増せば，「芸妓」として売買春の実態を隠して，貧しい女性たちを徴集するやり方もすでに行われていた。このような公娼制の土台の上に，1932年の「慰安婦」制度の開始があった。そうであれば，この問題は，日本軍による戦時下の「慰安婦」制度のもとにおける性暴力の責任を追及するだけではなく，日本による植民地支配の責任も追及すべき根深い問題である。(52)

日本による公娼制，性売買制度によって，性売買文化が持ち込まれた地域の「セクシュアリティの在り方が変化」した(53)，あるいは，「もともと朝鮮の伝統社会には，日本の遊廓などに相当する，政治権力の管理下で『産業化』した売春業や，単なる売春目当ての女性売買の風習はほとんど存在しなかった」との指摘もある。(54)日本による公娼制の導入がその社会に深い影響を与えたのは確かであろう。

日本による植民地支配に伴う，公娼制の導入は，被植民地の性文化に影響を与え，戦中の「慰安婦」制度を経て，後に述べるように，韓国では，戦後の在韓米軍による「基地村」文化（アメリカ式性売買文化）や，韓国軍や連合軍向けの「慰安所」，日本の公娼制と似た一般人向け売買春制度などとして，戦後も根深く残っている。

第3節　公文書等にみる「慰安婦」制度と戦時性暴力の構造

本章第1節でみたように，公文書等に基づいて考えると，日本軍「慰安所」

と日本軍による戦時性暴力は，互いに補完し合う関係であったと考える。

戦時における日本軍人による現地女性に対する性暴力は，「敵」に属する「異民族」の弱い立場にある「女性」に向けられた暴力であった。この戦時性暴力の背景には，軍人たちの家父長制的な思考，軍隊の特徴である男性性が透けて見える。日本軍人による性暴力の要因の1つには，日本軍組織の構造があった。日本軍内部では，軍人の人権は無視されており，展望の見えない戦争の中で，精神が荒廃した軍人たちの不満の矛先が，軍隊自体に向かないために，上官に対する絶対服従，上官による常時監視を特徴とする組織であった。軍隊組織内部の極度の緊張感に基づくストレスが，戦地における敵の女性たちへの性暴力という人権侵害へ，軍人たちを駆り立てていた。軍隊内部で人権を無視された軍人たちが，そのストレスを女性に対する人権侵害で解消したのである。

このような性暴力が，国際的，国内的な反感をかったため，軍人による性暴力を抑えるものとして考案されたのが，「慰安婦」制度であった。

公文書に表れた「慰安婦」制度の構造は次のようなものであった。「慰安婦」制度は，司令官や軍参謀長の任にある者が考案し，軍隊の要望に基づいて，内務省や朝鮮総督府に依頼して，民間業者を利用した「慰安婦」募集がなされ，あるいは，軍隊が直接，民間業者を利用して「慰安婦」を募集した。日本国内では，「慰安婦」募集に際して，内務省の命令に基づいて，都道府県が民間業者を監視していた。「慰安所」の管理は，軍当局が制定した規則や，軍隊と公館の協力で行われ，「慰安所」の運営や，性病や衛生対策も，軍隊の制定した規則に基づいて行われていた。しかし，軍隊が考案し，管理，運営しながらも，民間業者を利用することによって，売買春の形態をとり，民間業者の経営であるような外観をとっていたのが特徴であった。

そして，「慰安婦」制度が，植民地における公娼制の土台の上に形成されていたという特徴があった。「遊廓」呼ばれながらも，実質的には軍専用の「慰安所」として機能した「遊廓」があり，植民地における日本軍の性支配の影響が色濃かった。

「慰安所」や軍専用の「遊廓」は，その内部に性暴力を閉じ込める制度であった。しかし，設立の目的に反して，「慰安所」や「遊廓」内で，性暴力を許し，軍人たちの暴力的な男性性を高めたことによって，「慰安所」「遊廓」外におけ

る戦時性暴力の発生を誘発し，防ぐことにはつながらなかった。

第4節　他国における戦時性暴力

　以上のように，日本軍は，第二次世界大戦下，植民地支配下において性暴力をふるってきた。しかし，これまで多くの戦場において，性暴力が発生してきた通り，日本軍だけが性暴力を犯した「特殊」な軍隊というわけではない。
　イギリスがオーストラリアを植民地化する初期の段階において，入植者たちは他民族であるアボリジニの女性を頻繁に強姦したとされる[55]。1939年9月のナチス・ドイツ軍のポーランド侵攻の際の，ユダヤ人女性に対する大量の強姦と，強姦後の殺害や，ロシア人女性に対する強姦や「慰安所」への強制連行があったし，ベルリン崩壊の際にソ連赤軍の将兵たちは，報復として大量のドイツ人女性たちを強姦し殺害した[56]。ベトナム戦争の初期段階に，フランス軍は，植民地アルジェリアから「慰安婦」を動員し「従軍」させており，ベトナム戦争において米軍はいくつかの米軍基地内に軍直営の「慰安所」を設けていたという[57]。
　また，第二次世界大戦当時のドイツにおいては，法律的には「ニュルンベルク人種法」(1935年9月発効)によって，ドイツ兵がユダヤ人を強姦するのは，「人種汚染」となるため違法であったが，ユダヤ人女性に対する強姦が多数発生した。一方で，人種法違反になるのを恐れ，女性や少女を裸で地面に横たわらせ，ドイツ兵がその側を歩き回り，嘲笑したり，暴言を吐き，裸の女性を鞭でたたき追い回すなどの「性的辱しめ」が性暴力の手段としてとられることもあった[58]。
　さらに，第二次世界大戦中にドイツ軍が「慰安所」を設けていたことも明らかになっている。ドイツでは，第一次世界大戦中に，兵士の間で性病が蔓延したことから，国防軍が兵士の性を監視するために，「1942年には約500ヶ所以上の慰安所が設置」された。ドイツ軍の設置した「慰安所」の目的は，日本軍「慰安所」が強姦防止を目的としたのとは異なり，「性病対策が最大の課題」であった。「慰安所」は，「医師の厳しい管理下に置かれ」，フランスなどの西部占領地では，「既存の売春宿をそのまま慰安所にし」，ソ連やポーランドなどの東部

第2章　いわゆる「慰安婦」に対する軍隊の性暴力

占領地では、「売春そのものが禁止されていたために、慰安所が新たに設置され」た。この「慰安所」のための女性・少女の募集は「しばしば強制的な措置がとられ」、指令部は女性たちに「強制労働者としてドイツ国内に連行されるか、占領地に残って慰安所で働くか」二者択一を迫った。ドイツ軍の「慰安所」は、国防軍「慰安所」の他、SS、武装親衛隊、強制収容所内の「慰安所」があったとされる。[59]

ナチスは職業売春婦を「反社会的分子と見なし」迫害した。1933年7月14日の「遺伝病児誕生予防法」に基づいて、職業売春婦は「社会的に、モラルの上で体制に順応しない者として、強制的不妊化の措置」を受け、警察が設置した「特殊宿」(売春宿)に追放され、警察の監視の下におかれた。[60]強制収容所内の「慰安所」の存在は秘密にされ、「慰安所は特別な建物または特別なバラックと名づけられていた」。強制収容所内の「慰安所」の設置目的は、「囚人の労働を奨励する報酬」の第3段階としての「男性の性的欲望」の充足であった(第1段階は「タバコのような物の追加支給」、第2段階は「追加賃金」)。[61]「慰安所」の運営については、「囚人を監視する側のSSと彼らに労働を科す側の企業との連携があ」り、また、囚人が「慰安所」を訪問した際の訪問料の一部がSSの手に渡る仕組みになっていた。[62]

そして、この強制売春は、ダッハウの強制収容所でSSの全国指導者ヒムラーの命令によって、犯罪的な医学実験にも利用された。「慰安婦」が「意識不明に陥るほど冷却された人間に寄り添い、その人間の体温がどのぐらいの早さで再び上昇するのか、性交が体温上昇をいかに早めるのか」を調べる実験が行われた。この実験のために、多くの者が死亡したという。[63]

第二次世界大戦中のドイツには、先に述べたように「ニュルンベルク人種法」があり、アーリア人の純血を守るという考えがあったことから、「慰安所」の存在は否定されることも多い。[64]しかし、ナチスの「人種衛生学」はそれほど、「イデオロギー通り」には実現されていなかったことや、強制売春をさせられた「慰安婦」たちが「強制的に不妊化」させられていたことも考えあわせれば、「ニュルンベルク人種法」の存在によって否定されるものではないといえる。[65]

戦時における軍人による性暴力は、戦場で攻撃の手段として振るわれ、「慰安所」内で強制売春という形態で振るわれる場合もあった。多くの国の軍人

51

は，戦時に性暴力を振るってきたのであり，その意味では，日本・日本軍だけが「特殊」ではない。

　しかし，多くの戦場で性暴力が振るわれてきたからといって，日本軍による第二次世界大戦中の戦場における大規模な強姦や，「慰安所」内における「慰安婦」に対する性暴力が免責されるわけでも，罪が軽くなるわけでもない。当該国家は，みずからが戦時においておこなった性暴力の被害者に対して責任を負い，償わねばならないのであり，そのことは，日本もドイツもその他の国家も同様である。

　また近年，植民地宗主国として他の地域を支配していた国家は，その植民地支配の罪を被植民地国から問われている。2004年に，ドイツはナミビアに対する植民地支配に対して，法的責任を回避しつつも，政治的道義的責任は認めた。(66) 過去の植民地支配に対する責任問題は，元宗主国にとって重い課題となっている。日本も他の国家を植民地として支配し，被植民国・住民に大きな損害を与えた。「慰安婦」問題には，かつての被植民地との関係では，植民地支配のそのものに基づく責任の問題も含まれるのである。

　次章では，特に日本軍「慰安婦」制度についての具体的事例から，日本軍による性暴力構造と，一般化して捉えることの難しい日本軍の性暴力の特殊性を明らかにする。

（1）　外務省ホームページhttp://www.mofa.go.jp/mofaj/
（2）　マーク・セルデン著，野崎与志子訳「アジアにおける戦争と賠償と和解について」VAWW-NET Japan編『裁かれた戦時性暴力――「日本軍性奴隷制を裁く女性国際戦犯法廷」とは何であったか――』（白澤社／現代書館，2000年）128頁。
　　　「女性のためのアジア平和国民基金」の発足は，日本軍「慰安婦」問題解決のために活動していた者たちを，基金推進派と反対派に分け，分断してしまった（志水紀代子・山下英愛編『シンポジウム記録　「慰安婦」問題の解決に向けて――開かれた議論のために――』（白澤社／現代書館，2012年）3頁）。1992年に提起されたいわゆる「釜山慰安婦訴訟」を支援してきた花房恵美子は，『朝日新聞』で，基金が民間から集めた資金による見舞金であると報じられたとき（『朝日新聞』1994年8月19日）の元「慰安婦」李順徳（スンドク）の反応を次のように述べている。李は，新聞報道の内容を聞き，「顔を真っ赤にして怒って，『オレは乞食じゃない！あちこちから集めた同情金はいらない！』」と日本語で抗議したという。このような被害者の抗議を受けて，基金に対する反対運動は行われた（花房恵美子「釜山裁判を支援して――原告ハルモニたちとの二〇年を振り返っ

て——」志水，山下・同上38, 39頁)。また，基金の創設に最初から関わり，最後の専務理事であった和田春樹によれば，「国家補償ができないので，国民の募金から償い金を出すという説明が最後まで基金の活動を縛り付け，このことが被害者の感情を最初から深く傷つけた」と述べており(和田春樹「慰安婦問題二〇年の明暗」志水，山下・同上，61頁)，基金のこのような性格が，被害者の反感をかったのだと考えられる。

(3) 「村山内閣総理大臣による『女性のためのアジア平和国民基金』発足のご挨拶」，「アジア女性基金の現状と今後について(村山理事長記者会見)」。(外務省ホームページhttp://www.mofa.go.jp/mofaj/)「女性のためのアジア平和国民基金」については，基金の終了時期の2007年3月に「デジタル記念館　女性のためのアジア女性国民基金」というサイトが開始されている。サイトの冒頭には，村山富市元首相の「ごあいさつ」が掲載され，基金や「慰安婦」問題に関する多くの資料が掲載されている(デジタル記念館　女性のためのアジア女性国民基金http://www.awf.or.jp/)。このサイトに関して，岡野八代は，サイト冒頭の村山元首相の「ごあいさつ」の文中の「政府と国民の協力に」によって，基金の活動がなされたという部分に着目し，「政府が尽力したことが強調されている」と批判していること，また，基金の活動が「政府としての国際法上の責任は誠実に果たしてきたという」公式見解に基づき，「すでに解決済みだけれども，それでも日本政府は，国際法上の義務以上のことをなしてきた」というメッセージを，これまでの議論の経緯を知らない人々や，海外からサイトを通じて情報収集する人々に発し続けていることの問題性を指摘している(岡野八代「修復的正義——国民基金が閉ざした未来——」志水，山下・前掲注(2) 76～81頁)。

(4)　本書では，第2章第1節で公文書に基づく「慰安婦」制度の実態を記述し，第3章では，裁判所や民衆法廷の判決における被害者証言に基づいて「慰安婦」被害実態を記述している。本章第1節では，吉見義明編『従軍慰安婦資料集』(大月書店，1992年)に掲載された公文書資料を多く引用している。吉見は，被害者証言を重視して「たとえば慰安所の状態がどうであったのか，そこへどのようにして連行されたのか，解放後の状態はどうであったのか，外傷や精神的外傷はどうであったか，どのようなPTSD (Post-traumatic Stress Disorder　心的外傷後ストレス障害)をかかえて生きてきたのか，というようなことについては被害者の証言なしには絶対再現できない」と述べる。そして，文書資料に関しては，「国家が『慰安婦』制度をどのようにつくり，どう運営したのかという，被害者側から十分に見えないことがらを再構成していく場合には加害者側の資料，証言が必要不可欠」であり，さらに「加害者側の資料や証言からも被害者の受けた被害をある程度証明できる」ということも重要であり，文書資料が，被害者の受けた被害の「補強材料として使える」と述べている(吉見義明「『慰安婦』問題と近現代史の視点」日本の戦争責任資料センター編『ナショナリズムと「慰安婦」問題〔新装版〕』(青木書店，2003年) 36, 37頁。)。公文書に基づく「慰安婦」制度の検討は，決して文書中心主義ではなく，加害者の責任を明確にするために，制度実態，「慰安婦」制度の構造を明らかにし，被害者の証言を補強することに資する。

(5)　吉見義明「従軍慰安婦と日本国家——解説にかえて——」吉見義明編『従軍慰安婦資料集』(大月書店，1992年) 26, 27頁。吉見・同上，『従軍慰安婦資料集』183～185頁。

（6） 吉見・同上，209〜211頁。
（7） 吉見義明「『従軍慰安婦』政策における日本国家の指揮命令系統」『日本軍慰安婦を裁く——2000年女性国際戦犯法廷の記録　第3巻　「慰安婦」・戦時性暴力の実態Ⅰ——日本・台湾・朝鮮編』（緑風出版，2000年）43, 44頁。
（8） 吉見・前掲注（5）224〜233頁。
（9） 吉見・前掲注（7）43, 44頁。
（10） 吉見・前掲注（5）232, 233頁。
（11） 吉見・同上，26, 27, 吉見・前掲注（7）48頁。
（12） 稲葉正夫編『岡村寧次大将資料上巻——戦場回想篇——』（原書房，1970年）302, 303頁。
（13） 稲葉・同上，302, 303頁。
（14） 稲葉・同上，302, 303頁。
（15） 吉見・前掲注（5）26, 27頁。吉見・前掲注（7）48頁。
（16） 吉見・前掲注（7）48頁。
（17） 吉見・前掲注（5）209〜211頁，吉見・前掲注（7）48頁。
（18） 吉見・前掲注（7）48, 49頁。
（19） 吉見・前掲注（5）102〜104頁。
（20） 吉見・同上，102〜104頁。
（21） 吉見・同上，105〜107頁。
（22） 吉見・同上，32頁。宋連玉「公娼制度から『慰安婦』制度への歴史的展開」『日本軍慰安婦を裁く——2000年女性国際戦犯法廷の記録　第3巻　「慰安婦」・戦時性暴力の実態Ⅰ——日本・台湾・朝鮮編』（緑風出版，2000年）33〜35頁。
（23） 吉見・前掲注（7）49, 50頁。
（24） 吉見・前掲注（5）33〜35, 48頁。
（25） 吉見・同上，27, 28頁。また，同資料集掲載の連合国軍総司令部翻訳通訳課調査報告「日本軍隊における生活便利施設（ATIS調査報告第120号）」（1945年11月15日）にある，マニラの「慰安所」は，マニラ地区担当の将校が司令官の承認を経て設置する，軍人・軍属専用の認可「慰安所」で，軍隊が監督統制する軍人・軍属専用の「慰安所」の例である（吉見・前掲注（5）491〜509頁）。
（26） 吉見・同上，177〜182頁。
（27） 吉見・同上，204〜208頁。
（28） 吉見・同上，212〜213頁。
（29） 吉見・同上，234〜239頁。
（30） 吉見・同上，161〜163頁。
（31） 吉見・同上，171〜172頁。
（32） 吉見・同上，324〜327頁。
（33） 吉見・同上，497〜514頁。
（34） 金栄，庵逧由香「咸鏡北道の軍都と「慰安所」・「遊廓」」宋連玉，金栄編著『軍隊と性暴力　朝鮮半島の20世紀』（現代史料出版，2010年）67〜71頁。

(35) VAWW-NET Japan編『日本軍性奴隷制を裁く――2000年女性国際戦犯法廷の記録　第6巻　女性国際戦犯法廷の全記録［Ⅱ］――』(緑風出版，2002年) 208～210頁。
(36) VAWW-NET Japan編『「慰安婦」・戦時性暴力の実態Ⅰ――日本・台湾・朝鮮編――』(緑風出版，2000年) 巻末資料346, 347頁。
(37) 宋連玉「世紀転換期の軍事占領と「売春」管理」宋連玉，金栄編著『軍隊と性暴力――朝鮮半島の20世紀――』(現代史料出版，2010年) 127頁。
(38) 藤永壯「朝鮮諸植民地支配と『慰安婦』制度の成立過程」VAWW-NET Japan編『「慰安婦」戦時性暴力の実態［Ⅰ］――』(緑風出版，2000年) 196頁。
(39) 宋・前掲注(37) 127～130頁。
(40) 宋・同上，139～140, 164～165頁。
(41) 宋・同上，164～165頁，その他植民地とされた朝鮮半島への日本の公娼制の流入については，藤永・前掲注(38) 198～202頁。
(42) 金富子「朝鮮南部の植民地都市・群山の性売買――遊郭・アメリカタウン・性売買集結地――」宋連玉，金栄編著『軍隊と性暴力　朝鮮半島の20世紀』(現代史料出版，2010年) 87頁。
(43) 金・同上，87, 92～98頁。
(44) 金・庵逧・前掲注(34) 76, 77頁。
(45) 金・庵逧・同上，29～31頁。
(46) 金・庵逧・同上，30～36頁。
(47) 金・庵逧・同上，37～50頁。
(48) 金・庵逧・同上，50～61頁。
(49) 金・庵逧・同上，63～74頁。
(50) 金・庵逧・同上，76, 77頁。
(51) 藤永・前掲注(38) 203～226頁。
(52) 金・前掲(42) 116頁。金栄，庵逧・前掲注(34) 77頁。
(53) 宋・前掲注(37) 127～130頁。
(54) 藤永・前掲注(38) 199頁。
(55) 田中利幸「国家と戦時性暴力と男性性――『慰安婦制度』を手がかりに――」宮地尚子編『性的支配と歴史　植民地主義から民族浄化まで』(大月書店，2008年) 110, 111頁。
(56) 田中利幸『知られざる戦争犯罪――日本軍はオーストラリア人に何をしたか――』(大月書店，2008年) 189～193頁。
(57) 田中・同上，198, 199頁。
(58) スーザン・ブラウンミラー著，幾島幸子訳『レイプ――踏みにじられた意思――』(勁草書房，2000年) 55～59頁．Susan Brownmiller, *Against Our Will: Men, Women, and Rape* (Simon and Schuster: 1975): pp.49～52.
(59) 佐藤健生「ドイツの戦後補償に学ぶ［連載8］〔過去の克服〕日独の『慰安婦』問題をめぐって①　ドイツの『強制売春』問題と日本の『従軍慰安婦』問題」法学セミナー463号 (1993年) 25頁。
(60) 佐藤健生「ドイツの戦後補償に学ぶ［連載9］〔過去の克服〕日独の『慰安婦』問題

をめぐって②　ドイツの『強制売春』問題と日本の『従軍慰安婦』問題」法学セミナー464号（1993年）33頁。
(61)　強制収容所での「慰安所」の存在の意味は、「労働の士気高揚に加えて、囚人間の同性愛の阻止と予防、政治集の堕落化や情報取得、さらには、強制売春が女囚の搾取、堕落、屈辱を促進することをナチスが狙ったこと」が挙げられる（佐藤・同上、35頁）。
(62)　佐藤・同上、34頁。
(63)　佐藤・同上、34、35頁。
(64)　ブラウンミラーは、1939年末から1940年にかけて、ドイツ陸軍が「慰安所」を設けようとしたが設置されなかったと述べている（ブラウンミラー・前掲注(58)59頁、Brownmiller, *supra note* 58, at 52)。同様のことは、田中・前掲注(56)190頁にも記述されている。
(65)　佐藤・前掲注(60)35頁。
(66)　永原陽子「南部アフリカに『真実和解委員会』が残したこと――植民地主義の過去をめぐって――」『歴史と責任「慰安婦」問題と一九九〇年代』（青弓社、2008年）169、170頁。

第3章 「慰安婦」訴訟
――日本の裁判所と民衆法廷――

　第3章では，1990年代以降に次々と日本の裁判所に提起されたいわゆる「慰安婦」訴訟および，日本軍「慰安婦」・日本軍性奴隷制度を裁いた民衆法廷である，2000年の女性国際戦犯法廷について検討する。

　元「慰安婦」たちが日本政府を相手取って提起した，謝罪と損害賠償を求める訴訟において，日本の裁判所は，最終的にすべての元「慰安婦」たちの請求を退けた。しかし，裁判の中では，日本軍「慰安婦」制度における被害の実態が，被害者たちによって語られた。裁判所は，元「慰安婦」たちの証言を基にして，「慰安婦」制度の下における性被害をどのように認定したのだろうか。また，裁判所は，どの程度日本の国家としての責任を認め，日本軍の加害構造や個々の軍人の責任をどのように判断しているのか，そして，被害者たちの請求をどのように退けたのか。第3章第1節では，被害実態，加害構造，加害責任，請求棄却理由について検討する。ここでは，立法でも行政でも救済されてこなかった被害者らを，人権救済の場である司法が，どのように救済し，あるいは救済しなかったかを検討しながら，日本が国家として認めている「慰安婦」制度に対する最低限度の責任を示し，過去の責任に正面からより誠実に向き合うべきことを目的とする。そして裁判所が認定している事項から，国家や国民が最低限理解していなければならない，戦争の負の歴史に対しても，誠実に認識する必要性を示す。

　一方で，「慰安婦」問題における性暴力に対して誠実に向き合うというとき，裁判所の判断では不十分という側面がある。

　裁判所の判断では，「慰安婦」制度に対する認識もいわゆる「河野談話」の内容以上に深まっているともいえず，単に踏襲したにすぎない。このような公権力による扱いは，「慰安婦」制度の歴史の風化を一層加速させるように見える。被害者証言から被害・加害実態を知れば知るほどに，この制度は，日本国，日

本国民としての責任を認めることに尻込みするような，非人間的で残虐極まりない暴力の山積である。「慰安婦」制度における数えきれないほどの強姦は，公に責任が認められなければ，「無責任」に安住する誘惑に負けてしまうような，深く恥じ入る歴史である。公権力が，加害責任を十分に認めず，責任を果たさないことが，日本社会や国民の中における記憶の風化を加速させてきたのではないだろうか。また，国民が，日本の加害責任を認識しないことが，公権力の「無責任」を助長させているのではないだろうか。しかし，被害者たちの高齢化は進んでおり，日本政府や国民が責任を果たさずに放置できる期間はもうあまりない。

　そこで第2節では，公権力によって救済されなかった被害者たちの名誉回復の手段としての民衆法廷について検討する。第二次世界大戦中の日本軍による性暴力問題については，2000年に民衆法廷である女性国際戦犯法廷（以下，民衆法廷と略する。）が開かれ判決が出された。この判決は，民衆法廷によるものであるため，法的拘束力はない。しかし，審理の過程では通常の裁判所における手続に倣っており，この民衆法廷での審理は公正に行われ，公文書や被害者証言，加害者証言，専門家証言が丁寧に検討された。特に，日本軍人として加害行為に加わった個人の加害者証言は貴重であり，注目される。民衆法廷では，裁判所の判決とは異なり，被害者たちの証言に基づいて事実認定するだけではなく，証言や公文書に基づいて，当時の日本軍の責任者の個人的な刑事責任を追及している。また，民衆法廷の判決は，被害者救済のために，日本がどのような責任を果たすべきかを提示している点で，被害者救済・戦争責任の方向性を示しており重要である。

　ここでは，審理の過程や判決に表れた日本軍「慰安婦」制度の被害実態，日本軍の性暴力の構造，国家・軍隊責任の所在を明らかにしたい。また，第1節に検討する日本の裁判所判決と，民衆法廷の判決との違いを明らかにして，日本軍による戦時中の性暴力に対する戦争責任に向き合う機会を得たい。

第1節　いわゆる「慰安婦」訴訟

　1991年以降，日本の裁判所には，日本軍元「慰安婦」女性たちによる，日本

第3章 「慰安婦」訴訟

国を相手取った民事訴訟が次々と提起された。ここでは、いわゆる「慰安婦」訴訟を検討する。

以下に検討する裁判例では、山口地判下関支部1998年4月27日（判例時報1642号24頁）が、国会議員が「慰安婦」救済のための立法をしなかった立法不作為を、違法であるとして、日本国に損害賠償を認めた判決以外は、この訴訟の控訴審である、広島高判2001年3月29日（判例時報1759号42頁）を含めて、元「慰安婦」たちの請求はすべて退けられた。

日本の裁判所が、彼女たちの悲痛な訴えを退ける過程において明らかになった、日本国や日本軍「慰安婦」制度の実態、裁判所によって認定された被害事実、日本政府や日本軍、軍人個人の責任、提起された国内法上の争点や国際法上の争点について、裁判所の判断に基づいて、日本軍による戦時性暴力、「慰安婦」制度の構造を検討する。

いわゆる「慰安婦」訴訟において、裁判所は、元「慰安婦」たちに敗訴という結果を突きつけた。それでもこれらの訴訟をここで採り上げるのは、「慰安婦」制度という日本の性暴力の歴史に対して、日本政府が過去の責任に取り組まず、そして国民の中にも、無知、無関心、否定が広がる脅威のある中で、少なくとも日本の裁判所が認定している事柄を認識する必要を感じるからである。裁判所の認定は、第二次世界大戦における日本の戦争責任を明らかにしている。「慰安婦」訴訟の判決を読み解き受け止めることは、時が経過しても消えない日本軍による性暴力の被害という、負の記憶の風化に抗することである。

1　裁判例で共通して認定されている「慰安婦」制度の実態

裁判所は、「慰安所」の存在やその運用における国の関与を、争いのない事実として認定した。「慰安所」が、現地の女性に対する強姦防止の目的で、日本軍の参謀長の発案により、性的「慰安」のために設置された施設であることや、上海事変（1932年）から第二次世界大戦の終焉までの間に、広範囲かつ多くの、日本軍「慰安所」が設置されたことを認めている。裁判所は、「慰安婦」の徴集を、多くの場合、軍隊の依頼を受けた民間業者が行っていたことを認定した。また「慰安婦」徴集を、軍隊が直接行っていた「慰安所」があったことも認定されている。女性たちを騙すなどした徴集も多かったこと、「慰安婦」の移

送に軍隊が関わっていたこと，朝鮮半島出身の女性が，多く犠牲となったことなども事実として認定している。裁判所は，多くの「慰安婦」裁判において，「慰安所の多くは，民間業者により経営されていたが，一部地域においては，日本軍が直接経営していた例もあった」と認め，また，「民間業者が経営していた場合においても，日本軍が開設に許可を与えたり，慰安所の施設を整備したり，慰安所の利用時間，利用料金，利用に際しての注意事項を内容とする慰安所規定を定めるなど，日本軍は慰安所の設置，管理に直接関与」し，「従軍慰安婦や慰安所の衛生管理のために定期的に軍医による従軍慰安婦の性病の検査を行」っていたことも認めている。[1]

しかし，これは，1992年7月6日の加藤紘一内閣官房長官（当時）の「朝鮮半島出身者のいわゆる従軍慰安婦問題に関する加藤内閣官房長官発表」，これに次いで発表された，内閣官房審議室の調査結果「いわゆる従軍慰安婦問題について」（1993年8月4日），そして調査結果を踏まえて発せられた，いわゆる「河野談話」，すなわち，河野洋平内閣官房長官（当時）による「慰安婦関係調査結果発表に関する河野内閣官房長官談話」（1993年8月4日）[2]を，単に踏襲したにすぎない。裁判所は，2000年代に下した判決でも，進展なく同じ内容の認定をしている。

2　個々の事例で認定された被害実態

第2章で述べた通り，吉見義明は日本軍「慰安婦」制度を，軍直営「慰安所」，軍隊が監督統制する軍人・軍属専用の「慰安所」のような「純粋の慰安所」と，民間の売買春施設を一時的に，軍人用に指定する軍利用の「慰安所」とに分類した。[3] しかし，元「慰安婦」女性たちが訴えた裁判に表れた被害事実によると，「純粋の慰安所」らしき管理形態のものは見受けられるが，その他の類型の「慰安所」は，判別がつかない。その代り，軍隊が「慰安婦」を徴集した軍「慰安所」ではあるが，性管理や料金設定，設備管理などのない，統制の不完全な「慰安所」がある。そしてもう1つは，もはや慰安婦「制度」とは呼べないような，剥き出しの性的拷問，制裁や見せしめを目的とした，女性に対する攻撃の手段としての性的拷問の類型がみられる。

このような性的拷問は，軍隊の女性に対する性暴力の特徴の1つであり，第

第 3 章 「慰安婦」訴訟

1章に挙げたヒメナ・ブンスターが，その論文の中で分析した，ラテンアメリカの女性政治犯に対する性的拷問の事例に多くみられたものである。性的拷問は，当該軍隊に反する政治的思想を有する女性自身に対する制裁や，女性の夫等に対する制裁として行われたり，敵の情報を聞き出す手段や敵を恐怖に陥れるために行われる拷問，あるいは女性自身や夫等の名誉を毀損するために下される拷問であり，特に女性に対する場合には，軍隊が性暴力を用いることが特徴であった(4)。

これまで日本の裁判所に提起された，いわゆる「慰安婦」訴訟では，元「慰安婦」たちが敗訴した裁判であっても，女性たちの証言した被害事実は，事実として認定されている。認定された被害事実を，上記の吉見分類を参考にして，以下に分類を試みる。便宜上，山口地判下関支部1998年 4 月27日（判例時報1642号24頁）の原告をA，東京地判1999年10月 1 日（判例集未搭載）(5)の原告をB，東京地判2002年 3 月29日（判例時報1804号50頁）の原告をC，東京地判2003年 4 月24日（判例時報1823号61頁）の原告をD，東京高判2003年 7 月22日（判例時報1843号32頁）の控訴人をE，東京高判2004年12月15日の控訴人をF(6)，東京地判2006年 8 月30日(7)の原告をGと表記して区別する。

(1) いわゆる「純粋の慰安所」

(一) 統制のある「慰安所」における被害

裁判所が事実認定した被害の中で，吉見分類のいわゆる「純粋の慰安所」に該当する被害事実を以下に示す。被害者の証言に表れた，勧誘，施設の様子，管理・運営の様子から，女性たちの連行された場所が「純粋の慰安所」であることがわかる。

(a) 山口地判下関支部1998年 4 月27日（判例時報1642号24頁）

いわゆる関釜「従軍慰安婦」事件（山口地判1998年 4 月27日）で，裁判所は，元「慰安婦」の原告女性 3 名が，いずれも貧困家庭に生まれ，教養も不十分であり，高齢に達していることから，「陳述や供述内容が断片的であり，視野の狭い，極く身近な事柄に限られてくるのもいたしかたないというべきであって，その具体性の乏しさゆえに，同原告らの陳述や供述の信頼性が傷つくものではない」と述べた。そして，山口地裁は，この事件の原告たちが，裁判に訴えるまで「自らが慰安婦であった屈辱の過去を長く隠し続け」た「事実とその重み

61

に鑑みれば」、陳述や供述は「むしろ、同原告らの打ち消しがたい原体験に属するものとして、その信頼性は高いと評価され……これをすべて採用することができる」と述べて認定した。

本件控訴審広島高判2001年3月29日（判例時報1759号42頁）では、元「慰安婦」3名の主張する被害事実を「前提事実」として扱っている。

本件訴えを提起した元「慰安婦」3名は、「慰安所」の主人に「金儲けができる」と持ちかけられ、甘言に騙されて、「慰安所」において性的サービスに従事させられるとも知らずに連行され、被害にあった。本件における被害女性をＡ１、Ａ２、Ａ３と表記する（被害事実は特徴が類似しているため、一部のみ本文に示す。その他の件については注を参照されたい）。

> Ａ１は、1937年、17歳か18歳のころ「慰安婦」として徴集された。朝鮮人の男に、「履物もやるし着物もやる。腹一杯食べられるところに連れて行ってやる」と誘われて、それを信じた。彼女は、裡里邑にあった旅館に連れて行かれ、そこで14,5名の娘たちと合流した。
>
> その翌日、軍人3名に連れられて、列車で上海へ行き、軍人が運転するトラックで日本陸軍の駐屯地へ連行された。そして、駐屯地内の軍用テントの近くにおかれた粗末な小屋へ入れられた。彼女は、血液検査と「606号」注射を打たれた。この「606号」注射は、それ以降も2週間に1度の頻度で打たれた。
>
> その後、彼女は「星が3個ついた軍服」を着た軍人に3日間、毎晩強姦され続けたあと、「慰安婦」とされた。その後は、「多くの軍人が小屋の前に行列をつくり、次から次へと同女を強姦し」た。彼女は、解放されるまでの約8年間、午前9時から、平日は8,9人、日曜日には17,18人の軍人を相手にしなければならなかった。
>
> 彼女は、軍人に、軍靴で腹を蹴り上げられたり、刀で背中を切りつけられる等の激しい暴力を振るわれたこともあった。
>
> 終戦後は、日本軍人がいなくなった後に、戦争終結を知り、朝鮮人とともに家へ戻ることができた。

同地裁判決では、「旧日本軍が慰安婦を特別に軍属に準じた扱い」にし、「旧

日本軍が直接慰安所を経営していた事例」もあったとして,「慰安所」に対する軍隊の関与が確認された。「慰安所」設置は,「当時の軍当局の要請」であり,開設目的は,占領地域の女性たちに対する強姦等の凌辱行為が多発し,反日感情が醸成されることを防止する必要があること,性病の蔓延,軍隊の機密保持・スパイ防止だったことも,明らかにされた。[8]

(b) 東京地判1999年10月1日（判例集未搭載）[9]

第二次世界大戦中に従軍「慰安婦」として,中国の漢口の「慰安所」で性的「慰安」を強制された在日韓国人が,日本政府に対して損害賠償請求を行った,本判決では,元「慰安婦」の訴えは棄却されたものの,裁判所は次のように被害事実を認定した。

元「慰安婦」であり在日韓国人の女性Bは,第二次世界大戦中に7年間も,中国にあった「慰安所」に徴用されていた。

> Bは17歳のころ,母親の知人だという初老の朝鮮人女性に「戦地に行って働けば金がもうかる」と,戦地での仕事に誘われた。Bは「慰安婦」にされるとも知らずに承諾し,朝鮮半島北部へ連れて行かれた。そして,そこで他の女性たちと合流し,朝鮮人男性に連行されて,中国大陸の天津を経て,武昌の陸軍「慰安所」に徴集された。彼女は,そこで軍医による性病検査を受けさせられ,その後,その意に反して,「従軍慰安婦として日本軍人の性行為の相手をさせられた」。彼女は,逃げようとする度に,「慰安所」の帳場担当者に殴る蹴るの制裁を加えられたため,逃げることができなかった。
>
> Bを含む「慰安婦」たちは,朝から夕方までは軍人の性行為の相手,夕方から午後9時までは下士官の相手,それ以降の時間は将校の相手というように,時間で管理されていた。彼女は,朝から晩まで連日のように軍人との性行為を強制された。日曜日や通過部隊があるときには,軍人の人数も多く数十人に達することもあった。
>
> 軍人たちの中には些細なことで激高して軍刀を突き付け,殴る蹴るなどの暴行を加える者もいた。また逃げようとする度に,帳場担当者や軍人から繰り返し暴力を振るわれ,右耳は聞こえなくなり,わき腹には軍人に匕

首で切りつけられた刀傷が残った。また，彼女は「慰安所」で，日本名をつけられ，その日本名を左腕に刺青された。

(c) 東京高判2003年7月22日（判例時報1843号32頁）[10]

　第二次世界大戦中に，日本軍によって「慰安婦」として徴用されたことで，耐え難い苦痛を被ったとして，韓国人元「慰安婦」などが，日本に対して損失補償ないし損害賠償を請求し，未払給与支払等を請求した，本判決において東京高裁は，「次の事実が認められる」として元「慰安婦」たちの被害事実を認定した。

　　E1は，17歳のころに，10名ほどの日本軍人集団に捕えられ，トラックと汽車でオオテサン部隊の「慰安所」に連行された。「慰安所」で彼女は，毎晩30名から40名，多いときには50名の日本軍人との性行為を強要された。
　　E1は，軍人から銃剣で左足付け根を刺され重傷を負わされるなどの暴行も加えられた。
　　E1は「慰安所」において妊娠したが，堕胎させられ，堕胎手術の1週間後からは「慰安所」に復帰させられた。淋病にも罹患したが，治療中も「慰安婦」として働かされた。彼女はオオテサン部隊の「慰安所」で3年間過ごした後，天津へ逃げたが，そこで，日本軍人に捕えられ，終戦までの5年間は吉林部隊の「慰安所」で，大尉専属の「慰安婦」にさせられた。「慰安所」での労働に対する金銭は一度ももらっていない。

　　E2は，1940年，18歳のときに，警察官に些細なことで咎められて，警察署に連行された。そこで，警察官に拷問された後，「福岡と聞いている地」に連行され，「慰安婦」にさせられた。彼女は，毎日何十人もの日本軍人に性行為を強要された。「福岡」に連行された約2年後，「神戸，大阪と聞いている地」の各「慰安所」を転々とさせられた。彼女は，梅毒に罹患して，子どもが産めない身体になった。彼女は，「慰安所」で働かされている間，軍票や金銭を与えられたことはなかった。
　　終戦後，自分でお金をためて帰国した。

(d) 東京地判2006年8月30日[11]

第二次世界大戦中に海南島において、同島を占領した日本軍人たちによって、拉致、監禁され、「慰安婦」にされた中国人女性、あるいはその相続人が、日本政府に対して民法、国家賠償法に基づく損害賠償請求、名誉回復のための謝罪文の交付および謝罪広告の掲載を求めた、東京地判2006年8月30日で、裁判所は、「認定を覆すに足りる証拠はない」と述べて、次のように被害事実を認定した。

　　G1は18歳のときに、日本軍に徴用されて、労働者として南林の日本軍の駐留拠点に連行された。そこで彼女は、「戦地後勤服務隊」に選ばれた。戦地後勤服務隊の仕事は炊事や洗濯だといわれていた。
　　しかし、戦地後勤服務隊の仕事中に複数の日本軍人に山間に連れ込まれて輪姦された。その後、軍人たちに逃げ出せば他の「慰安婦」や家族を殺すと脅され、茅葺のほったて小屋の中の個室に監禁された。そこで彼女は、ほぼ毎日、日本軍人の性的相手をさせられた。彼女は、一度「慰安所」を逃げ出したが、再び連れ戻され、大村の駐屯地に連行されて、性行為を強いられた。彼女は、1965年半ばに、日本軍が混乱した隙に逃げ出した。[12]

　　G2は、1943年に日本軍の命令で労働者として徴用された際に、日本軍駐屯地近くで3名の日本軍人に輪姦された。彼女が、この輪姦のあと仕事に行かないでいると、軍人たちが、村に押しかけ、彼女だけではなく他の村人にも暴行を加えた。そのため、彼女は、労働に行かなくてはならなくなった。その後、2年間、彼女は、駐屯地内の倉庫で毎日のように強姦された。

(二)　統制のある「慰安所」の特徴

上記の具体例には、日本軍「慰安婦」制度の特徴とされる点が多くみられる。
まず、①女性たちの徴集方法は、甘言や詐欺によっている。第2章に明らかにしたように、この方法は、当時日本が加入していた醜業禁止条約に違反するものであるが、実際には、条約違反の徴集がなされていた。②勧誘者は、民間人（おそらく業者）の場合と、軍人や警察が関与した場合がある。③「慰安所」

の場所は、駐屯地内や近隣であり、軍専用の「慰安所」として機能している。④「掘建て小屋」や「小部屋」など様々な表現があるが、女性たちが監禁されていた部屋は、小さく仕切られた個室であることが多い。⑤女性たちは監禁され、見張りが立てられ、外出規制を受けており、鍵がかけられているものもあった。見張りは、軍人である場合、軍人かどうかわからない場合や、「慰安所」の経営者の場合もあったようである。⑥女性たちが逃亡しようとした際や、性暴力に抵抗した際に、残虐な暴力が容赦なく振るわれた。⑦1日に相手にする軍人の人数が、非常に多い。そして、⑧女性たちが、軍から与えられ性病予防の薬を常用させられていた例や、性病治療をしていた例もあり、軍隊の性管理の様子がある。「慰安婦」が妊娠した事例や、性病に罹患した場合もあることから、「慰安所」における性病管理は行き届いていなかったことも明らかである。

　また、1日中「慰安婦」として働かせ、性的な役割のためだけに女性たちを利用していたこともわかる。

　㈢　統制の曖昧な「慰安所」における被害

　「慰安所」の中には、上記のような施設や管理に対する統制が曖昧なものもある。それは以下の事例から明らかになる。

　(a)　東京地判2003年4月24日（判例時報1823号61頁）[13]

　中国に侵攻した日本陸軍によって、性暴力を受けた中国人女性たち、ないしその相続人が、日本に対して損害賠償を請求した、東京地判2003年4月24日で、裁判所は、「被害事実は、それが、原告らの主張する本件加害行為ないし本件被害との間で、事実の細部にまで及んで、また、事実の評価を含めて、完全に符合するとはいえないが、その概要においては、これを明らかに認め得るところであって、……本件加害行為ないし本件被害の認定を覆すに足りる証拠はない」と述べて、以下の被害事実を認定した。

　　　D1は、17歳のときに、1941年の「西煙惨案」事件（旧日本軍と警備隊200余名が、早朝に西煙鎮を包囲し、村人を見かけると見境なく銃剣で攻撃した事件。）の中で、日本軍人による性暴力被害にあった。
　　　彼女は、日本軍の村への侵入を知って、逃げようとした際に、隣人が軍

人に惨殺されるのを目撃したため，自宅へ戻ったところ，日本軍人が養父母に軍刀で切りかかっていた。軍人たちは，彼女を自宅で輪姦したあと，河東砲台下の窰洞に拉致し，監禁した。監禁されている約40日間，連日7から10数名の日本軍人らに激しく強姦された。

(b) 東京高判2004年12月15日[14]

第二次世界大戦中に，日本軍による強姦等の被害を受けた中国人女性たちが，日本政府に対して，国家賠償法あるいは民法に基づき損害賠償を請求した，東京地判2001年5月30日（判例タイムズ1138号167頁）の控訴審である本判決で東京高裁は，女性たちの請求を退けたものの，次のように被害事実を認定した。

　　1942年，Ｆ１が15歳のころ，日本軍人によって自宅から拉致され，進圭村の日本軍駐屯地内にあったヤオドン（岩山の横穴を利用した住居）に連行され，監禁された。
　　連行された日，彼女は，駐屯地内の砲台の中の部屋に連れて行かれ，軍人に強姦された。その後は，約5カ月間，ヤオドン内や砲台の中の部屋で，ほとんど毎日のように日本軍人らに強姦された。監禁場所には見張りがいた。[15]
　　彼女は，強姦に抵抗した際に，軍人にベルトで顔面を殴打されて右目を失明した。また，彼女は，左大腿部を軍靴で蹴りつけられ，こん棒で頭を殴られるなど，大けがを負わされた。

(四) 統制の曖昧な「慰安所」の特徴

上記の2つの事例は，軍隊が「慰安婦」を徴集し，監禁して，性行為を継続した点では，軍「慰安所」ではあるが，性管理や規定による統制のない「慰安所」といえる。

確かに軍隊の駐屯地内などに監禁されているが，衛生や性病予防措置や料金設定などの規則による統制の様子はうかがわれない。統制のある「慰安所」のように，軍隊による「慰安所」施設の設置や，軍医による性病検査などもない。

しかし，軍人専用で軍隊の徴集による「慰安所」である。

このような「慰安所」における性暴力には，次のような特徴がある。まず，①作戦として侵攻する過程で，女性たちを強姦し，徴集している。②軍駐屯地に連行して監禁したり，民家に監禁したり，特定の民家に何度も押し入るなど，「慰安所」施設整備に乏しい。③性病検査や性病予防などの管理が行き届いていない（強姦する軍人自身が女性の性器を直接見て調べた事例や，性行為後に軍人自身が性器を洗浄した事例はある）。④「慰安所」利用規則がない。⑤女性を，囚われの状態に置き，繰り返し強姦している。⑥輪姦の場合が多い。そして，⑦性暴力以外の抑圧手段としての身体的暴力が激しい。

女性たちは，軍人によって直接暴力的に徴集され，駐屯地内の岩穴を利用した住居や砲台などの劣悪な環境に監禁されながら，性病予防措置もなく性行為を強要され続けた。そして，軍人たちが非常に激しい暴力性をあらわにしており，性暴力だけでなく，他の身体的暴力の危険にさらされたことも特徴である。

(2) 性的拷問の被害実態

㈠ 性的拷問の被害

裁判例で認定された被害事実の中には，「慰安婦」制度というよりも，敵対する女性あるいは敵に属する女性に対する，攻撃の手段として，日本軍が性的拷問を加えたと考えられる事例がある。女性たちは，女性本人やその家族が中国共産党員や，抗日であると疑われたために性的拷問を加えられた。

(a) 東京地判2002年3月29日（判例時報1804号50頁）[16]

第二次世界大戦中に，日本軍によって強制連行，監禁され，継続的に身体的暴力を加えられたり強姦された，中国人女性たちが，日本政府を相手取って損害賠償および謝罪広告掲載を求めた裁判で，東京地裁は，日本軍による加害行為を認め，女性たちの被害事実を次のように認定した。

> 1942年，Ｃ１が13歳のころ，多数の日本軍人が峡掌村に侵入してきた。日本軍は，住民たちを，村の1カ所に集めた。
> 　Ｃ１の父親は村長で，八路軍への協力活動をしていたため，太い丸太棒で何度も殴られるなどの拷問を受けた。その後，父親とＣ１，そして村の5人の女性は捕えられ，進圭村へ連行された。連行された日の夜に，父親

の知人の中国人が，彼女を棒で殴るなどしてヤオドンに無理やり連行した。

　ヤオドンで彼女は，複数の日本軍人から，殴る蹴るといった暴行を加えられた。彼女は，拷問のあと，他の部屋へ連行され，強姦された。1人目の直後に，2人目の軍人が彼女を強姦した。彼女は，ひどく出血した。彼女とともに連行された他の者が解放された後も，彼女は約40日間監禁され続け，夜はヤオドンに連れて行かれて強姦された。彼女の身体がむくみ，歩行困難になると，日本軍人らが監禁場所まできて，彼女を強姦した。

(b)　東京地判2003年4月24日（判例時報1823号61頁）[17]

　先に挙げた，中国人女性たちに対する日本軍人による性暴力の事例である，東京地判2003年4月24日（判例時報1823号61頁）にも，性的拷問に分類される被害があった。

　1943年，Ｄ2は15歳のころに，共産党員であることを理由に，3度にわたって日本軍人に拉致され，進圭村の窰洞に監禁され，暴行および傷害を加えられた上に，強姦された。

　1度目に拉致された際には，日本軍人たちは彼女を輪姦したあと，身体的拷問を加えた。そのため彼女は，骨折し傷口や下腹部から出血していたが，さらに強姦され，拷問された。日本軍人は，監禁の間，彼女に時々少量の残飯しか与えなかった。彼女は，監視の隙を見て逃げ出した。

　2度目に拉致された際には，1度目に逃げたことで怒りをかったため，より激しい拷問を受け，輪姦された。「失神すると，水をかけられて放置され，意識を取り戻すと，再び拷問が繰り返された」。1週間後，彼女は隙を見て逃げ出した。

　3度目に拉致された際には，日本軍人たちは，彼女から共産党員の名前を聞き出そうとして，身体的拷問を加えた。日本軍人によって，「共産党員の名前を言えと迫られ」，「銃床や棒でめちゃくちゃに殴られたうえ，固い軍靴で身体を踏みつけられ」て，背中，胸，腰，脚を脱臼，骨折した。イヤリングをしていた耳たぶを引きちぎられ，釘が飛び出している棒で頭を殴られ，大けがを負った。そして彼女は，「激しいビンタを受けながら

強姦され」た。さらに、「両手を縛られて真冬に戸外の木に吊り下げられ、めちゃくちゃに殴られ、体毛を引き抜かれ、大量の水を飲まされて、上から棒で押さえて吐かされ」るなどの拷問の末、水をかけても意識が回復しなくなったため、真冬の川に捨てられたところを、中国人に助けられた。

　D3は、夫が中国共産党員の抗日村長であり、D3自身も抗日活動をしていた。

　1941年か1942年に、21歳で彼女が婦女救国会で主任として、抗日活動をしていた頃に、日本軍が共産党員を捕まえる作戦を行った。彼女の夫は、日本軍に捕えられて暴行を加えられた後、殺害された。そして、夫を助けようとしたD3も、銃で殴られるなどの暴行を加えられた。日本軍人らは、彼女に他の共産党員の名前を言うよう迫ったが、彼女がいわなかったため、日本軍人は彼女を拷問した。拷問の結果気を失った彼女を、軍人たちは河東砲台の窰洞に連行して監禁した。窰洞で監禁されていた約20日の間、彼女は、連日昼は2、3名、夜は7、8名の日本軍人に輪姦された。日本軍人らは、連日の強姦のために彼女の尿道がはれあがったのを、わざとじろじろ見て面白がった後、強姦することもあった。

(c)　東京高判2004年12月15日[18]

　先に挙げた東京高判2004年12月15日において、認定された被害事実には、次のような性的拷問に該当する被害がある。

　F2は、1943年、20歳のころ、日本軍人らに強制的に、進圭村の日本軍駐屯地に拉致され連行された。彼女の夫が八路軍に属していたことから、彼女は「夫の居場所を吐け」と、軍人らに尋問され、何度も殴打された。そして、ヤオドンに監禁されて、多数の日本軍人たちに強姦された。その後、約20日間も監禁され続け、昼夜を問わず何名もの日本軍人たちに強姦され続けた。

(d)　東京地判2006年8月30日[19]

　先に挙げた、第二次世界大戦中の海南島において、日本軍人による性暴力を

受けた女性たちが提起した東京地判2006年8月30日[20]にも，性的拷問と思われる事例がある。

　　G3は，14歳のときに，自宅に押し入ってきた日本軍人に，父母の前で強姦された。
　その後，彼女は，恐怖心から山へ逃げ出したが，日本軍らが，彼女を探し出すために，村人を集めて拷問を加えた。彼女は，「村人を救うために」と村人に説得され，山を降りて，日本軍の駐屯地に連行された。彼女は，山へ逃げたことに対する制裁として，棒で殴られるなど暴行された。彼女は自宅に帰ることを許されていたが，繰り返し，自宅や駐屯地で強姦された。彼女は逃げるたびに，連れ戻されて身体的拷問を加えられたので，逃げられなくなった。

　また本件では，「慰安所」に連行されたG1とG7が，精神的虐待も受けた。G1は，日本軍人たちが，妊娠した「慰安婦」を後ろ手に縛り，麻酔を使わずに妊婦の腹を切り裂いて，胎児を取り出し，生きたままの胎児とその「慰安婦」を，あらかじめ掘っておいた穴に放り投げて，生き埋めにするという凄惨な虐殺の現場を見せられたと証言した。

　㈡　性的拷問の被害の特徴

　性的拷問の事例に表れた性暴力は，慰安婦「制度」というよりも女性の人格，自尊心を破壊する暴力である。そこには，軍隊による性管理システム等は見当たらず，軍隊の攻撃の手段としての剥き出しの暴力がある。

　性的拷問には次のような特徴がある。まず，①女性たちは，敵対する政党に自分自身や夫などの親族が所属していることによって軍隊の駐屯地等に連行されている。②女性たちは，輪姦される場合が多い。③女性たちに対して，非常に激しい暴力を伴う尋問がなされる。尋問の過程では，気を失っても真冬に水をかけて目を覚まさせて繰り返し暴行したり，骨折するほど殴られたあと強姦するなど，女性の身体や「性」に対する侵害が，情報を引き出すための手段にされている。④集団で軍隊の駐屯地に連行されても，女性であるという理由で解放されず性的拷問を加えられ，10代前半から半ばの身体の未熟な女性に対しては，陰部を切った上で強姦した事例もあった。⑤腫れ上がった尿道を見世物

にするなど，女性を辱しめ，自尊心を破壊しようとする精神的虐待や，家族に対する拷問や虐殺を目撃させて精神的ショックを与えたり，妊婦の虐殺を見せしめに行う精神的虐待も行われた。妊婦とその胎内の子の虐殺は，その母子だけでなく敵対する集団に対する攻撃も意味していたと考えられる。また，⑥集団や家族の目の前で，見せしめとして強姦することによって，女性の名誉を傷つけたり，⑦村人たちや家族に対する制裁を回避し，屈服させるために，女性が差し出され，女性が財物として扱われた事例もあった。

(3)「純粋の慰安所」と性的拷問

以上のように日本の裁判所が認定した被害事実から，第二次世界大戦中の日本軍による性暴力の様子を把握することができた。当時の日本軍による性暴力には，一方では，当時の日本政府・日本軍によって，計画され，実行された組織化・制度化された性暴力「慰安婦」制度があり，他方では，組織化の外で，攻撃の手段としての性暴力があった。

性的拷問の被害実態をみると，そこにおける性暴力は「慰安婦」制度というよりも，軍隊による性的拷問の事例であった。日本軍「慰安所」は，強姦の軍事的組織化，制度化であり，管理された組織的性暴力であった。「慰安所」内部の性暴力は，外側で発生した大規模強姦と密接であり，性暴力を容認し推進する内部の性暴力が，結果として軍隊の末端での性暴力を刺激する役割を果たしていた。[21]

3 「慰安婦」制度と軍隊の構造的暴力

(1)「純粋の慰安所」と軍隊の構造的暴力

「純粋な慰安所」について，裁判所によって認定された被害事実に基づくならば，日本軍「慰安婦」制度には，次のような独特の「構造」がある。

すでに述べた通り，統制のある「慰安所」では，軍隊が「遊廓」に類似の施設を用意し，「慰安所」利用規則や利用料金を定め，軍専用の「慰安所」としての運営がなされていた。性病予防や治療などの軍隊による性管理もあった。そして軍人や，民間業者を介した軍隊による「慰安婦」の徴集，連行，「慰安所」への連行が組織的になされていた。

統制の曖昧な「慰安所」では，軍人が，民間業者を介さず直接暴力的に「慰

安婦」を徴集し，連行した。この分類の「慰安所」は，劣悪な環境の中で，利用規則などもなく，「慰安婦」に対する性病対策もなされないまま，軍隊が直接運営し，軍人専用として利用していた。

統制の曖昧な「慰安所」における，徴集では，軍人が輪姦した上で女性を連行する手法がとられ，強度の身体的暴力が，女性たちの抵抗を抑える手段として使われた。

「純粋の慰安所」では，日本軍「慰安婦」制度に独特の特徴がみられた。共通していたことは，多くの「慰安所」で，女性たちが一定期間拘束状態に置かれ，その間，ほとんど休みなく連日のように，異常なほど多い人数の軍人の性行為の相手を強制され，このような形態の「慰安所」が広範囲に大規模に設置されていた点である。広範囲に広がった施設で，同様の運営がなされていたことから，このような運用形態の1つの大規模な「制度」であったと考えられる。

日本軍「慰安婦」制度は，日本軍独特の特徴があるが，「慰安所」内で発生した女性に対する性暴力は，軍隊の基礎にあった民族差別的な女性蔑視の思想の表れであり，女性たちに対する過度の身体的・性的暴力は，軍隊の特徴である男性性・男らしさの表れであったと考えられる。したがって，「慰安婦」制度は，独特の特徴を有する性暴力制度であるが，家父長制的な思考を基礎とした，軍隊の男性性・男らしさ強調と女性蔑視という軍隊の構造が，極端に凝縮されて表れ出たものであったと考える。

(2)　「性的拷問」と軍隊の構造的暴力

日本軍が戦地で行った，女性に対する「性的拷問」に分類される暴力は，軍隊の構造的暴力としての戦時性暴力であったと考える。

性的拷問の標的にされた女性たちは，男性に従属する存在として，女性であることで性的拷問の標的にされた。具体的な被害事実には，社会の中で，性的純潔を要求されてきた女性を辱しめ，貶めるのに有効な手段として性的拷問が選択された事例があった。また，母性を持つことを要求された女性に対し，胎児の虐殺や強制堕胎を強いて精神的ショックを与える拷問も選択された。

「慰安所」外では，軍人たちは，家父長制に基づく女性蔑視の観念を基礎にして，軍隊の特徴である男性性・男らしさの暴力的な発現としての性暴力を行った。「慰安所」外での性暴力は，軍隊によって攻撃の手段として選択され，

許容され，女性を標的にして実行された。軍人たちは，女性たちを輪姦することで，軍人間の連帯を強めた。

日本軍の戦時性暴力は，軍隊が有する男性優位主義的な構造のために選択され，軍人の男性性，攻撃性，連帯性を高めることで，軍隊の機能の維持と強化につながるものであったと考えられる。

4　請求棄却の根拠

日本の裁判所は，「慰安婦」制度に対して，1993年のいわゆる「河野談話」を踏襲した認識を示し，日本軍「慰安婦」とされた女性や，日本軍の性的拷問にあった女性たちの訴えに対して，被害事実を認めて，第二次世界大戦中の国家の加害を認定している。しかし，このような認定は，個々の裁判例において，相手方である日本国に対して，責任を負わせたということではない。被害事実の認定は，結局のところ，彼女たちの求めた損害賠償請求や謝罪要求を否定することを前提とした，単なる「過去の被害」に対する認定にとどまり，彼女たちが長年耐えてきた苦しみを癒すものではなかったことは明らかである。

そこで以下に，裁判所が，日本の国内法的，国際法的な責任をどのように否定して，訴えを棄却したのかを述べる。

(1)　国内法に基づく請求について

まず，国内法に基づく請求に対する棄却について述べる。

裁判所は，国家賠償法に基づく損害賠償請求に関して，同法施行前の第二次世界大戦中の損害には，同法は適用できないとの立場に立つ。そして裁判所は，大日本帝国憲法下での国家無答責の法理に基づいて，国家の不法行為責任を否定した。また，もし日本国に賠償責任があったとしても，「不法行為による損害賠償の請求権は，……不法行為の時から20年を経過したとき」時効によって消滅すると定める民法724条の除斥期間が経過しており，請求権が消滅したと判断している。(22)

そして東京高判2003年7月22日（判例時報1843号32頁）で裁判所は，「私有財産は，正当な補償の下に，これを公共のために用ひることができる」と定める日本国憲法29条3項に基づく，受忍限度を超える特別の犠牲に対する補償の請求については，「慰安婦」に対する被害が，日本国憲法施行前に発生したもので

あることを理由に請求を棄却した。本件の上告審最判2004年11月29日（判例時報1879号58頁）も憲法29条3項に基づく補償請求を否定した。東京高判2003年7月22日（判例時報1843号32頁）では，「慰安婦」と「慰安所」経営者との関係を雇用関係であった判断した。「慰安所」経営者と日本軍とは，「いわゆる下請け的継続的雇契約関係」であったと説明し，軍隊は，直接の雇い主ではないが，「事実上旧日本軍の直接ないし間接の管理下にあった」のであるから，「慰安婦」が戦況の悪化や，施設での暴力などによって生命，身体の危険にさらされない安全配慮義務を，「信義上も十分期待されていた」と述べた。しかし，裁判所は「慰安婦」が被った被害を，急激な戦況悪化に伴って，「甘受すべき戦争被害といわざるを得ない」と判断した。

また，「慰安婦」に対する劣悪な環境下での売春の強制について，「管理監督していた旧日本軍人の個々の行為の中には，……不法行為を構成する場面もなくはなかったと推認される」として，一応国の不法行為責任を認めたが，不法行為による損害賠償請求権の除斥期間（民法724条）のために請求権が消滅したと判断した。

東京地判2006年8月30日では，謝罪や救済などを日本の内閣が怠ってきた行政不作為が，国家賠償法上違法であるか否かについて検討された。裁判所は法律に基づく行政の原則に立ち，元「慰安婦」に対する救済措置を定めた法律はなく，憲法，国家賠償法，ポツダム宣言，降伏文書，サンフランシスコ講和条約にも，戦争被害者に対して内閣が，「救済措置を講ずべき責任を一義的に定めた」ものはなく，「総合的に考慮しても」内閣に救済義務が生じたとは言い難い，と判断した。

被害女性たちを，唯一救済しようとしたのは，山口地判1998年4月27日（判例時報1642号24頁）であった。同地裁判決では，日本国の戦後補償立法の不作為について，国会の立法不作為の違法を次のように認めた。

「慰安婦」制度による被害は，大日本帝国の国家行為であるが，日本と帝国日本とは同一性のある国家であるから，「特に，個人の尊重，人格の尊厳に根幹的価値をおき，かつ，帝国日本の軍国主義に関して否定的認識と反省を有する日本国憲法の制定後は，ますますその義務が重くなり，被害者に対する何らかの損害回復措置をとらなければならないはず」である。それにもかかわら

ず，日本国が「慰安婦」制度の存在を知りながら，日本国憲法制定後も多年にわたって，損害回復措置をとるべき義務をつくさず，被害者たちを放置したまま「あえてその苦しみを倍加」させた不作為は，「それ自体がまた同女らの人格の尊厳を傷つける新たな侵害行為」となると判示した。[25]

そして山口地裁は，1993年8月4日のいわゆる「河野談話」は，「慰安婦」問題は，「女性差別，民族差別に関する重大な人権侵害であって，心からお詫びと反省の気持ちを申し上げる」べきものであり，このような「お詫びと反省の気持ち」を日本が「どのようにあらわすかということについては，有識者のご意見なども徴しつつ，今後とも真剣に検討すべきもの」であると述べており，[26]「河野談話」以降の早い段階で，「何らかの損害回復措置」を図るべき「作為義務は，慰安婦原告らの被った損害を回復するための特別の損害立法をなすべき日本国法上の義務に転化し，その旨明確に国会に対する立法課題を提起した」。そして，「河野談話」から遅くとも3年を経過した，1996年8月末には，立法をなすべき「合理的期間を経過したといえるから，当該立法不作為が国家賠償法上も違法」となった。国会議員も，河野談話から「立法義務を立法課題として認識することは容易であったといえるから，当該立法をしなかったことにつき過失があることは明白」であると判示した。

山口地裁は，このように判断して，立法不作為の違法を認めたが，同判決の控訴審広島高判2001年3月29日（判例時報1759号42頁）は，次のように述べて，立法不作為の違法を否定した。広島高裁は，元「慰安婦」たちに対する謝罪・補償に関する立法義務を定めた憲法の条項が存在しないことは明らかであり，「憲法の前文及び各条文のいずれを個別的にみても，また，それらを総合的に考慮しても，憲法の文言の解釈上，元従軍慰安婦……に対する謝罪と補償についての立法義務の存在が一義的に明白であるとはいえず，したがって，国会議員による右立法の不作為は，国家賠償法一条一項の規定の適用上，違法の評価を受けるものではない」として，立法不作為の違法を否定し，他の裁判例も広島高裁の判断と同様に否定している。[27]

(2) 国際法に基づく請求について

裁判所は，国際法に基づく請求について，一貫して個人に直接請求権が付与されたとはいえないという立場をとっている。そのため，強制労働条約に基づ

く報酬の支払い請求や労災補償の請求に対しても，国家に対する請求権を個人に直接認めたものではないとする。ハーグ陸戦条約に基づく請求に対しても，国家が責任を負うべき相手は国家であり，個人に対してではないとしている。「人道に対する罪」や婦女売買禁止条約違反についても，個人に請求権を付与したものではないと判断する。奴隷条約に基づく請求に対しては，「慰安婦」は当時の国際慣習法上奴隷とはいえず，もし該当したとしても，同条約は個人に損害賠償請求権を付与したものではないと判断した。

東京地判2002年3月29日（判例時報1864号50頁）は，人道に対する罪に基づく損害賠償を否定する際に，人道に対する罪を犯した「個人が刑事責任を負うものであるが，このことが被害者個人の加害者が属する国家に対する損害賠償請求の根拠となるものではな」いと述べて，国家に対する請求権を否定しつつも，「慰安婦」に性暴力をふるった軍人個人に対する責任追及の余地を残している。また同判決は，「加害行為は，旧日本軍の中国における戦争行為・作戦行動の維持遂行に付随する行為であり，この行為は我が国の公権力の行使に当たる事実上の行為である」として，国家の責任を認めたが，その上で，国家無答責を理由に損害賠償責任を否定した。

東京高判2003年7月22日（判例時報1843号32頁）は，醜業禁止条約に基づく賠償の請求について，当時植民地であった朝鮮半島に対して，日本は醜業条約の適用を通告していなかったため適用除外であると解釈した。その上で，未成年のときに日本国外の南洋諸島，中国，ビルマなどに連行され，醜業条約に該当する行為を強制させられた者は，条約の適用対象者であると判断した。しかし，醜業条約は，国家が個人に対して賠償義務を負うものではないとして，日本の国家責任を回避した。

また，裁判所は，当時日本の領土とされていた朝鮮半島出身者たちが，ポツダム宣言やカイロ宣言に基づく被害回復を請求したことに対して，ポツダム宣言やカイロ宣言は，個人に対する損害賠償の義務や被害回復義務を定めたものではないと判断した。

5 裁判例に関する見解
（1） 山口地判1998年4月27日（判例時報1642号24頁）に関する見解

山口地判1998年4月27日（判例時報1642号24頁）は，元「慰安婦」の証言した被害事実を認定し，国会の立法不作為を国家賠償法上違法として，国の損害賠償責任を認めた判決であったため，注目を集めた。この判決に対しては，以下のような見解が出されている。
　㈠　判決を評価する見解
　・戸塚悦朗の見解
　戸塚は，「一部にせよ元『慰安婦』原告の請求を認容する判決を出したことは高く評価できる」と述べる。
　戸塚は，本判決が，国会議員の立法義務の存在を認め，立法不作為を違法としたことで，「今後立法運動を加速する効果もあり，政治的にも極めて重要」であると評価した。また，本判決は，元「慰安婦」たちの証言した，「慰安婦」制度における徴集や「慰安所」における性暴力などの被害事実を「『……ほぼ間違いのない事実と認められる』と認定したことは，教科書論争にも影響を与えるだろう」とした。
　本判決が，最判1985年11月21日（民集39巻7号1512頁）の立法不作為が国家賠償法上違法となる場合の判断基準に加え，「『先行法益侵害に基づくその後の保護義務』および憲法と基本的人権の保障などに関して重要な法解釈を採用した」とし，いわゆる「河野談話」によって，立法義務が日本国憲法上の義務に転化したとする判断について，「司法という国家機関による」判断であることの重要性を指摘した。そして，立法義務が日本国憲法上の義務に転化したとの判断は，「判決の結論を導くために重要な論理過程を形成する要素であ」るとともに，「それを越えて，先の事実認定と相まって，法律判断それ自体が被害者の名誉回復機能を果たしていることを見逃してはならない」と述べた。
　戸塚は，本判決を評価しつつも，今後の課題を提起した。まず，本判決で「国際法の直接適用問題はあまり議論されなかった」点を指摘している。また，判決の中で元「慰安婦」たちの求めた謝罪請求が否認された点については，「謝罪の問題は，国会の立法にゆだねられているのであって，……司法的に命じることは困難」だとした。ただし，名誉棄損の問題については，「もう少しリベラルな立場をとることができなかったであろうか」と指摘しつつ，「充実した主張立証を検討すべき」として，原告側の課題も指摘した。

第3章 「慰安婦」訴訟

　本判決で示された元「慰安婦」に対する賠償額が30万円であったことに対しては,「回復されるべき損害賠償金額自体は,将来の立法によって定められるもの」であり,「立法不作為による損害についてのみ」の額であるから,低額であるという批判には「無理があるかもしれない」と述べた。
　そして,「日本政府は,判決の趣旨を尊重し,国民基金政策を転換し,被害者の求める立法(真相究明と被害者への国家補償)を提案すべきだ。国会議員は,政府の政策転換をまたず,直ちにこれらの立法作業に自ら取りかかるべきである」と主張した。

・山元一の見解

　山元は,本判決を「国の賠償責任を認めた点において画期的」であり,「立法不作為による国家賠償責任を肯定した点において,憲法論的にも大きな注目に値する判決」と述べた。

　山元は,「慰安婦」の存在,軍当局の直接的間接的関与,不当な方法での業者による「慰安婦」募集や,募集に対する官憲等の加担などを,「司法判断として初めて」認定した点を評価した。そして,本判決の事実認定については,「従軍慰安婦制度に対する否定的評価の徹底性と事実認定の際に示されたすでに年老いた元慰安婦に向けられた《優しい眼差し》」と表現し,「高く評価」した。

　次に国家無答責の法理に関して,本判決が,「この法理を前提とした上でなお,立法不作為という観点からの国家賠償責任成立の可能性を認めた」ことを指摘し,「直截的な国家無答責の法理否定論よりも,上級審に対して相対的により大きい説得力を持つ可能性を持ちうる」とした。

　立法不作為の国家賠償責任については,本判決は,最判1985年11月21日(民集39巻7号1512頁)の「はめた枠を緩めて」,「議論の余地のない異常性と非人道性に貫かれていた従軍慰安婦制度の有する別種の《例外性》」に着目して,「積極的に立法不作為の違法性を認定することは妥当でもあり,必要でもある」と述べた。山元は,1985年最高裁判決と本件との関係について,「侵略戦争と植民地支配の過程で生み出された韓国人従軍慰安婦への戦後補償問題は,最高裁判決の想定する議会制民主主義の下での議会に対する国民の政治責任追及を軸に展開される健全な緊張関係に基づく国政運営の図式の全く外にある」とした。

　本判決は,国家無答責の法理に対峙せず,「民・刑法解釈論上,専攻する法

79

益侵害行為を行った者がその後作為義務を怠った場合」，法的責任を問われ得るという条理に基づいて，国家無答責の法理を限定的に捉えた判決であったと述べた。「帝国日本の権力的行為」に「『先行法益侵害』ととらえる限度で消極的法的評価を加えて，立法者を拘束する『条理上の法的作為義務』を構成するための根拠とし」，法的評価の基準は，現行憲法に基づくものであった。この点に関し，山元は，「『条理』という観念の意味内容を人権価値で充填することを通じて，日本国憲法→『条理』→戦後補償の必要性という，いわば二段構えの議論を立てることによって行った」と分析した。⁽⁴⁵⁾

本判決が，合理的期間の起算点を河野談話に求めた点も，「政治部門の同一性が前提とされるのは適切であり，……また3年という期間も短すぎるとは考えられない」と述べた。⁽⁴⁶⁾

ただし，本判決が，元「慰安婦」らに対する国家賠償については認めたものの，女子勤労挺身隊については認めなかった点を指摘して，「本判決の考え方を従軍慰安婦以外の戦後補償問題の救済に押し広げてゆくことは，かなり困難」と指摘した。⁽⁴⁷⁾

・内藤光博の見解

内藤は，本判決について，「『従軍慰安婦』問題『重大な人権侵害』と認定したこと」，「国の立法不作為に基づく違法確認という手法を用い，国家賠償法に基づく過失責任を認定」し，補償立法の不作為に基づく損害賠償を命じ，「国会に補償立法を求めた」ことについて，「『従軍慰安婦』問題，ひいては戦後補償問題全般について，一定の司法的救済の方途を示した画期的判決」と高く評価した。⁽⁴⁸⁾

本判決の事実認定について，内藤も，「司法裁判所としてはじめてのものである。その意味で，国の公的機関が公式に『従軍慰安婦』問題の違法性を認定したことの意義は大きい」と述べた。

そして，立法不作為の違法確認に関する，本判決を次のように述べた。「従軍慰安婦」制度による被害が，「慰安婦」たちにとって，「現在においても克服されていない『根源的人権問題』であるという認識から，帝国日本政府と日本国憲法制定後の原日本政府の法的責任を問う」根拠として，帝国日本の人権侵害について「『その法益侵害が真に重大である』ので，『法の解釈原理』および

『条理』にしたがって，その被害の増大をくい止めるべき作為義務があるとし」，河野談話を契機として，作為義務は，「日本国憲法上の義務に転化」したとして，「合理的期間」経過後も放置した不作為を国家賠償法上違法とした，本判決について，「法理論上および政治上の障壁をクリアし，ぎりぎりのところで日本政府の『従軍慰安婦』問題についての法的責任を追及し，被害者個人に対する補償を認めようとする裁判官の努力と誠意を読みとることができる」と述べ，「国家賠償法１条１項の独自の解釈により，憲法の立法不作為状況を認定した」点を高く評価した。

しかし，一方で本判決に対して，「救済立法をなすべき憲法上の根拠は何か」という問題点を指摘し，判決では，「『憲法秩序の根本的価値』である，人権侵害」としているが，「戦後補償問題全般で問題となっている人権侵害状況は，わが国の植民地支配および侵略戦争によるものであ」り，「戦争責任」「戦後責任」の視点からの考察の重要性を指摘した。そして，「特に日本国憲法が平和主義を基本原理として掲げ，特に前文では，過去の植民地支配および侵略戦争に対する反省の上にたって日本国憲法が制定されたことを宣言」していることに鑑み，「戦後補償立法制定の根拠を，日本国憲法自体に求める必要性がある」とした。また，戦後補償立法の制定義務が生じた起算点を，河野談話としたことに対しても疑問を呈し，「憲法制定時に具体的に戦後補償立法の制定を義務づけられた」という見解を示した。内藤は，戦後の混乱を勘案しても，「どんなに遅くとも戦争犠牲者援護を目的とする一連の法律が制定された1965年前後の時期……には，当然日本政府は，日本人のみならず旧植民地出身者および占領地域の人々の戦争被害の実態を把握していたはずであり，これらの人々の戦争被害についても『国家補償の精神』から補償立法をすることが可能であったはず」であるから，「少なくとも60年代中葉にさかのぼって認定すべき」であったと批判した。

また，元「慰安婦」たちが求めていた公式謝罪が退けられた点については，国家賠償法に規定がなく，司法を通じて「これを求めることはきわめて難しい」としたが，「日本政府には，公式謝罪をすべき，きわめて強い政治的・道義的義務は認められるが，司法が公式謝罪を命ずるためには，何らかの具体的な立法的根拠が必要」だと述べた。

(二) 判決に批判を加える見解

青山武憲は，本判決が，1985年の最高裁判決と基本的には同じ立場をとりながら，立法不作為が国家賠償法上違法となる「例外的な場合」についてやや見解を異にして，本件において，立法不作為を違法としたこと，立法義務の契機をいわゆる「河野談話」に求めた点を批判的に捉え，次のように指摘した。

青山は，内閣がもし法案を提出したとしても，「国会議員は，日本国憲法上，その支持を義務付けられていない」と指摘し，「国会は，内閣の奴隷ではなく，その見解が内閣のそれと一致するとは限らないのだ。その国会の中には，右官房長官談話に疑問を呈している者さえいる。それ故，国会が『立法の必要性を十分に認識し』ていたわけではない。本件地裁がいう『従軍慰安婦制度』の存在を認めた国会議決など存在しない」と述べた(54)。

そして国家賠償法附則は，「この法律施行前の行為に基づく損害については，なお従前の例による」と定め，戦前は，「公権力の行使については，無答責の原則が存したはず」であるから，「戦前の国家行為について国家賠償法上の違法が生じるはずがない。本件地裁の法律上の違法は，立法不作為論を論ずるためのこじつけ論に過ぎない」と批判した(55)。

また本判決では「国家（旧軍）が原告と関わりをもったことについては争いがなかったようであるが」と述べながら，「本件地裁がいう立法の不作為論には，意味不明の『従軍慰安婦制度』という文言が使用され，しかもそれを『いわゆるナチスの蛮行にも準ずべき人権侵害』と評する如き乱暴で情緒的な表現」と述べた。そして本判決を，裁判官が感情に流されたものであり，「いわゆる慰安婦救済のための正義感が先行しそのために結論を合わせた些か牽強附会の論法が窺われる」と批判的に捉えた(56)。

(2) 広島高判2001年3月29日（判例時報1759号42頁）に関する見解

山口地判1998年4月27日（判例時報1642号24頁）の控訴審である，広島高判2001年3月29日（判例時報1759号42頁）は，先にも述べた通り，地裁判決と同様1985年最高裁判決に基づいて，地裁において認められた元「慰安婦」らに対する戦後補償立法の不作為に対する国家賠償法上違法であるという判断を退けた。本判決に対しては，次のような見解がある。

山口地裁判決に対し，広島高裁が，「憲法の前文及び各条文の文言の解釈上，

元従軍慰安婦らに対する謝罪と補償についての立法義務の存在が一義的に明白で」はないと否定したことについて、中島光孝は、「第一審判決が示した上記憲法解釈について触れることなく、同判決が拡張した『例外的な場合』を議会制民主主義論によって否定した本判決は、『人権侵害の是正を図る義務』を放棄したものであり、厳しく批判されるべきである」と述べた。⁽⁵⁷⁾

（3） 東京地判2003年4月24日（判例時報1823号61頁）に関する見解

東京地判2003年4月24日（判例時報1823号61頁）で、立法、行政、司法それぞれの責任を原告が追及したことに対して、裁判所は、いずれも請求を棄却した。この判決における「国家機関の事後救済の懈怠を理由とした国家賠償請求に関する判示」に対しては、次のような見解がある。⁽⁵⁸⁾

宮井清暢は、立法不作為の違法性に関する立法府の責任について、元「慰安婦」たちが主張する「具体的な立法義務（戦争中に日本兵から性暴力を受けた被害者らに対して金銭的賠償を行う法律を制定する義務）」が存在するか否かについて、「既存の法律の違憲性から具体的作為義務＝改廃義務が導かれる相対的不作為の事案」に比較して、「立法府の裁量を排除する論理の構成が容易でない」ことから、本判決のように立法義務が憲法上「一義的に生じるとは解されない」という、「結論自体は理解できなくもない」と述べる。しかし続けて、そうであれば「本件のような制度形成的立法の絶対的不作為に関する事案において立法不作為の違法性を問う可能性は、およそ一般的に否定されることになろう」と指摘する。⁽⁵⁹⁾

宮井は、「当該事案における被害の実態・内容、その現実的救済方法、関係者・関係国の対応経緯等の状況的要素などの考察に基づいて、立法義務の内容を相当程度具体的に確定する余地はある」と述べる（この場合、義務づけ訴訟ではないため、具体的な規定内容を特定することまでは要求しない）。⁽⁶⁰⁾

元「慰安婦」たちが行政府に対して主張した、謝罪、被害実態の調査、被害認定の審査機関設置、法案提出、住居・医療等の物質的援助の不作為の違法に関して、本判決は、「法律が存在せず、しかも国会に立法不作為の責任が認められない場合に、行政府が独自に不作為の責任を問われることはない」という趣旨であった。これに対して、宮井は、「行政府の行動のすべてに個別の法律……による授権が必要なわけではな」いとし、本件で不作為の違法が主張され

た行為は,「法律の授権を必ずしも必要としない種類の活動である」と述べた。そして,宮井は「執行すべき法律が存在しなくても,あるいは国会の法律制定が違法と認められない場合でも,行政府の不作為の責任は生じ得る」とし,本件で「裁判所は,立法不作為の責任の有無とは別に,行政府に作為義務違反があるかを具体的事実に即して検討すべきであった」と述べた(宮井は,このような判断に裁判所が至るかは,「当事者の主張・立証の状況による」と付言した。)。

さらに,元「慰安婦」らが,裁判所が本件請求を棄却した場合,国際法の履行を確保するという裁判所の役割を放棄することになるとして,責任を追及したことに対して,本判決は,「適用すべき法令を適用した結果」,元「慰安婦」らの「請求を棄却する旨の裁判をする場合に,……『裁判拒否』と批判するのは当たらない」とした。この判決に対して宮井は,「やむを得ない」としつつも,本件裁判所が,「司法府の責任に関連して,司法的救済の限界を説き,立法的・行政的な措置による被害者らの慰謝を望む旨を付言した」ことについて,元「慰安婦」たちに対する「司法的救済の可能性を限界まで突き詰めたといえるかは」疑問であると批判的に捉えた。

(4) 東京高判2003年7月22日(判例時報1843号32頁)に関する見解

東京高判2003年7月22日(判例時報1843号32頁)における,日韓請求権協定,請求権消滅の問題については,次のような批判的見解がある。

山手治之は,本判決が,元「慰安婦」らの「日本国に対する損害賠償請求権は,請求権協定の締結および措置法の制定にもかかわらず,なお消滅することなく存続していた可能性がある」としている点について,「焦点がずれている」と指摘する。山手は,「日韓の間の財産,権利及び利益並びに請求権の処理問題は,日韓請求権協定及び措置法によって,法的に解決済みであ」り,日本には「請求に応じる法的義務はない」として,国と同じ立場に立つ。そして,山手は,「日韓請求権協定で解決したのは,単なる国家間の外交保護権だけであって,韓国国民が日本国の裁判所で訴訟を提起すれば,認容されるとの理解は全くの誤りである」と主張する。日韓請求権協定の解釈について,日本政府は,戦後補償関係訴訟全体にについてみると,「サンフランシスコ平和条約14条(b),日韓請求権協定2条,日ソ共同宣言6条および日華平和条約11条,議事録1項を通じて,これら各条項所定の請求権に日本国および日本国民は応じる

法的義務がないという主張」を展開している。そして，裁判所は，「そのような解釈をとるくらいなら，むしろ請求権も消滅しているとする明快な立場をとった方がよいと考えているらしく私には感じられる」と述べた。[64]

(5) 小　　括

　以上のように，山口地判1998年4月27日（判例時報1642号24頁）を評価する見解は，本判決が，元「慰安婦」の証言した被害を事実として認定した点を評価している。被害事実認定は，裁判の過程で被害事実を明確化し，再認識を促し，被害者の名誉を回復する上で，重要である。また，1985年最高裁判決を踏襲しながら，救済立法をせずにきた国会の立法不作為を違法とした解釈も注目された。

　ただし，具体化立法の憲法上の根拠や，不作為が違法となる場合の起算点，国際法的検討，補償立法制定については課題のあることも指摘された。

　本判決を批判する見解には，そもそも旧日本軍「慰安婦」制度があったということ自体を疑っている見解があった。立法による元「慰安婦」の救済を考えると同時に，「慰安婦」制度の事実調査を行政が行う必要性を示しているといえる。また，東京高判2003年7月22日（判例時報1843号32頁）に関する見解は，日韓請求協定により，個人の日本に対する請求権の問題について，国の立場を当然とし，さらに進んで請求権そのものの消滅をうかがわせる見解であった。

　東京地判2003年4月24日（判例時報1823号61頁）に関する見解が指摘するように，元「慰安婦」の救済を考える上で，立法，行政，司法のそれぞれに担うべき役割がある。いわゆる「慰安婦」裁判において，司法は，事実認定のみを繰り返し行ってきた。確かに，被害事実の認定は，歴史的な記憶の風化を防ぐ上で重要である。しかし，侵害された人権の重大性を考えれば，司法が，法的救済の可能性に関し，国家無答責，消滅時効，国際人権の問題など，審議を尽くすべき事柄が多くある。また，行政は，被害事実の認定の価値を理解し，真相究明を行い，救済方法を模索すべきだ。立法は，現憲法下でどのように救済できるか，具体的な立法に基づく救済に積極的であるべきだと考える。

6　「慰安婦」訴訟の意義と課題

(1) 「慰安婦」訴訟の意義

　裁判の結果は，長い沈黙を破って訴え出た被害女性たちを，国家が救済し，

その名誉を回復する措置をとるものとはならなかった。

しかし、日本の裁判所が、「慰安所」の存在や設置の背景、運営等について認め、詐欺や暴力などによる女性たちの強制連行、「慰安所」での性暴力やその他の暴行など、多くの被害者の体験を事実と認定した点は重要であり、記憶にとどめ続けなければならない。

「慰安所」の経営者や日本軍の不法行為責任を認めた判決もあった。これらの認定が、最終的には除斥期間による国家の責任の免責や、国際法に基づく個人の国家に対する請求権の否定などに裏打ちされた、「安心感」の中での判断であったとしても、裁判所が国の責任を明らかにしたことは事実である。

また、被害事実の認定は、「慰安所」の設置や運営、そこでなされた性暴力等の加害行為が、軍隊の責任によるものであったことを示しており、性暴力が、日本軍の戦争行為や作戦行動に付随する行為であり、日本の公権力の行使に基づく、組織的な性暴力であったことがわかる。そして、裁判の中で明らかにされた日本軍による性暴力は、日本軍に独特の性質も有するが、軍隊が戦争遂行の一環として用いる戦時性暴力の性質も有していたことがわかった。

さらに「人道に対する罪」に基づいて、加害軍人個人の責任を示す判決もあった。

重要なことは、裁判における被害事実の認定から、第二次世界大戦中の日本軍による性暴力の様子が、明らかになったことである。

日本軍は、「慰安所」という組織的な性暴力のシステムを作り、暴力性を内部で醸成する一方で、現地における性的拷問を戦争における攻撃の手段として、「慰安所」外で爆発させた。

「慰安婦」制度は、日本の公娼制度を基礎として、現地女性の強姦防止や、軍人の性病罹患による兵力減退の防止、軍人のストレスや不満の解消などの目的の下に、日本軍によって計画され、管理され、遂行された組織的性暴力のシステムであった。戦争への兵員投入が増えるにしたがって、多くの「慰安婦」を集める必要があり、甘言や詐欺、暴力による女性の徴集、軍隊に依頼された民間業者や軍人、警察等による徴集が行われた。「純粋の慰安所」は、駐屯地内やその近隣に置かれ、厳重に監視され、女性たちは監禁されていた。女性たちが監禁され、性的「慰安」行為を強制された部屋は、公娼制を思わせる小さ

く仕切られた個室であった。逃亡や抵抗に対しては，激しい暴力が振るわれた。女性たちが，1日に相手にしなければならない軍人の数も極めて多かった。そして，女性たちに対する性病検査などの性管理がなされていた。

　統制の曖昧な「慰安所」は，前線などで軍隊の「慰安所」設置がなかったために発生したと考えられるものである。作戦の過程で，軍人たちがみずから女性たちを徴集し，軍駐屯地や民家に監禁して，繰り返し強姦した。性病検査や性病予防などの管理が行き届いておらず，「慰安所」利用規則などもない。「慰安婦」徴集の際には，女性を輪姦した上で連行する場合が多く，強姦以外の身体的暴力も激しいという特徴があった。

　これらは，戦争の攻撃手段としての性暴力というよりも，「慰安」としての性暴力といえる。「慰安所」の管理や設備等に違いがあったとしても，軍隊の方針として，軍人の「慰安」のために，女性を一定期間監禁し，繰り返し繰り返し，性行為を強制する，日本軍「慰安婦」制度の特徴が表れている。

　統制のある「慰安所」では，日本の性文化としてすでに存在していた，公娼制を思わせる「慰安所」の作りや性管理システムもみられた。このような「慰安所」は，日本軍に特徴的なものであり，軍人たちの軍隊内部や戦争に対するストレスや不満の解消，暴力性，男性性の養成のために，軍隊に管理され，促進された「慰安所」内部での性暴力であった。

　内部での性暴力は，もともと強姦の防止が目的であったが，結果的には，「慰安所」の外における性暴力を容認する結果となったことはすでに指摘した。

　本書では，「慰安所」の外における性暴力を「性的拷問」として述べた。その特徴は，日本軍に敵対する政党に自分自身や夫などの親族が所属しているために，女性たちが性的拷問の対象に選ばれ，集団レイプされ，激しい暴力と強姦を伴う尋問を経験したことである。女性たちは，「女性である」という理由で，「性」に対する執拗な拷問を受け，名誉を棄損するような性的拷問や，その羞恥心や自尊心を貶める精神的虐待や，家族や妊婦の虐殺を目撃させられて，精神的ショックを受けるなど，精神的，身体的，性的拷問を受けた。性的拷問の被害実態には，妊婦や胎児など，敵の「種」に対する攻撃を思わせる拷問も含まれていた。妊婦とその胎内の子の虐殺は，その母子だけでなく敵対する集団に対する攻撃も意味していたと考える。また，女性が村や家族の所有物とし

て，差し出され性的拷問の対象になる場合もあり，女性を物体化していたことが示された。

このような「慰安所」の外における性的拷問の爆発的発生は，第1章ですでに述べた，軍隊の構造的暴力としての性暴力の事例であると考えられる。日本軍もまた，他の軍隊と同様に，暴力的な男性性と女性嫌悪の表れとして，当然のように戦地で現地の女性を強姦した。女性たちは，時には，男性に従属する性として，自分の属する集団や家族の犠牲となって，性的拷問を受けた。

女性に対する軍人の暴力は，軍隊内部の「男らしさ」の発現であり，激しい暴力性を伴っていた。軍人たちは，女性の名誉や尊厳を傷つける手段として性暴力を選び，女性たちを強姦した。軍隊の持つ連帯意識のために，軍人たちは，輪姦によって女性を攻撃した。日本軍は，軍刀や銃による暴力の一環として，侵略の手段として，戦争遂行の決定的な手段として性暴力を選択していた。

また，女性たちは，その社会におけるジェンダー観のために，純潔を求められ，性暴力の被害によって，家族や村人から排除された。「慰安所」外での性的拷問は，当時の軍国主義的な家父長制の国家を背景として，男性性を強化した軍隊が，敵の女性たちに対して振るう，戦争遂行のための，組織的な構造的暴力といえる。日本軍による「慰安所」の外での性的拷問は，軍隊の構造的暴力としての性暴力の特徴を有していた。

しかし一方で，日本軍に特徴的であったのは，「慰安所」の存在が，「慰安所」外での大量強姦を誘発し，促進したことである。「慰安所」内で培われた，異民族女性に対する差別と，暴力的な性行為の容認は，「慰安所」の外での異民族女性に対する，残虐な大量強姦を許容し，促進することにつながったと考えられる。

日本軍「慰安婦」訴訟において明らかになった被害の実態は，「慰安所」内の性暴力と，それと密接に関係する「慰安所」外の性暴力，軍隊の組織的，構造的暴力の実態を明らかにする点で，意義のあるものであったといえる。

(2) 「慰安婦」訴訟の課題

ただし，法を根拠とした救済を行う場として，日本の裁判所における判決を見た場合，除斥期間や国家無答責の法理，国際法の一般原則などを用いて，裁判所は結果的に被害者救済できなかった。戦後補償裁判における国内法的，国

際法的な問題の克服が課題である。

(一) 国内法的課題

(a) 除斥期間について

　被告である日本国側や判決が、第二次世界大戦中に発生した不法行為については、除斥期間にあたるとして、「当事者の援用を必要とせずに」、「時の経過による一律的解決」を図ろうとすることに対して、松本克美は以下のように述べる。

　不法行為による損害賠償請求権の期間の制限に関する民法724条の「……3年間之ヲ行ハサルトキハ時効ニ因リテ消滅ス。不法行為ノ時ヨリ20年ヲ経過シタルトキ亦同シ」との文言の立法者意図は、「亦同シ」と規定されていることから明らかであるように、「前段と同じく時効と解するのが合理的」であるから、長期の消滅時効であり、「民法典に明文で認められているわけでもない除斥期間概念を、とくに不法行為の損害賠償請求権にあてはめることの必然性はない」と指摘する。そして、加害者の側から除斥期間の適用が主張される場合に、「その主張が当該事案において信義則に反したり、権利濫用にあたるならば、民法1条の一般条項を適用すべき」だとする。除斥期間の適用制限の要件を時効の場合と同様に解し、除斥期間の成立による権利の消滅が、「①時の経過による立証・採証の困難、②権利の上に眠る者は保護に値しない、③法的安定性」の3点に求められるのであれば、除斥期間も同様に、これら3点が妥当しない場合、「①義務違反が明白で、②権利行使の客観的期待可能性がなく、③責任を実現せず被害を放置することのほうが法的安定性に欠ける」場合には、その適用が制限されるという3要件を提示した。

　また、日本国憲法制定に伴って、民法解釈の基準として、「個人の尊厳と両性の本質的平等を旨として、解釈しなければならない」(民法2条)と規定されていることからも、「いかなる場合にも時の経過により一律的に権利を消滅させるというような議論は、『個人の尊厳』に反しないのだろうか」と主張する。また、第二次世界大戦中の日本による証拠の隠滅が、被害者の権利行使を困難にし、その上、除斥期間によって加害者は免責され被害が救済されないことに関して、「〈証拠隠滅行為の法認〉〈除斥期間を悪用の法認〉を認める」ものであると批判している。時の経過によって、一律的な解決を図り、法的安定性を実

現しようとする除斥期間や消滅時効に関して，松本は「人間の尊厳に反するような戦争犯罪的な行為を免責することが『法的安定性』の名に値する」のか，「そのような『法的安定性』を実現するための制度であるのか」と主張する。[68]

(b) 国家無答責の法理について

判決では，国側が主張する国家無答責の法理のために，被害者救済ができなかった。「慰安婦」に対する性暴力のような重大な人権侵害に対してまでも，この法理が適用されるのは疑問であり，国家無答責の法理の克服が課題である。

この点，西埜章は，明治憲法下において，国家無答責の法理が存在していたこと自体を否定することは困難であるが，「国家無答責の法理を前提としたうえで，この法理の適用をどこまで制限できるか，あるいは制限するべきか」と述べ，国家無答責の法理の適用が制限される場合の例として，「戦前の権力的な残虐非道行為」を挙げている。[69] 西埜はまた，加害者への一切の請求が否定されることが，著しく正義・公平の原則に反するような，「戦後補償訴訟の基礎にある被害事実に対して，国家無答責原則を克服するために正義公平の原則が適用されなければ，一体どのような場合にこれが適用されることになるのか」と述べている。西埜は，「正義公平の原則を多用すべきでないことはいうまでもない」としつつも，国家無答責の法理の適用制限を判断する際の指標として，正義公平の原則を挙げている。[70]

また，宇賀克也は，戦争損害について，「戦前，戦中は，権力行政について，国家無答責の状態にあったことから，損害賠償のルートによる救済は困難」であるとした上で，戦争損害については特別の犠牲ではないとしているが，戦争損害を分類し，「類型に応じたきめ細かい検討を行うことが必要」であり，「平等原則違反の状態が生じている場合には，解釈論又は立法論によりかかる状態を是正する努力をしなければならない」としている。[71]

松本克美は，戦前の日本の法制度や判例として，国家無答責の法理が確立していたという見方そのものに疑問を呈し，旧民法起草者のボアソナードや明治民法の起草者らは，国家の責任を免除するという特別法がない限り，国家は民法上の不法行為責任を負うことを当然としていたことを指摘している。[72]

芝池義一は，国家無答責の法理は，大審院判決によって形成されてきた判例法理であり，法令そのものではないことを指摘した。その上で，国家賠償法附

則6項の「なお従前の例による」に関して,「従前の例」という文言が法律の附則に用いられる場合,「ふつうは当該法律の施行以前に通用していた法令を指す」のであるから,国家無答責の法理が「従前の例」であるためには,「判例法理ではなく,法令に示されたものであるといわなければなら」ないが,法令に明記されたものではないと述べている(73)。

　そして岡田正則は,大審院判決が国家無答責の法理を一貫して適用していたわけではなかったことや,そもそも同法理が判例法理であり,国家賠償法附則6項「従前の例」に該当しないと指摘して,国家無答責の法理が用いられること自体に疑問を呈している(74)。

　(二)　国際法的課題

　(a)　請求権放棄条項について

　「慰安婦」訴訟においては,対日講和条約における請求権放棄によって,個人の請求権までも放棄したものであるか否かが問題となっている。

　この点に関して,小畑郁は,請求権放棄条項についての政府の解釈が,従来から一貫していなかったことを指摘する。

　1952年の対日平和条約に関するサンフランシスコ会議においては,請求権放棄条項について日本政府は,個人の有する請求権を国家が消滅させたと解釈していた。しかし,対日平和条約における在外財産権の処分に関しては,国家間の請求提出権を放棄し,個人の請求権を消滅させるものではないという解釈であった。その後,1960年代には,個人の請求権を消滅させるものではないという解釈に至り,日韓請求権協定では,国家間の請求提出権のみを放棄する立法意思が明確であったことを指摘する。日本政府は,「慰安婦」訴訟が提起された1990年代に入っても,個人の請求権を消滅させるものではないと解釈しており,「請求権放棄によって国民個人の請求権は失われたわけではなく,放棄されたのは請求を相手国に提起する国家の国家間請求提出権だけである」としていた。しかし,2001年3月22日に個人の請求権を放棄したものであるとの解釈を外務省条約局長が国会答弁で述べ,従来の解釈を大きく転換させた。したがって,1990年代に「慰安婦」裁判が提起された段階では,政府解釈は個人の請求権を放棄したものではないという見解であり,結局,請求権放棄条項に関する政府解釈は,一貫したものではなかったと指摘する(75)。

また，小畑は，「国家が，（条約によって）そもそも私人の権利を放棄することができないという理論には，国際法上根拠があるとはいえない」と指摘する。国家による損害についての「第一次的処理権能」があるのは，当該加害国家であり，女性たちを「『慰安婦』にすることが日本の国家的事業であったと認められる以上，……日本国家の意思でしかそれについての損害賠償請求権を消滅させることはできないというべき」であり，日本の国家による損害についての戦後補償請求権について，「維持あるいは回復させることを妨げているものがあるとすれば，それはまず第１には日本国家の意思にほかならない」と述べる。対日講和条約について個人の請求権を放棄したものと解釈したとしても，「『人道に対する罪』にあたるような重大な損害についての補償義務を，日本の国家意思により引き受けることは，決して妨げられるものではない」し，近年，「人道に対する罪」については「個人の請求権を包含するものとして発展してきて」おり，「国際法は，武力紛争法の重大な違反行為ないし人道に対する罪によりこうむった損害に対する被害者の賠償請求権を，国家は自由に処分できないという方向に発展してきている」として，条約上の請求権放棄の解釈を，このような方向で限定する解釈は「現代的正義の要請にかなう」と述べる。
(76)

　(b)　その他の国際法について

　阿部浩己は，「慰安婦」裁判において国際法上論点となる①醜業禁止条約，②強制労働に関する条約，③奴隷制禁止規範，④陸戦の放棄の慣例の４点について検討する。
(77)

　①醜業禁止条約については，日本が1925年に条約に加入していたことから，女性たちを軍隊の性奴隷としたことによって，条約に抵触していたと指摘する。当時の日本には，刑法や陸海軍刑法において強姦罪を規定していたが，実際には「慰安婦」問題に関して何ら処罰がなされていなかったことから，「規約上の義務履行がなされていないのは明白」とする。
(78)

　②強制労働に関する条約に照らしても違法であったことを指摘する。「慰安行為」を労務であるというのであれば，「慰安婦」が日本軍によって強いられた労務は，「処罰の脅威の下に強要された」労務であり，「条約と相容れない，あからさまな国際違法行為」であった。
(79)

　③奴隷禁止規範は，1926年に奴隷条約の締結によって，法規範として形成さ

れたが，そもそも「慣習国際法を表現したものとして，当時すでに，この条約の非締約国である日本を含むすべての国を拘束」していたのであるから，日本は，女性を「慰安婦」として「モノ同然の状態」におき，「このような状態に貶める目的で行われた女性の徴集・輸送を防止するどころか自ら進んで手がけたことにより，奴隷制を禁ずる慣習法規」に抵触した。(80)

④陸戦の法規慣例についても，違法性の問題を指摘する。日本は，陸戦の法規慣例を定めた1910年の条約を1912年に批准した。同法規慣例は，交戦国に対して占領地において「家ノ名誉及権利，個人ノ生命，私有財産」を尊重するよう求めるものであり，この規定により，「女性は戦時において強姦や強制売淫からの保護を約束され」た。しかし，日本は，占領地において現地の女性たちを「慰安婦」にした。この「行為の違法性は問題にされなくてはならない」(81)。

阿部は，以上のような日本の諸条約・慣習法規の侵害を指摘して「国家責任が発生しているはず」だと述べる。しかも，「慰安婦」導入や「慰安婦」に対する強姦は，「戦争遂行に必要だったのではなく，むしろ戦争遂行の過程で常軌を逸して強要された奴隷的苦役にほかならない」のであるから，「戦争を遂行するうえで真に必要だった」とはいえず，交戦国間において適用を停止される行為ともいえず，免責はされないと述べる。(82)

ただし，「慰安婦」の圧倒的多数が朝鮮半島出身の女性たちであり，当時，朝鮮半島が日本の領土であったことから，被害者は日本人であったことになり，日本の国家責任は発生するものの，「日本の国家責任を追及できる『被害国』が存在しないことになるのではないか」とも述べる。しかし，この点に関して，「求められるのは，違法行為を犯したという事実を日本自らが認め，自発的に国家責任の解消に努めることであ」り，日本は「慰安行為の強要が国際違法行為にあたったことを自ら認め」被害者を自発的に救済し，「自らが発生させた国家責任の解消を図ることができる」と主張する。阿部は，かつて日本軍が犯した「慰安婦」に対する加害は，「昨今の重大な人権侵害と本質的にはなんら変わりない（それどころか，むしろそれ以上に悪質である）以上，その解決は，今日の国際人権基準からかけ離れたものではあってはならない」と述べている。(83)

(3) 小　括

裁判所による救済ができないということは，責任がないということではな

く，立法・行政による救済措置をとるべきだということである。例えば，東京地判2003年4月24日（判例時報1823号61頁）は，「立法的・行政的な措置を講ずることは十分に可能」と述べ，「司法的な解決とは別に，被害者らに直接，間接に何らかの慰謝をもたらす方向で解決されることが望まれる」と付言しており，裁判所が認定した日本国や日本軍による加害行為の実態，女性たちの受けた被害の実態は，その必要性を十分に示している。しかし，1991年から始まった，日本軍による性暴力被害女性たちによる，訴訟は女性たちが敗訴したまま一応の区切りを迎え，その後も日本政府による被害者救済は進んでいない。

第2節　民衆法廷——女性国際戦犯法廷——

1　女性国際戦犯法廷の概要
(1) 救済の場の必要性

日本の司法は，日本国に対し，謝罪や損害賠償による被害者救済を命ずる判決を出さず，被害者救済は実現しなかった。

1996年に，「女性に対する暴力」特別報告者，ラディカ・クマラスワミ（Radhika Coomara-swamy）が，ジュネーブの国連人権委員会に，「戦時下軍隊・性奴隷制に関する報告」を提出した。報告書は，日本軍「慰安婦」制度に関して，日本政府が法的責任を取ることを求め，被害者個人に対する賠償責任が，日本国にあると強調した。そして，1998年6月には，「武力紛争下の組織的強姦，性奴隷制および奴隷制類似慣行に関する最終報告書」，すなわち，特別報告者ゲイ・J・マクドゥーガル（Gay J. McDougall）の調査報告が提出された。報告書は，「慰安婦」は民間業者の運営する売春宿の売春婦ではなく，「日本軍によって直接に，または，日本軍の十分な認識と支援によって，実際に，強姦所で奴隷にされ」たとし，「『慰安所』に自己の意志に反して収容された女性と子どもたちは，その犯罪の本質がまさに『人道に対する罪』という用語でしか表現できないほど徹底的に，強姦と性暴力を受けた」と報告している。そして，この「慰安婦」制度は，「人道に対する罪に相当」するとして，日本政府には「人権法と人道法に対する重大な違反に責任があ」ると結論づけた。報告書は，日本政府が，被害を受けた女性たちに対して，法的責任を全面的に果たすべきことを要求し，

「十分な救済のために不可欠な決定的措置をとる責任がある」と述べた。[85]

　しかし，すでに本章第1節で述べたように，1991年以降，次々と提起されたいわゆる「慰安婦」訴訟では，山口地裁で戦後補償立法の不作為が違法であると判断された以外は，元「慰安婦」の敗訴に終わり，被害者は法的に救済されなかった。裁判の中で立法府，行政府の果たすべき加害責任は明確に示されているにも関わらず，その後も，立法府も行政府も沈黙したままである。

　公権力による救済に対する絶望を打開するために提案されたのが，2000年に開催された「女性国際戦犯法廷」（以下，民衆法廷と略する。）である。これは，公権力によらない民衆法廷であるが，決して模擬法廷ではなく，証拠に基づき，適用可能な法を適切に用いて，適正手続の下に判決を下すものであった。民衆法廷の判決に法的拘束力はないが，「戦争犯罪や人道への罪など重大な人権侵害」に必要な，「真相究明と補償と処罰」[86]を行わない日本政府に対する民衆の挑戦であった。

　いわゆる「慰安婦」訴訟において，裁判所は，形式的な理由付けで被害者の請求を棄却した。被害者の証言から被害実態はある程度明らかになったが，「慰安婦」制度に関する実質的な審理に踏み込まず，裁判所は，「慰安婦」制度がどのような制度であったのかを解明しなかった。また，結果的に，被害女性たちの敗訴にしたことで，日本政府も多くの日本国民も，日本軍のふるった戦時における性暴力の問題に関心を寄せてこなかった。

　この法廷の判事を務めたクリスティーヌ・チンキン（Christine Chinkin）は，「法は政府だけのものではな」く，「市民社会の道具」であるという解釈を前提に，「国家が正義を保障する責務を遂行しない場合」，市民社会は正義の保障に乗り出すことができるし，そうすべきであると述べた。「違反行為を無視すると，再発を招き，不処罰の文化を持続させる」[87]からである。本民衆法廷は，「権力を持たない市民が，その良心と正義の名において，歴史的事実を明らかにし，法と正義を適用しようとする」ためのものであり，日本の国家権力が立法も司法も行政も「正義を保障する責務を遂行しない」状況における，市民による正義の追求である。[88]

(2)　女性国際戦犯法廷の概要

　本民衆法廷は，2000年12月8日から10日の3日間で冒頭陳述，各国の起訴状

95

の発表，被害者たちの証言，証拠の提示，専門家証言，判事からの質問を終え，同年12月12日に認定概要が判事によって示されて閉廷し，東京における審理日程を終えた。そして，2001年12月4日にオランダのハーグにおいて判決が下された。本件は，日本の裁判所に提起された裁判と異なり，刑事裁判である。

　本民衆法廷初日には，その開廷目的が示された。開廷目的は，第1に「日本軍性奴隷制の犯罪的な性質と，この罪に責任のあるものを明らかにし，日本政府に法的責任があることを認めるよう圧力をかけること」，第2に「普遍的な女性の人権の問題である，女性に対する戦時性暴力の不処罰を断ち，世界中のどこにおいてももう2度とそれが起こらないようにすること」にあった。(89)

　判決冒頭では，本民衆法廷は，1990年代初頭以降，自ら受けた被害を告白し，日本政府に謝罪と賠償を求めてきた「10年近くにわたる活動の到達点」であり，「サバイバーによる，サバイバーのための，そしてすでに亡くなった犠牲者のための」法廷であり，「諸国家が正義を遂行する責任を果たさなかった結果として設立された」ものであると，設立の背景が述べられた。この「諸国家の責任」には，終戦後加害責任を果たしてこなかった日本政府が明らかに含まれている。それだけではなく，1946年4月から1948年11月まで東京で開かれた極東国際軍事裁判（東京裁判）において，「慰安婦」制度に関する十分な証拠があったにもかかわらず，この制度の責任を追及しなかった当時の連合国の責任もある。(90)

　そして，この民衆法廷は，諸国家の責任の「不履行によって，サバイバーたちの声が沈黙させられたり，日本国がこうした人道に対する犯罪の責任を逃れたりすること」を許さず，「女性に対する犯罪，特に性的犯罪を矮小化し，免責し，無視し，曖昧にする，これまでの歴史の傾向を正す」ことを目指して設立された。本民衆法廷は，被害者たちの表明してきた被害，日本軍の犯罪の責任，責任者の追及によって，彼女たちが残りの人生を平穏に過ごすことに貢献する」こと，日本が国家としての責任を認め，被害者たちに許しを求め，賠償を行うことを目指して設立された。(91)

　この民衆法廷の権威は国家ではなく，「アジア太平洋地域の人々」，とりわけ「日本が国際法のもとで説明する義務を負っている世界中の人々に由来」し，加害国日本を含むグローバルな民衆の声にある。(92)

民衆法廷は，手続の適正・客観性という刑事訴訟の原則を遵守している。開廷に際して，民衆法廷は日本の総理大臣に対し2度参加招請状を送り，本件の審理について通知した（しかし，日本政府からの応答はなかった）。総理大臣の審理への参加がなかったことから，日本政府の国内の裁判での主張等を基にしたアミカス・キュリー（法廷助言者）を用意し，日本政府の不利益にならないよう配慮している。適正手続の保障や一事不再理，二重処罰の禁止など刑事手続において通常考慮されるべき手続に沿ったものであり，その判決には信用性がある。

以下では，民衆法廷と日本の裁判所との違いに着目しながら，本民衆法廷における判決や，被害者証言，加害者元日本兵証言などを基にして，「慰安婦」制度とはどのようなものであったのか，日本政府の果たすべき責任や，日本軍の戦時性暴力全体の構造を明らかにしたい。

2 加害責任についての判決理由

(1) 天皇および高官個人の責任

(a) 被告人

本民衆法廷では，本章第1節の日本の裁判所への訴えと異なって，裁判の相手方は，日本国だけではなく，当時の天皇であった裕仁ほか，松井石根，畑俊六，寺内寿一，板垣征四郎，東条英機，梅津美治郎，小林躋造，安藤利吉，山下奉文といった，当時の日本軍において重要な地位にあった9名の日本政府・日本軍の高官個人であり，各人に対する刑事責任，各人の上官としての責任が問われた。[93]

1946年4月から1948年11月の東京裁判において，天皇は免責され，「慰安婦」制度についての審理もなされなかったため，たとえ，東京裁判にかけられた者であっても，二重審理にならないとして，起訴された。実際に戦場で「慰安婦」と性的関係をもった個々の日本軍人たちは起訴されなかった。[94]

(b) 天皇裕仁に対する審理

天皇に対する有罪判決は，被害者たちに拍手をもって受入れられた。当時の日本の最高権力者の罪を明らかにしたことは，この民衆法廷における大きな功績の1つである。

天皇については，「儀礼上の名目的元首にすぎなかった」という主張があるため，他の者と異なって別途検討された。その結果，天皇は「国家元首及び陸海軍の最高司令官として，天皇裕仁は，国家と軍に対して最高権威の地位」にあり，「全軍隊兵員に対する権力を持ち，側近たちを通じて，方面軍，派遣軍の進路を指揮」し，「台湾，朝鮮総督の直属の上司であった」ことが明らかとされた。法廷は，「天皇ハ陸海軍ヲ統帥ス」と定める大日本帝国憲法11条および，「天皇ハ戦ヲ宣シ和ヲ講シ及諸般ノ条約ヲ締結ス」と定める13条を根拠とした天皇の権限や，軍人勅諭に，「最高意思決定権限は天皇のみに存在する」と宣言されていたこと，当時の日本が「天皇機関説」を否定し，大日本帝国憲法の政治体制の根本原則は，「天皇の御親政」であるとして，「天皇ハ神聖ニシテ侵スヘカラス」と定める大日本帝国憲法3条を強調していたこと，そして，1936年の2.26事件の天皇命令による鎮圧の成功による，天皇権限の強化が，米国，英国，ロシアに対する予想される戦争に備えた政府の再編成の一部であったことを根拠として，「天皇が日本政府と軍に対して実質的な権力をもっていた」と認定した。⁽⁹⁵⁾

　その上で，天皇が，国内での報道や，海外メディアの報道内容について懸念していたこと，天皇の弟である三笠宮が，戦時中に天皇に中国における残虐行為について話したことがあるとしていることから，天皇は日本軍人たちによる強姦などの残虐行為に気付いていたと認定した。また，大日本帝国憲法55条の下で，各閣僚は天皇に助言し，責任を負っており，天皇の「身近な輔弼者」が，戦争について定期的に天皇の意見を求めていたとされた。⁽⁹⁶⁾

　その上で民衆法廷は，天皇が「法律上および事実上の権限を行使していた国家元首で軍の最高司令官として……残虐行為の防止に対する上官としての責任を行使することを怠」たり，「軍性奴隷制度の一部として行われた強姦と性奴隷制の犯罪」に対する過失があるとして「有罪」と認定した。⁽⁹⁷⁾

　そして，天皇は強姦の代替案としての「慰安婦」制度の拡大，制度内での強姦と性奴隷制を「知っていなければならなかったと認定」した。そこで「『慰安制度』が戦争遂行に果たす重要性に基づいて，彼が黙示的にあるいは積極的に『慰安制度』の存在と拡大を承認することで少なくとも関与していた」として，個人として「人道に対する罪としての強姦と性奴隷制で〈有罪〉と認定」した。⁽⁹⁸⁾

(c) 他の被告人に対する審理

次に，法廷は，その他の被告人の個人責任について検討した。民衆法廷は「例外的な状況」つまり，「あまり重要でない時期にその地位にあった」，「付与された権限を行使することができな」い状況だった，犯罪行為について情報を得ようとしたが，「意図的にそれを妨げる働きがあり，かつそれが成功した」などの状況がない場合には，「有罪」になるとして，各被告人の「例外的な状況」の有無を検討した。その結果，当時の被告人らの地位や権限，権限を有していた期間などを検討して，安藤利吉，畑俊六，板垣征四郎，小林躋造，寺内寿一，東条英機，梅津美治郎を，人道に対する罪，性奴隷制と強姦の罪で「有罪」とした。[99]

被告人の1人，松井石根大将が，軍部高官の地位にあったのが，1938年2月半ばまでで，本件の起訴状の期間中，7カ月間と短かったことから，「例外状態」かどうか検討する必要があった。1937年8月から12月まで，松井大将は上海派遣軍司令官として上海攻撃の最終段階を指揮し，1937年10月から少なくとも1938年2月半ばまで，「中支方面軍司令官として，南京への進軍と征服を指揮した」。したがって，松井大将には，「司令官として上海征服と占領に始まる強姦，殺人，掠奪といった暴虐と，南京大虐殺で恐るべき段階にまで達した犯罪に直接の責任」があった。このような残虐行為が，前述のように，国際的な批判を呼び，「慰安所」の設置という対策が決定された。松井大将は，東京裁判において，民間人に対する強姦その他の残虐行為について知っていたにもかかわらず，中止のための適切な手段をとらなかったことで，南京における大量強姦の罪で有罪となっている。したがって，「慰安婦」制度に関する性奴隷制と強姦の罪に限って検討された。松井は，「彼の指揮下で，『慰安制度』の一部として部下によって行われた強姦と性奴隷制の犯罪について，防止，抑止あるいは処罰を怠ったことで〈有罪〉と認定」され，また，さらに加えて，松井が「軍の指揮者として在任中に，性奴隷として働かせるために中国人女性と少女を違法に調達し，奴隷化することを命令，扇動，促進，計画，あるいは幇助，教唆したと認定」し，「人道に対する罪としての強姦と性奴隷制に，認識しながら関与したことにより，〈有罪〉と認定」された。[100]

(2) 日本の国家責任

この民衆法廷では，日本の国家責任の作為，不作為を検討し，日本軍「慰安婦」制度の制度じたいの国際法上の責任だけでなく，その後，被害者たちに対する賠償責任を果たさずに，現在まで被害を継続させた侵害行為についても検討された。⁽¹⁰¹⁾

　まず，「慰安婦」の募集について，第2章でも挙げた，「軍慰安所従業婦等募集ニ関スル件」(1938年3月4日) 等の証拠に基づいて，「慰安婦」募集についての日本軍の責任を認定した。この文書は，陸軍省から北支方面軍および中支派遣軍参謀長宛てに送られた文書である。判決は，この文書が「強制的，欺瞞的に日本軍が少女たちを徴集した責任を示す証拠」であり，「強要的手段を用いた事実を陸軍省は知っていたという動かしがたい証拠」であり，「陸軍省が『慰安所』への女性たちの強制的あるいは強要的徴集を知りながら，公認していたことを示す」ものであると認定した。民衆法廷は，女性本人の同意を得ることや，未成年の徴集の禁止などの指示がない点も指摘した。⁽¹⁰²⁾

　台湾軍司令官安藤利吉から陸軍大臣東条英機に宛てられた電報，「台電第602号」(1942年3月12日)⁽¹⁰³⁾によって，安藤利吉と東条英機が，直接ないし間接的に関与したこと，そして業者の選定に憲兵が関与していたことを認定した。「慰安所」の「経営者の渡航許可の認定といった一見些末な事項まで陸軍省が関与していたのは」，「軍が兵士のために『慰安婦』の確保を極めて優先」したことと，制度の「秘密性をも示している」。⁽¹⁰⁴⁾

　これらの証拠から，民衆法廷は，「『慰安婦』制度にかかわる手続は高官が扱う事項」だったと指摘した。すなわち，「陸軍省と台湾軍司令官の間の通信と両者の参画は，政府と軍の最高幹部が『慰安所』政策の策定に関与したこと，および安藤利吉と東条英機がそれらの政策の決定と遂行に際し命令系統の一翼を担っていたことを立証する」ものだとした。⁽¹⁰⁵⁾

　また連合国による報告書，アメリカ戦時情報局心理作戦班「日本人捕虜尋問報告第49号」(1944年10月1日)⁽¹⁰⁶⁾および，東南アジア翻訳尋問センター「心理戦尋問報告第2号」(1944年11月30日)⁽¹⁰⁷⁾に基づいて，日本軍が性奴隷制の設置と運営に直接的，間接的に関与したことが裏付けられるとして，東京裁判当時，連合国側が「慰安婦」制度に関する証拠をすでに得ていたと認定した。報告書は，「日本軍にとって戦闘の必要のある場所ではどこにでも『慰安婦』が存在してき

た」と述べている。この報告に基づいて，民衆法廷は，「慰安所」には「何らかの支払い規定はあるものの，奴隷に近い状況であ」り，女性たちが「初めにあるいはそれ以降のどの時点においても自由意思で同意したのでなければ」，「奴隷制そのもの」だと判断した。
(108)

また，連合国の報告書は，日本軍が「慰安所」の利用規則を詳細に定めていたことも報告しており，これに基づき日本軍が，性奴隷制の設置と運営に直接的，間接的に関与したと認定した。
(109)

東京裁判の判決に基づいて，民衆法廷は，「日本政府と日本軍がアジア太平洋地域を支配する目的で占領した各地域でさまざまな残虐行為を絶えず行ったことが十分立証されている」とし，日本軍は「併合された地域と占領された地域の双方で，住民の安全，尊厳および権利の尊重をまったく欠いていた」と述べた。また日本軍が，民間人や民間人残留者を，「大規模かつ広範」に虐待したこと，虐待が一般に，「虐殺，拷問，強姦，強制労働，非人間的環境での監禁」の方法をとったことを認定した。民衆法廷は，「『慰安制度』の一部としての強姦と性奴隷制も」虐待の1つであったとした。
(110)

民衆法廷は，先に個人として有罪認定された被告人らは，「軍の高官としての公務上の地位に」あったため，日本国はこれらの者の違反について責任があり，賠償を行う責任があると述べた。1945年8月15日前後，「戦争犯罪と人道に対する罪の証拠湮滅」のため，「〔陸軍〕参謀本部と陸軍省が全陸軍部隊に対し機密文書を焼却するよう命じ」，海軍も同様の命令を発した。そのため，多くの文書証拠が焼却されてしまった。日本軍は終戦前から，すでに，「口外した場合には本人や家族の生命も危ない」と「慰安婦」たちを脅していたことが，被害者の証言から明らかになっている。民衆法廷は，証拠の「湮滅計画は，真相を究明，公開し加害者を裁く国家責任の継続的違反を構成」したと指摘した。
(111)

そして，湮滅を免れた公的文書記録についても，日本政府は，「国の安全保障や個人のプライバシー」を理由に，戦争犯罪と人道に対する罪に関する文書の公開を拒んでいる。民衆法廷は，被害者のプライバシーの尊重は，不正行為の公開と両立し得るため，日本政府の公的文書の非公開を不当とした。これまで，日本政府は，「慰安婦」制度に関わる公務員と国家の責任を裏付ける文書

101

記録の公開を拒み，研究者が「有罪を明らかにする文書を発見し」たことで，「政治的外交的圧力にさらされ」て初めて事実を公開してきた。民衆法廷は，日本政府による，証拠となる文書の継続的な湮匿は，国際的な義務に反してきたと述べた。

　また民衆法廷は，日本が，戦争犯罪と人道に対する罪についての調査，公開を怠り，「その加害者が全く処罰され」ず，「戦時中に犯された犯罪の訴追を1つも行っていない」ことを指摘し，日本の政治家が，被害者に直接謝罪せず，謝罪が損害賠償を伴っていない点で，被害者の多くが，「日本の高官がいかなる謝罪も行っていないと認識」していると指摘した。そして，1995年に，政府は，「アジア女性基金」を創設したが，これは，民間資本によるものであり，国家責任を果たしたことにはならないと述べた。

　民衆法廷は，いわゆる「慰安婦」裁判は，日本政府にとって「真実を公開し賠償を行うべき国家責任を果たすことを積極的に試みる機会」であったが，「行政府も立法府もこの機会を積極的に利用しなかった」と述べた。そして民衆法廷は，元「慰安婦」の請求を棄却した裁判所の判決が，「行政府の責任を明らかにすることにほとんど貢献してこなかった」と述べた。日本政府が自発的に損害賠償をすべきことを促した，国際労働機関専門家委員会報告書にも，日本政府は反対の意思を示し，また，日本軍性奴隷制が国際法違反であると認定した，国連人権委員会「女性に対する暴力」特別報告者ラディカ・クマラスワミ報告にも，異議をとなえて抵抗してきた。このことについて法廷は，「自己が過去に犯した犯罪を認め真の賠償を行うのを怠っている」ことを確認させるものだと判断した。

　また戦争末期に日本軍が，「慰安婦」たちを「殺すか遺棄した」ことについて，民衆法廷は，「慰安婦」は「少なくとも捕虜と同様の保護を得る権利があった」とし，日本はハーグ陸戦規則20条に違反したと認定した。

　民衆法廷は，日本には，「真実を伝え，賠償を行い，再発を防ぐべき自己の責任の一部として，『慰安制度』が性奴隷制であることを否定するような政府高官の発言については公的に反駁する責任」があると述べ，度々そのような発言をする政府高官がいるにもかかわらず，日本政府がこれを放置し，被害者たちに「日本社会と本人が生きる社会の目から見て汚名を着せ，謝罪と損害賠償

に対する彼女たちの要求の正当性を傷つけることによって，彼女たちに新たな苦しみを負わせ」，日本政府が真実を明らかにせず，その責任を認めずにいることが，「慰安婦」制度の多くの被害者たちの身体的・精神的回復および社会復帰を妨げている。[119]

　民衆法廷は，「慰安婦」制度は，「民族・人種，貧富，ジェンダーによる差別が交差したもの」であり，非日本人，非ヨーロッパ系の女性たちが，一層ひどい扱いを受け，特に先住民女性が最も残酷な扱いを受けていたと認定した。また，民衆法廷は日本政府が，「かつて日本国籍を有していた者」に対し，援護法に基づく戦死傷者に対する補償や，恩給法に基づく補償の点で，不平等な取扱いをし，差別したことを指摘した。[120]

　そして民衆法廷は，当時の日本社会，日本軍の構造について，次のように述べた。「第二次世界大戦時までには，軍国主義は日本社会の精神風土に（他の多くの国家と同様）あらゆるレベルで浸透していた」。日本軍は，厳格な身分制組織であり，「上官の命令を天皇の命令と心得よ」という金科玉条に従い，「日本軍は序列的な指揮系統への絶対服従を要求した」。「兵士の人権を否定し，自我を抑制し，絶対的服従を要求するこの形態の軍国主義」は，南京やマパニケの大量強姦や「慰安所」での性暴力と「直接関連している」。「日本兵を非人間化する処遇の効果は社会全般に行きわたり，残忍な文化が醸成」された。日本軍のシステム，軍隊の指導者，個々の兵士，民間業者が，女性たちを性奴隷制へ従属させた背景には，「女性を劣等で権利のない，他者に奉仕するだけの存在」であると考える見方があった。「女性を非人間化すること，特に階級，国籍や人種のために支配層から劣等あるいは人間より下の存在とみなされる女性を非人間化することを受容する文化は，……日本固有のものではない」が，「日本の皇国イデオロギーや皇国規範の諸要素が，軍事体制の中で」強められ，「慰安婦」に対する非人道的かつ差別的処遇を支えた。「君臣一体」原則の「極限の調和は臣民が天皇に服従しその一身を捧げる」ことにあり，これは，家庭の中では，家長に対する隷属につながった。貧しい家族が娘を公娼制度へ売った場合に，「客をとることは『親孝行の義務』と考えられ」た。この「女性隷属イデオロギー」が，戦争遂行を必要とする主張と結合し，「最もむごい形での女性嫌悪〔mysogynist〕の歴史」を生み出した。「日本軍が，女性のセクシュアリ

ティや性的完全性を戦争遂行のために犠牲にすることを正当と考えていた」と証拠から認定し,「軍事目的のために女性を捕え支配することが戦争の実行に固有の一部とされ」,女性は「戦争遂行に従属」させられ「戦利品」とされた。(121)

　民衆法廷は,「慰安所」が,占領地における強姦と性病蔓延を防ぐため,「当局の許可のない性暴力を抑制するための……『慰安婦』に対する性暴力の組織化と正当化」であったが,強姦を防ぐことはできず,「むしろ将校と部隊の両方に対し,強姦を,軍隊生活における数少ない『利点』や軍隊生活の権利と見るよう促」す結果になったと認定した。結局,軍隊の司令官が強姦を行った兵士の処罰に消極的であったこともあり,「『認可』と不認可両方の女性に対する性暴力が蔓延」したことにも言及した。そして民衆法廷は,「慰安婦」制度の「空前の規模,組織性,残忍さは,女性を物体化し差別する文化から生じ,侵略者が劣等と見なす文化出身の女性に対しては残酷さを増し,軍国主義文化の一部として極限にまで至った」と認定した。(122)

　民衆法廷は,外での強姦が,「慰安所」内における「隠され,組織化され,管理された強姦へと転換させられ」,「日本軍の差別的な目的」またその延長として,「国に重大な差別に対する責任があった」が,日本は,真摯な謝罪,損害賠償,不法行為の訴追,真実の究明,再発防止のための積極的手段を講じるのを怠ったと述べた。(123)

　日本政府が,教育の面で,「慰安婦」問題の再発防止の措置を講じていないことも指摘された。民衆法廷の指摘によれば,日本では,「慰安婦」問題についての十分な内容を教科書に載せず,国家の責任を子供たちに知らせるための積極的手段を講ずるのを怠たり,再発防止に必要な措置を講じてこなかった。(124)

　民衆法廷は,講和条約締結時には,「女性が,……男性と同等の発言権や地位を有しておらず」,ジェンダー偏見が内在していたために,軍性奴隷制と強姦の問題が取り上げられず,「平和条約の交渉や締結の背景とはならなかった」という講和条約の問題点を指摘した。そして民衆法廷は,「拷問の一形態であるとされる強姦と性奴隷制,また一般に人道に対する罪」が,「その固有の性質から,国家の正当な行為とは決してなり得」ず,したがって国家が免責されることはないと判断した上で,「人道に対する罪が行われた結果生じた損

害について個人の請求権を放棄する権限を交渉国は有していな」いとし，個人の請求権が放棄されたとする従来の日本政府の主張を退けた。民衆法廷は，1907年のハーグ条約3条の賠償の義務が，国家の責任を意味し，被害者個人の権利を保護することを意図したものであることから，日本が主張してきた，賠償の問題は国家間で終局的に解決済みであるという立場を否定して，被害者個人に対する日本の賠償責任を認定した。民衆法廷は，サンフランシスコ講和条約の効果は，同条約の当事国ではなく，加入していなかった国家や国民には及ばないとした。そして民衆法廷は，「条約が国家によって交渉され，国家に対してのみ効力を持つ」ものであり，戦後の交渉過程で，被害国が自国の女性に対する強姦等の被害について主張しなかったことで，「損害を償うための適切な努力を行うべき日本の責任」や損害に対する請求が認められ充足されるための「可能なあらゆる手段を利用すべき被害国や他の国家の義務が，否定されるものではない」とした。[125]

3 被害と加害からみた日本軍性暴力の構造

(1) 被害の実態

民衆法廷は，日本の裁判所の判決と異なり，1人ひとりの証人の体験から事実を詳細に認定した。証言を行った被害者は，南北コリア出身者30名，中国出身者8名，フィリピン出身者18名，台湾出身者12名，オランダ出身者2名，インドネシア出身者4名，東ティモール出身者2名の合計76名であった。[126]この民衆法廷で，被害者たちは実名を明らかにして，自らに起こった「慰安婦」被害を語った。「慰安所」において，日本名を付けられ自らのアイデンティティを否定された被害者たちが，実名で語ったということは，そのこと自体，尊厳の回復につながったと考えるため，以下には，証言者の実名を記すことにする。

(a) 中国における徴集

日本軍は，中国本土に侵入した当初から，「大規模な軍性奴隷施設のシステムを急速に緊急に発展させ」た。「慰安所」設置の目的は，先にも述べたように地元の女性に対する強姦の防止であったが，性病の抑制という目的もあった。[127]日本軍「慰安婦」政策のために，多くの女性が性奴隷として犠牲にされた。

中国人証言者の袁竹林（ユワンチュウリン）は，中国人女性に「旅館で皿洗いや洗濯をする」割のいい仕事だと騙され，日本軍の駐屯地に連行され「慰安婦」にされた。彼女は貧しく，家族を支えるために仕事を求めた。彼女は「マサコ」という日本名を付けられ，15カ月間，性的虐待を受け続けた。「慰安所」の外には軍人の長い列ができており，1人の軍人と何度も性交しなければならない場合もあった。自由に眠ることも，痛さのあまり座ることもできず，「慰安所」の経営者は彼女に，痛みを和らげるために，コンドームに塗る軟膏を渡しただけだった。彼女は，軍人たちが「ひどく非人間的で，とても，とても残虐」だったと証言した。彼女は，「慰安所」で賃金の支払は受けなかった。また，「コンドームを使わない性行為を頻繁に強要された」(128)。

(b)　台湾における徴集

　日本軍は，「慰安所」という性奴隷制度の拡大に伴って，当時植民地であった台湾の女性や少女を徴集した。台湾における「慰安婦」の徴集には，日本人の業者が，台湾企業，「台湾総督，警察を含む現地政府の助けを得て，女性を徴集」する場合や，日本政府高官の台湾総督への要請の結果，民間企業が徴集する場合，日本軍が監督し，直接関与して徴集する場合があった。直接徴集する場合には，女性たちを「軍用船で輸送し」，軍隊が女性たちの「逃亡を妨げ，軍医に性感染症の検査をさせた」(129)。

　台湾の証言者林沈中（イアン・アパイ）は，16歳のときに地元駐在の警察官に「舞台出演や日本軍のために服を縫う針子」として雇うといわれ徴集されたが，駐屯地で3カ月働いたあと「慰安婦」にさせられた。彼女は，毎晩洞穴に連れて行かれ，洞穴内で，毎晩5人の軍人の相手をさせられ，3度妊娠し，その度に中絶させられた。妊娠は軍医に報告することが義務付けられていた(130)。

　証言者高寶珠（カオ・パオチュ）は，17歳のとき，台湾政府の「役場から，『慰安婦』として働くために中国広東省に送られる」という内容の通知を受け取った。「役場の職員」が，彼女と他20名の女性・少女を港へ連れて行

き，広東から「軍用トラック」で仏山に，そして金山寺に到着し，シンガポール経由でビルマについた。彼女が連行されたのは，陸軍部隊の司令部だった。彼女は，性的なサービスに対して，お金を受け取ることができた。「慰安所では，6～12個のコンドームを毎月配布してい」た。足りないときは「川で洗って再利用しなければな」らなかった。軍医が週1回性病検査をした。「慰安所」は木造で，寮のように1人に1部屋だった。「たくさんの日本兵がいて彼らは私たちを監視していて，私たちが逃げられるような状況は全くなかった」と証言した。(131)

(c) 朝鮮における徴集

梅津大将指揮下の関東軍は，朝鮮総督に対して2万人の朝鮮人女性の徴集を要求し，3000名確保した(1941年)。漢口積慶里には，1943年までに少なくとも11軒の「慰安所」があり，少なくとも150名の朝鮮人女性・少女が「慰安婦」とされていた。(132)広東の「軍酒保慰安所」の「慰安婦」関係する公文書を広東総領事が決裁しており，広東の領事館は「慰安所」の存在と「慰安婦」の存在を認識していた。(133) 法廷で証言された朝鮮人証言者たちの体験は，「慰安所」の様子を浮かびあがらせた。

　　朝鮮人証人朴永心(パクヨンシム)は，17歳のころ，「制服姿で長い剣をもった日本人警官」に「工場の仕事」を持ちかけられ，家が貧しかったため応じた。しかし，平壌へ連行され，他の女性たちと合流し，南京に連れて行かれ，そこで「慰安婦」にされた。彼女は，日本名をつけられ，1日30名もの日本軍人の相手を強制された。将校の要求を拒んだ際に，怒りをかい，殴る，蹴るの暴行を受けた上，のどを剣で切られ，血まみれになっているにもかかわらず強姦された。彼女は，妊娠した「慰安婦」の腹部を，日本軍人2人が刺して殺した，妊婦虐殺を目撃した。(134)

　　また朴は，中国から上海とシンガポール経由でビルマに連行され，2年間「慰安婦」として働かされ，その後，拉孟に移動させられた。拉孟では，「性的サービスのほかにも，……空襲の最中で危険な時に食料を兵士たちに運ぶ」作業もさせられた。終戦に伴って，中国人に発見されて捕虜となり，収容所から解放後に，自力で故郷に帰った。(135)

朝鮮人証人金福童（キムポクドン）は，安藤利吉中将指揮下の第21軍が創設した「慰安所」で働かされた。金が，15歳あるいは16歳のころ，「村長が家族に彼女を挺身隊へ働きに出すよう強要し，母親に対し書類に捺印を命じた」。そして，日本人が彼女を「軍用トラック」で広東の病院の建物に連行した。その病院が「慰安所」であった。その「慰安所」は名目上，軍から独立していたが，実際は日本軍人のみを対象とした施設だった。
　「慰安所」で金は，日本名をつけられた。「慰安婦」のほとんどが朝鮮人であったが，朝鮮語が禁じられ，日本語が義務付けられた。施設では，コンクリートの床にベッドがあるだけのベニヤで仕切られた小部屋が，1人に1部屋割り当てられていた。金は，「慰安所」に到着し，軍医に性病検査をされ，数日後にその軍医に強姦された。「慰安所」では，平日は1日に15人，週末は軍人が50人以上くることもあった。下士官は正午から午後5時まで，土曜日は午前8時から午後5時まで，将校が午後7時から来て泊まることがあった。日曜日は憲兵が「慰安所」の検査に来た。

　朝鮮人証人金君子（キムグンヤ）は，朝鮮人の「慰安所」の主人に勧誘され，「貨物と軍用トラック」を乗り継ぎ，満州の琿春まで連れて行かれ「慰安婦」にされた。慰安所では，朝鮮人の主人とその妻，男性従業員に監視されていた。彼女は，軍人による暴力と過酷な性的サービスを強要された。梅毒に感染した際には「606号の注射」を打たれた。彼女は，妊娠したが，流産した。彼女も他の女性たちと同様に，「慰安所」では日本名が付けられていた。彼女はまた，軍人たちは「1人だけで来るものはほとんどなく，将校に率いられて，トラックか徒歩でやって」きたこと，軍人たちがコンドームを持参したと証言した。

　朝鮮人証人河床淑（ハ・サンスク）は，1944年，16歳のときに朝鮮人の男性に京城の旅館に連れて行かれ，そこで日本名を付けられた。その後，他の40名の女性・少女とともに，軍人が乗っている汽車に乗せられ，漢口に連れてこられた。そこで，平壌からきた夫婦が経営する「慰安所」に入れられ，まず軍医の性病検査を受け，避妊のための薬を飲まされた。河は，

当時16歳だったが，軍隊の兵站慰安係に紹介された際に，「18歳以上でなければならないという就業許可証を示され，その場で自分の年齢が18歳に引き上げられた」と証言しており，「慰安婦」の年齢制限が軍隊によって簡単に操作されたことを示している。[140]

河は，「慰安所」で平日は1日に10から15名の軍人の相手をし，「日曜日になると兵士たちは外で行列を作って待」っていた。軍人たちはコンドームをつけることになっていた。浴室があり，彼女は，軍人の性行為の相手をした後は，浴室で消毒液で性器を洗浄することになっていた。週に1度，病院で性病検査があった。「慰安所」経営者は，「慰安婦」が性病に罹患することを嫌がり，性病にかかった場合には，それをごまかして検査を通した。梅毒にかかった女性たちは，「入院させられて606号の注射を打たれ」[141]，15日で回復し，「慰安所」に戻った。彼女たちには休みがなく，衣類，化粧品などは現物支給で，現金を与えられなかった。[142]

朝鮮人証人文必ギ（ムンピルギ）[143]は，近所の人と警官によって，トラックに乗せられ，満州の「慰安所」に連行された。文は強姦の他に，腕の内側に，「真っ赤に焼けた熱い鉄の棒を私に押しつ」けられ，皮膚を焼かれる拷問を受けた。「慰安所」の利用者は軍人であり，「慰安所」は有刺鉄線で囲まれ，軍人が警備しており，逃げられなかった。[144]

(d) フィリピンにおける徴集

フィリピンにおける「慰安所」の被害は次のようである。フィリピンは，1942年に日本軍統治が開始され，日本軍が「慰安所」を設置し，「特に暴力や欺瞞などのさまざまな方法」を使って，フィリピンの女性・少女を「慰安婦」に徴集した。[145] フィリピンの「慰安所」は，「司令官から許可を受けた日本の民間人が経営」し，経営者は，日本軍の発布した規則の遵守が義務付けられていた。例えば，未成年者を「慰安婦」としてはいけないこと，女性たちに性病検査を週1回受けさせること，軍人にはコンドームを使用させること，生理中は性交しないこと，清潔な寝具が用意されることなどの詳細な規定，その他，利用時間や料金の定めなどがあった。しかし，これらの規定について，民衆法廷は，「建て前的『規定』は大概遵守されなかった」とし，「慰安婦」たちが軍人たちに

コンドームの使用を求めたり，未成年者を性的に虐待しないよう主張すること
や，生理を理由として性行為を拒むことは実際にはほとんど不可能であったと
強調した。
(146)

  フィリピン人証人トマサ・ディオソ・サリノグが，1942年の13歳のと
き，日本軍人が彼女の家に来て，「抵抗する父親の首を彼女の目の前では
ねて，彼女を強制的に連れ去」り，彼女は，近所の大きな家に連行され監
禁された。彼女は，1人で監禁され，そこに午後から夜にかけて日本軍人
がやってきて強姦した。1日2人から5人に強姦され，何度も気を失った。
満足な食事も与えられず，建物内を歩くことのみ許されていた。健康診断
を受けたが，性病検査はされなかった。軍人たちはコンドームを使わな
かった。
(147)

　民衆法廷は，この形態の監禁も「慰安所」として判断している。この形態は，
軍隊の管理がどの程度行き届いていたかは不明であるが，家屋に閉じ込め，そ
こに軍人が通って，繰り返し強姦するという点で，「慰安所」と同様に女性を
性奴隷化した。

　(e)　マレーシアにおける徴集

　マレーシアでは，1941年のマラヤ侵攻以降，日本軍政当局がマレー半島とシ
ンガポールに「慰安所」を設置し運営した。1941年11月から1942年7月まで，
第25軍司令官を務めた，山下中将指揮下の第25軍は，「慰安婦」募集のために
軍人をタイのバンコクに派遣し，性感染症にかかっていないタイ人女性3人を
連行してきた。第25軍は，マレーシア全域に「慰安所」を設置し，そこには，
マレーシア人女性・少女たちと他の地域から連れてこられた女性たちがいた。
マレーシアの「慰安所」も日本軍の定めた規定によって厳密に規制されていた。
特に性感染症の予防については，「慰安所」を軍専用にすることや，コンドー
ムの配布などの規定があった。
(148)

　マレーシアでは，元売春婦の「慰安婦」を「高給を保障して」勧誘した事例が
ある。彼女たちは，「1日に1人の兵士の相手をするものと信じて」契約した。
しかし，実際には，「慰安所」の外に軍人が列をなしてした。女性たちが4，5
人の軍人を相手にした後，しゃがみこんでしまい，そのため，「慰安所」の整

理係りの軍人が打ち切ろうとすると「兵士たちが騒然となった」ため、「女性たちの手足をベッドにしばりつけて」相手をさせ続けたという、証拠が提出された。
(149)

　マレーシア人証人の1人は仮名で証言した。1942年に日本軍人を乗せた2台のトラックが家の前に止まり、3名の軍人が彼女を輪姦し、トラックに乗せた。彼女はクアラルンプールの平屋建ての建物に監禁され、1カ月間毎晩輪姦された。一晩に5、6回輪姦されるときもあった。彼女はその後、「慰安所」に移された。「慰安所」では、毎日10人から20人の軍人の相手をさせられ、痛みで性交できないときには、軍人に殴る蹴るの暴行を加えられた。行動はすべて監視され、外出は許されず、他の「慰安婦」と話すことも許されなかった。彼女は、解放された後、村に戻ったが「慰安婦」だったことを理由に村八分にされ、村を出なければならなかった。また、結婚したものの夫との性行為を拒んだため、結婚生活は破綻した。(150)

　民衆法廷は、フィリピンやマレーシアの女性たちが、家屋に監禁されるなどの形態の性暴力を経験したことに触れ、「正規の『慰安所』制度とは異なる状況や待遇で閉じ込められようと、このような犯罪の責任は日本政府に帰せられうる」とした。「日本政府はこのような強姦と女性の奴隷化があたかも正常で許される戦時中の行為であるかのように見なす雰囲気を創り出したからである」と述べた。(151)

　(f)　インドネシアにおける徴集

　インドネシアで、日本軍は1942年のインドネシア侵攻後、「慰安所」を設置し、インドネシア人、オランダ人の女性・少女を「慰安婦」として徴集した。(152)

　1941年に陸軍省医事課長の深田益男軍医少佐が、インドネシアに「慰安所」を設置することを提言した。深田軍医は、「インドネシア人の多くはイスラム教徒なので貞操観が強」く、「日本兵がインドネシア女性を強姦する」と信頼が失われると考え、「慰安所」設置を提言した。深田軍医は、「村長たちに『慰安所』建設を手伝わせ」ることで、地元住民の信頼感を醸成しようとした。1942年には南方軍司令部が台湾からボルネオに50名送るよう要請し、それを受けた、台湾軍司令官安藤利吉が慰安所経営者の渡航許可証の発行を要請した。ま

111

た、インドネシア、ボルネオの「慰安所」では、すでに自分の意思で日本軍人との性関係を持っていた女性たちを、海軍の軍事警察である特警察が逮捕し、有刺鉄線に囲まれた「慰安所」に収容した。また、路上で捕えられて、「慰安所」に連行された女性もいた。特警察が、「女性たちを裸にして性病検査を強制的に受けさせ……処女だとわかった女性たちは『慰安婦』にさせられた」。その他、バリクパパンでは、中曽根康弘中将が、地元女性に対する強姦を防ぐために「慰安所」を設置したと記録している。バリクパパンにあった南西方面艦隊は、経営者とともに、「慰安所」を経営していた。アイボン島では、戦況悪化で日本人「慰安婦」が帰国したあと、地元女性を強制的に徴集した。インドネシアの南部セレベス地域には、27箇所の「慰安所」があり、そのうち23箇所は海軍「慰安所」であった。民間人が経営していたが、「慰安婦」の食費、衣料費は海軍がすべて負担していた。(153)

　　インドネシア人証人マルディエムは、1942年、13歳のとき、「慰安婦」にさせられた。彼女の労働時間は規則で管理され、1日最低でも10時間は働かされ、夜通し働かされる場合もあった。拒否すれば拷問や虐待を受けるため、拒否できなかった。14歳のとき妊娠したが、妊娠5カ月のときに、日本人が彼女の下腹部を強く押して、強制的に堕胎させた。彼女は「日本兵が買った切符をとっておけば、将来『慰安婦』をやめたときにお金と引きかえることができるといわれていた」ため、「いくつもの籠に一杯になるほど」の切符が集まったが、結局、金銭的価値はなかった。(154)

(g) オランダ領における徴集

　1942年に日本軍は、オランダ系インドネシア民間人の女性と子どもを、男性とは別の抑留所に収容した。

　　1944年に、日本軍の高級士官が、抑留所で、17歳から28歳までの女性を一列に並ばせて、10数人選び、高い塀と鉄条網でめぐらされた邸宅に連行した。彼女たちは、「慰安婦」にされると聞かされて抗議した。オランダ人証人ヤン・ラフ＝オハーンは、ジュネーブ条約に違反すると指摘したが、まったく効果はなく、「慰安婦」にさせられた。彼女は、日本名を付

けられ，毎日強姦された。性病検査をした軍医にも強姦された。⁽¹⁵⁵⁾

抑留所から連れ去られた女性たちの母親が，日本軍当局に抗議して，3カ月経ってようやく彼女たちは抑留所に戻ることが許された。⁽¹⁵⁶⁾

(h) 東ティモールにおける徴集

1942年に，日本軍は東ティモールに侵攻し，東ティモール人や中国人女性を騙して，「慰安婦」にした。第48師団は，「慰安所」を設置する認可を受け，「近隣の村長に命じて」女性や少女を駆り集めさせた。性病検査に合格した者は「慰安所」へ送られた。オランダ領キサル島から，「食堂で働く」と騙されて，連行された女性たちが，東ティモールの「慰安所」に送られることもあった。⁽¹⁵⁷⁾

東ティモール人証人エスメラルダ・ボエは，まだ幼かったが日本軍人に拉致され，一軒の家に連行されて強姦された。彼女は帰宅を許されたが，毎晩同じ軍人の家に連行され，数人の日本軍人に性的サービスをさせられた。彼女の両親は，「娘を行かせなければ命はないと脅されていた」ため，抵抗できなかった。日中は日本人のために畑で労働し，夜になると連行されて強姦された。彼女と一緒に働いていた女性たちは，農作業のあと4軒の家に集められた。軍人たちは，この家から「女性たちを近くの茂みに連れていってそこで強姦し」た。⁽¹⁵⁸⁾

東ティモール証人のマルタ・アブ・ベレは，多いときには10人もの軍人に強姦された。彼女は，まだ幼かったが「慰安婦」にされ，「日本陸軍の兵士に朝も晩も性的サービスを」させられた。彼女は，「まるで動物のように扱われ」た，「いうことを聞かないと殺す」と脅されたと証言した。

(i) 日本における徴集

この法廷には，日本人の元「慰安婦」の証言者は出廷しなかった。日本人「慰安婦」の徴集は1932年である。1938年に内務省警保局長が発した「支那渡航婦女ノ取扱ニ関スル件」では，「慰安婦」の欠員を補うために渡航を許される女性は，「醜業ヲ営ミ満二十一歳以上且花柳病ノ他伝染性疾患ナキ者」と規定されていた。⁽¹⁵⁹⁾日本人「慰安婦」の多数は元売春婦であったが，「相当数のその他の日

本人の女性や少女もまた強制的に性奴隷にされ」た。元売春婦であった女性たちは、「残っていた前借金を陸軍に買い取ってもらった者」や、「日本軍の兵士たちに性的サービスを提供したことの報償として、戦死者の英霊を祀る靖国神社に愛国者として入れてもらえる」と約束されて、「慰安婦」となった者もいた。貧しいために両親に売られた女性や、「タイピストや女中のような仕事」だと騙されて「慰安婦」にされた女性もいた。日本人「慰安婦」は、日本の南西地方にある島々、沖縄では、安波茶、経塚などで働かされ、海南島にもいた。(160)

　(j)　各地における徴集

　民衆法廷は、「以前売春婦であったか否か、法律上醜業が認められる年齢であったか、あるいは自発的か騙されて連れてこられたかを問わず、日本人女性の多くはアジア全域の女性たちと同じように、徴集され、結局は『慰安婦』として性奴隷にされた」と述べた。また日本人「慰安婦」として、当初徴集の対象とされたのが「売春婦、成人女性、志願女性」であったのは、「日本社会からの批判を避けるため」だったが、「本法廷に示された証拠は、日本人女性も強制されて『慰安婦』にされて性奴隷として働かされたことを示している」と判断した。(161)

　この民衆法廷では、被害者たちの証言を聞き、日本軍「慰安婦」制度が各地域でどのように形成され、女性たちがどのように徴集され、「慰安所」の中で、どのような扱いを受けたのかを明らかにして事実認定をしたが、日本人「慰安婦」の証人による証言はなく、文書証拠と専門家証言による認定であった。このことは、売春婦等の徴集を掲げて「慰安婦」を集めたために、被害者の声が抑圧されたためだと考えられる。(162)

　(2)　被害実態から明らかになる「慰安婦」制度の特徴

　各地域の元「慰安婦」の証言や文書証拠、専門家証言から、民衆法廷は、「高度に組織化された一定の規則性」があるとして、日本軍「慰安婦」制度の特徴を明らかにした。(163)

　(一)　軍隊による「慰安所」管理・運営

　まず、「慰安婦」制度に対する軍隊の管理について、民衆法廷は次のように認定した。

　民衆法廷は「慰安所」が、「政府の最高レベルの認可」に基づく、日本軍将兵

が利用するための「性奴隷施設」であったと認定した。民衆法廷は，「慰安所」のおそらく大半は，民間業者によって運営されていたが，陸軍・海軍部隊の直接の管理下におかれたものがあったとした。「慰安所」の民間人経営者は，「募集人」の役割を担うことが多かった。軍隊は，「欺瞞による勧誘，強制的誘拐，逮捕，あるいは地域の役人に対する女性や少女たちの獲得への協力命令によって，『慰安婦』の徴集に直接関与」した。軍隊は民間人の「募集人」の選定，管理の権限も有していた。
⁽¹⁶⁴⁾

民衆法廷は，民間の募集人が，政府と軍隊の管理下にあり，また軍隊が「慰安婦」募集の管理権限を有していたことは，先に挙げた「軍慰安所従業婦等募集ニ関スル件」(1938年3月4日)に示されているし，陸軍省が「慰安婦」制度の運営の詳細に関与していたことや，憲兵が「慰安所」経営業者の選定にあたっていたことは，「台湾電信第602号」(1942年3月12日)から明らかであると述べた。
⁽¹⁶⁵⁾⁽¹⁶⁶⁾

安藤利吉の指揮下にあった第21軍司令部の書いた『戦時旬報（後方関係）』(1939年4月11〜20日付)は，軍隊が「慰安所」の「規則に関与」したことを示し，「陸軍による中央集権的な『慰安婦』制度の管理」が，広範だったことを示す。この報告書は，上部司令部に送られており，「支那派遣軍，陸軍省，および大本営陸軍部が関与していた」ことを示している。畑俊六の指揮下にあった第11軍司令部が，「慰安所」を管理していたことも認定された。
⁽¹⁶⁷⁾

日本軍が，「慰安所」に対して，「広範な後方支援と物資援助」をしていたことも，公文書や証言から認定された。多くの証言者が証言していた通り，女性たちは，軍用トラック等で輸送され，軍隊が海外渡航の許可を与え，軍人が「慰安所」の「見張りや秩序維持に配置」され，軍隊が，「慰安所」にコンドームを支給していた。「日本軍は，『慰安制度』管理の包括的な規定を発布」し，その中に「性感染症の予防と特定を目指す保健衛生規定」があり，無神経な環境で，軍医による定期的な性病検査があったと証言した。性病検査は，軍人の間の「性病の蔓延を予防することを目的に行われたのであり，女性たちの利益のためではなかった」。軍隊の定めた「慰安所」利用規則には，「どの部隊がどの『慰安所』を利用」し，誰がそれを監視するのかも定められていた。また，「慰安婦」として「選定すべき女性のタイプや，標的にする被害者の年齢，『慰安所』の条件，『慰安婦』が守るべき規則」を詳細に定めた規定もあった。軍隊は，軍人が

「慰安所」を利用する際に守るべきことや，利用料金，切符制度など，「慰安所」の利用規定を細かく定めていたのである。⁽¹⁶⁸⁾

㈡　「慰安所」設置目的

「慰安所」の設置目的について，民衆法廷は次のように認定した。

「慰安所」設置の主要な目的の1つは，現地女性の強姦を抑止することだった。しかし「慰安所」は，むしろ「性暴力が容認される軍事的文化を反映かつ強化し，外界からより見えにくい形で性奴隷制を制度化」した。性奴隷制の制度化は，「秘密裏に行われるか，性病を避ける事前策がとられた場合の強姦は容認され，奨励すらされる」ことを軍人たちに知らせることになった。当時の日本軍の関心事は，部隊に「慰安婦」を「適切に『供給』」し，「慰安婦」の出身地域や国際社会の「敵対的な反応を避ける」ことにあった。

公文書には女性たちが「意に反して連行されることがないように」する方法や命令，女性たちの帰国手段を示すものはなかった，と認定された。⁽¹⁶⁹⁾

㈢　女性たちの徴集・連行

日本軍は，どのような女性を標的にして徴集したのだろうか。

民衆法廷は，被害者たちの証言から，日本軍が，欺瞞や甘言に騙されやすい「年齢，貧困，階級，家柄，教育，国籍，民族的背景」を持った女性たちを標的にしたと認定した。日本軍は，人身売買や誘拐などの手段で女性たちを確保し，奴隷制へ組み込んだのであり，「慰安婦」制度は売買春制度ではなかった。多くの「慰安婦」が，性奴隷にされたときまだ少女であったことも証言からわかった。また，日本軍は，処女の「獲得に特に関心があ」り，例えばボルネオでは「海軍特別警察隊が女性たちに身体を傷つけるような検査を強制し，処女を『慰安婦』に選ん」でいた。「慰安婦」の中でも，日本人女性以外には，「醜業ヲ営ミ満21歳以上」の者という要件は課されず，年齢が若い少女たちが標的にされた。⁽¹⁷⁰⁾

また，みずから「抵抗運動に参加したり，抵抗運動家との関係があったりしたために対象にされた女性たちもいた」。⁽¹⁷¹⁾

民衆法廷は，「『慰安婦』は自発的な売春婦だった」という主張を「断固として却け」た。「軍は一部の元売春婦を「慰安婦」制度に従事させはしたが，いったんこの制度に組み込まれると，元売春婦たちも他の女性と同様の奴隷のよう

第3章 「慰安婦」訴訟

な境遇に苦しめられたことを証拠は示して」いると判断した。[172]

　では，女性たちは，どのような手段で徴集されたのだろうか。

　民衆法廷は，女性たちを「慰安婦」にした手段として，「もっともよく使われた方法は，欺瞞」だったと認定した。募集人は，「女性たちの貧困とよりよい生活への欲求」に付け込んだ。募集人は，教育や職業訓練の機会が得られると騙し，仕事内容を偽って勧誘した。多くの女性たちが，「自分や家族の生活を向上させようと」決断し，奴隷状態に入っていった。軍人による徴用や公的徴用は，「常に強制の要素が存在し」て，逆らうことは困難だった。[173] 女性たちの中には，強制労働の名目で連行され，農業などの労働をさせられながら，強姦もされた者もいた。[174]

　では，募集人の役割を担ったのは，どのような者であったのだろうか。

　民衆法廷は，軍隊や警察，民間業者が，あらゆる手段を使って，女性たちを「慰安婦」制度に組み込んだと認定した。民衆法廷における被害者たちの証言から，「公的な徴用，逮捕，兵士による脅迫，暴力，伝統的な地元の長を利用」した徴集が明らかになった。「民間人の抑留所」から高級将校に直接連行されたケースや，「経済的に困窮した両親から売られた」者もいた。[175]

　また，証言等によれば，「慰安婦」の徴集にあたったのは，民間業者だけではなく，軍人，警察官，地域の伝統的な長や，役人たちであった。判事団は，「日本軍が現地の在来の役人や伝統的な有力者や民間業者と共に，彼女たちの意志に反して『慰安』制度のために少女や女性たちを獲得したと認定」した。そして，どのような方法による徴集においても，「顕著な事実は彼女たちが『慰安』制度の一部になることには同意しなかったということ」だと認定した。[176]

　「慰安婦」は，さまざまな地域から徴集され，さまざまな地域の「慰安所」へ連行されたが，連行に軍隊はどのように関わったのだろうか。この点について民衆法廷は次のように述べた。

　日本軍は，「慰安婦」をさまざまな地域から「慰安所」へ輸送するのに密接に関与していたことが，民衆法廷における被害者たちの証言で確認された。女性たちは，「軍用船や軍用トラック」で運ばれたと証言し，加害者証言も，「軍の護送」が行われたことを明らかにした。女性たちは軍人や警察の保護と監視の下で輸送された。[177]

日本軍による「慰安婦」の徴集が，女性たちの意に反するものであったことも明らかになった。徴集が欺瞞等によるもので，女性たちの意に反する徴集であったため，「慰安婦」にされることを知ったときについての証言には，女性たちの衝撃が表れている。

　民衆法廷では，次のようなことが明らかになった。被害者たちの証言に基づけば，多くの女性たちは「慰安所」に到着したとき，「初めて自分がそこに閉じ込められ繰り返し強姦されることに気づ」き，恐怖に陥れられた。しかも，何人かの女性・少女たちは，そこで「最初に強姦され殴打され」た。[178]

　女性たちは，最初の衝撃をさまざまに表現した。ヤン・ラフ＝オハーンは，「自分の足元から世界全体が崩れていくよう」だったと述べた。性感染症の有無を調べる検査を強制され，「慰安所」で働かされることに気づいたとき，宋神道は「表現できないほどの衝撃を受け」たと述べた。金福童は，検査の際に医師が彼女を最初に強姦したと語った。スハナも検査した医師に強姦された時のことを「生きたいか死にたいか，と彼は聞き，私は生きたかったので諦め」たと証言した。マルタ・アブ・ベレは10人もの人に強姦され，「動物のように扱われ……歩くこともでき」なかったと証言した。「慰安所」に到着した最初の日に集団強姦された経験や，初めて性的関係を強制されたことを，女性たちは証言した。「慰安婦」にされた際の，最初の強姦は，女性たちを深く傷つけ，自殺を図った者もいた。[179]

　㈣　「慰安所」の形態

　民衆法廷における被害者たちの証言から，「慰安所」にはさまざまな形態があったことも分かった。

　「多くの性奴隷制施設は，日本軍基地またはキャンプの中または近辺に建設」されていた。「テントを小部屋に分けただけ」のものや，洞穴などの場合もあった。施設の多くは，「接収された民家，ホテル，寮その他同様の建物」であり，「典型的な様式は，大きな建物をベニヤ板で小部屋に仕切り」，ベッドが１つあるような部屋だった。女性たちは，各部屋に閉じ込められ，他の女性たちと話すことを禁じられた。前線の「慰安所」は「移動式で，『陸軍と一緒に移動した』」という証言があった。[180]

　「慰安所」の女性たちは，監禁され，「施錠されたドア，武装した警備の兵士

や軍警察，番犬の存在，建物を囲む有刺鉄線，鉄格子の窓」，「慰安所」の周囲で軍人が監視していたために，逃亡できなかった。お金もなく，言葉も話せない異国の地にいて，逃亡するのは困難だった。また，逃亡して捕えられた女性に対する「公開の拷問は，他の女性たちをこわがらせ，思いとどまらせる役割を果たした」。[181]

　㈤　「慰安所」での生活実態

　「慰安所」において，女性たちは，どのような生活を強いられていたのだろうか。民衆法廷は以下のことを認定した。

　「慰安所」での女性たちの生活は，劣悪な場合が多く，食事は不十分だった。「慰安所」は，女性たちが身体を洗う余裕もないほどの過酷な労働を強制し，衛生面も不十分な場合があった。栄養失調，マラリア，結核，赤痢や肺疾患など，性病以外の病も多くの「慰安婦」を苦しめた。証言者たちは，「慰安所」での生活を「非人間的」と表現した。[182]「慰安婦」たちは，家族から離され，家族の消息もわからず，「慰安所」に監禁されている間，「絶えずホームシックと孤独，心労に苦しん」でいたことも証言から分かった。また，「慰安所」内で，他の女性たちと話すことや，母国語で話すことを禁じられ精神的に孤立させられた。[183]

　軍隊とともに行動したことで，女性たちが死の恐怖にもさらされていたことが，民衆法廷で明らかになった。女性たちは，「塹壕の中でさえも……兵士にサービス」しなければならなかったと証言した。宋神道の証言では，「中国の前線では女性たちに性感染症のための医療検査を行う軍医はおらず，……常に感染の危険にさらされていた」ことを証言し，前線では，性的サービスだけではなく，歩哨など他の仕事もさせられた。宋にとって，「戦争終結が近づくにつれ，兵士たちがだんだん絶望的になり」，心中を強要されたことも恐怖だった。[184]

　女性たちは，性暴力だけではなく，その他の身体的・精神的暴力の危険にさらされていたことを証言した。民衆法廷は，次の被害事実を認定した。

　「慰安所」において，トマサ・ディオソ・サリノグは，抵抗すると固いもので頭を殴られた上，強姦された。金英淑は，将校に「性器の一部を刀で切」られた上で，強姦された。ヤン・ラフ＝オハーンは，刀を彼女の身体に這わせて

恐怖に陥れられて，強姦された。朴永心は，軍人の性的要求を拒んだ際に，軍人に「長い刀で……首を切り付け」られ，「血まみれになっている最中に」強姦された。多くの女性たちが，「慰安所」の外で長い列を作り待っている軍人たちの相手を強制され続け，「性器の非常な痛みと腫れ」に苦しんだが，クリームや軟膏などを使って，性的サービスを強制された。また多くの女性たちは，強姦されるたびに恐怖で失神した。文必ギは，「焼けた鉄棒で脇の下を焼かれ」る身体的拷問も受けた。「慰安所」の経営者たちも「慰安婦」たちを拷問した。マルディムは，強制的に中絶させられた直後に強姦された。金君子は，抵抗したために，軍人に「大変な力で右耳を殴られたため鼓膜が破れ，半ば耳が聞こえなくなった」。万愛花は，逃亡に対する制裁として，「洞穴から全裸で連れ出され，気絶させられ，裸のまま吊るされた。その後兵士たちは彼女を凍るような川に投げ込んだ」。鄭玉順（チョン・オクスン）は鉄棒で殴られ，唇，舌，胸，腹に入れ墨を入れられ，そのために何年も話すことができなかった。女性たちは，「癒えることのない骨折や，聴力障害，傷痕，頭痛，悪夢，消化不良など，殴打と拷問による後遺症に悩んでいる」と証言した。[185]

　被害者証言に表れたように，ほとんどの元「慰安婦」は，大勢の軍人たちによる，毎日，長時間に渡り休みなく延々と続く，激しい強姦を経験した。妊娠中や生理中，痛みが激しいときにも拒むことができなかった。[186]

　性感染症も女性たちの身体をむしばみ，危険にさらした。

　民衆法廷は，軍人たちが，「慰安所」の女性たちは性感染症にかかっていないと考えて，コンドームを使用しない者が多かったと認定した。また，コンドームが不足し，洗って再利用しなければならない「慰安所」もあった。軍隊の定めた「慰安所」規定で，性感染症予防の詳細な定めがあったにもかかわらず，女性たちの「妊娠件数は非常に高く，女性たちの蒙った性感染症の罹患率も高かった」ことから，いかに建て前とかけ離れた現場があったかを表している。「慰安所」での栄養状態などが悪いために，女性たちは多くの病気にかかったが，「性感染症以外に対する医療は受けられなかった」。民衆法廷では，病気になった「慰安婦」は，虐待され，殺害される場合もあったことが明らかになった。[187]

　「慰安婦」たちは，定期的に性病検査を受けなければならなかったが，検査

も女性たちを苦しめた。ヤン・ラフ＝オハーンは，「医務官たちは，検査室のドアを開け放しておいたので兵士たちがそれを見ることができた」と証言した。また，検査の際に，医師が女性たちを強姦したケースも多く証言された。性感染症の予防または治療のために，女性たちは「606号」注射（サルバルサン）を打たれた。これは治療薬というよりも「一時的な薬」でしかなかった。金福童によれば，広東では「感染のいかんに関わらず月に2～3回『606号』を打たれ……奇妙な匂いとめまい」があった。袁竹林は，「慰安所」の経営者が，「液体避妊薬を彼女の意思に反して生殖器に直接注入したため，1カ月以上出血と痛みを生じ」，「意思に反して注射もされ」，不妊症の原因になったことを証言した。林沈中の証言では，「1カ月以上生理がなければ女性たちは医者に届けるよう命じられ，……女性たちに中絶薬」が渡された。女性たちの中には，妊娠した「慰安婦」が腹部を刺されるという虐殺の場面を目撃した者もいた。⁽¹⁸⁸⁾

「慰安所」は，建前上は売春宿のような制度をとったが，民衆法廷における元「慰安婦」たちの証言は，「慰安所」の実態が，売春制度ではなかったことを示した。

民衆法廷では，「慰安所」は，「典型的には，将兵が女性のサービスに金を払う売春宿のように見え，そのような機能をもつように設立され」ていたと認定された。軍人が，軍隊が規則で定めた料金を支払い，切符を購入して，性的サービスを受けるシステムが，典型的な「慰安所」にはあった。しかし，ほとんどの元「慰安婦」たちは，お金を受け取る立場にあることすら知らなかったり，少額の金銭を受け取ったとしても「国防基金」の名目で取り上げられたり，ほんのわずかしかもらえなかったり，またはまったく何ももらえなかった。⁽¹⁸⁹⁾

民衆法廷が認定したところによれば，終戦で解放されたときに，「慰安所」からお金を受けとったことを理由に，村から帰郷を拒否された者もいた。売春婦と混同されないために，お金を受け取らない者もいた。民衆法廷は，多くの女性たちは騙され，「自分と家族の生活を向上させようという努力を無駄にしただけではな」く，性奴隷とされている間「賃金を稼ぐことができないのだから，このためにさらに貧困になった」と指摘した。また民衆法廷は，典型的な「慰安所」は売春宿の見せかけを持っていたが，そのような見せかけのシステムさえない「慰安所」もあったことを認定した。⁽¹⁹⁰⁾

(六) 女性たちの物体化

　日本軍「慰安婦」制度において，なぜ軍人たちは，女性たちをあれほどまでに残虐に扱い，罪の意識を持たず強姦し続けたのだろうか。その理由の1つに女性たちの物体化があることが，民衆法廷で明らかになった。

　日本軍は，「慰安婦」を「所有物」として扱い，「軍事物資とみなし，武器や兵士と一緒に輸送」した。民衆法廷は，「女性たちの非人間化と物体化は，兵士たちに女性たちの身体を好きなように利用でき，虐待し，捨てられる商品として扱うことを許した」と述べた。エスメラルダ・ボエや，マルタ・アブ・ベレは「動物のように扱われ」たと証言した。女性たちは，自分自身の「性に対する完全なコントロールを奪われ」，「移動の基本的な自由」その他の権利や家族関係，そして「出産や子供の養育の能力など」も奪われた。女性たちは人間個人としてではなく，「慰安所」でつけられた日本名や部屋番号で認識され，「慰安所」の管理人が，彼女たちの写真の下に日本名を付けて，軍人たちが選べるようにし，女性たちを物体化した。⁽¹⁹¹⁾

　また，日本名への「名前の変更は，人種的蔑視と支配」を伴い，軍人たちは，女性が「朝鮮人だということで彼女をひどい蔑称でののしった」と証言した被害者もいた。そこには明らかな差別があった。⁽¹⁹²⁾

(七) 終戦と女性たち

　終戦に伴って，殺された「慰安婦」も多かったが，連行された地に取り残された者も多かった。「故国や故郷に帰らないことを選」ばざるを得なかった，元「慰安婦」が多かった。朝鮮人女性は，朝鮮に帰ったものの「出身の町に帰ったものはほとんどいない」という。それは，彼女たちの身に起きたことが「当時の伝統的な社会的価値と相容れないもの」だったためだと認定された。女性たちは，解放されたあとも身体的な病気や傷，情緒的なトラウマを抱えていたが，それを「癒すための地域や国からの救済はえられなかった」。「戦後社会に顕著な困難とトラウマの状況に加えて，家父長的な『貞操イデオロギー』および公と私の生活での女性の役割を制限する考え方への固執が，生き延びた『慰安婦』の苦しみをさらにつのらせ，彼女たちの存在を見えなくし，彼女たちの経験した被害を名づけることも言及することもできない状態にした」。⁽¹⁹³⁾

(八) 民衆法廷の結論

以上のように判決を述べ、民衆法廷は次のように結論付けた。

女性たちが、家族に対する虐殺や拷問などを目撃した後、欺瞞や誘拐などの不法な手段で集められ、「奴隷状態に置かれて、何カ月も何年もの期間にわたって繰り返し強姦されあるいは拷問され、虐待され、酷使される間」、女性たちの苦悩は日常的に続いた。日本人や日本人のために働いた民間業者や役人などに管理・操作された「慰安所」における生活実態に基づけば、女性たちの人生は、「彼女たちが自らの身体に関し、行動に関し、自分のアイデンティティに関し、そして自分の将来に関して、もっとも基本的な決定をする能力をも否定されていた」ことが明らかであった[194]。

(九) 被害者証言からみる「慰安所」

生き抜いた被害者たちの証言から民衆法廷の認定したところによると、「慰安婦」制度という性奴隷制度は、制度の計画、「慰安所」運営のための、日本政府や日本軍によるさまざまな決定、女性たちの徴集や輸送、「慰安所」内での性暴力と拷問、そして終戦までの全体を通して、組織的・制度的に行われた性暴力であった。「慰安所」が、広範囲かつあらゆる地域に設置されており、さまざまな地域の女性たちが被害にあっているにも関わらず、女性たちの徴集の方法や徴集主体、輸送方法、管理・運営の仕方、施設の形態などが、あまりにも似通っており、組織的・制度的に行われたとしか思われないことが、明らかになった。

典型的な「慰安所」は、日本軍性奴隷制度の一部分にすぎず、その他の非典型的な「慰安所」における暴力を含め、軍人らによる暴力は過度に激しかったことも、証言され、認定された。精神的なショックを与えつつ、性的虐待を加える手法が、あらゆる「慰安所」でとられ、「慰安所」にいたときだけではなく、その後も、女性たちの精神を傷つけ続けた。「慰安所」における、女性の生殖機能や身体に対する激しい暴力、そのような暴力を可能にするために、「慰安婦」女性たちを差別し、人間性を否定して、軍隊の所有物として物体化した。このような観念が、軍隊、軍隊を通じて個々の軍人に浸透したため、性暴力システムが許され、活用された。そして、制度内での性暴力の容認が、結局、制度外での大量強姦を容認する結果となったのである。

また、「慰安所」は、売買春という商売の建て前をとったために、「慰安所」

の主人たちが、利益のために、女性の身体をないがしろにし、性感染症や性暴力の危険にさらし、それが結局軍人たちへの感染へもつながっていた。軍「慰安婦」制度は、「慰安婦」たちの生命を軽視し、結局軍人たちの生命も軽視していた。

(3) 加害の実態

次に、加害者の側から「慰安婦」制度をみる。戦時下における日本軍の「慰安所」内外の強姦について、この民衆法廷では、元日本軍人2名が証言し、被害者証言や文書証拠を補強した。

(a) 金子安次の証言

元日本軍人の金子証人は、「2度とこういうことを起こしてはならない、これを止めるのは現在残された我々しかいない」という使命感で、家族には話せない「慰安所」内外での強姦について、開廷3日目に証言した。

> 金子は、1940年11月、20歳のころ北支那方面軍所属下の部隊に配属され、中国山東省各地を転々とした。金子は、中隊から「巡回『慰安婦』の警備」の命令を受け、軍隊のトラックで移動する「慰安婦」の護衛にあたったことがあった。金子は、臨清県に駐留中に「慰安所」に行った経験があった。当時は「ピー屋」と呼んでいたという。金子が入った「慰安所」内の部屋にいたのは、日本人「慰安婦」であり、夫が戦死し、2人の子供と母親を抱え、生活のために「慰安婦」となった女性であった。金子は、日本人「慰安婦」に対し、「大和撫子がこんなところに来てこんな商売をしておるなんて、お前は日本人の恥さらしだ」といったという。それに対して、女性は戦争未亡人であり、やむを得ないことを告げた。金子は、女性たちは「金で縛られているから自由に行動でき」ず、逃げ出すこともできなかったと証言した。(195)
>
> また、「慰安所」ではお金を払わなければならないが、強姦はただなので、「作戦にいって強姦すればただでできるんだから、というような考えを持って」いたと証言した。金子は、作戦の最中に6名の軍人で、現地女性を輪姦したと告白した。部隊からは、「女は殺せ、子供を産むから殺せ、子供が大きくなったら我々に抵抗する。だから殺せ」という命令が出てお

り,「どうせ殺すのだったら,どんどん強姦した方がいいというつもりで,私たちは強姦」したと証言した。[196]

　金子の証言は,「慰安所」が結局強姦の防止に役立っていなかったこと,「慰安所」ではお金がかかるから外でやろうという,強姦を肯定する考えにつながっていたこと,そして,女は子供を産むから殺せという恐ろしい命令が出ていたことを示した。殺すなら強姦して殺そうという,思考回路が働いていたことも明らかになった。また,日本人「慰安婦」が存在したことや,貧しいために「慰安所」に職を求め,結局借金に縛られて逃れられなかった「慰安婦」の実態が明らかになった。これらは,「慰安所」を設置しても,強姦を防げなかったことや,女性に対する大量強姦が発生した要因,「慰安婦」と軍の関係,「慰安婦」と公娼制との類似性などを補強するものである。

(b)　鈴木良雄の証言

　鈴木証人は,1940年に20歳のころ北支那方面軍下の部隊に所属し,中国山東省を中心とした地域で戦争に参加していた。鈴木によれば,彼が入隊した1940年当時には,すでに「慰安所」は各地に設置されていた。「慰安所」の管理について,「はっきりしたことは分かりませんが」と前置きをしながらも,軍医が週に1回性病検査をしていたと証言し,「検査の結果を会報で兵隊に知らせておりましたから,管理は日本軍がやっておったと思います」と話した。[197]

　　鈴木は,「戦況が悪くなり,どうせ生きて帰れないだろうという考えから,それだったならば男として生まれた以上,一通り女遊びでもやっておこう」と考え,1944年ごろから「慰安所」に行くようになった。下士官になり補充兵教育にあたっていたとき,鈴木自身も,「日曜日には教育期間であっても慰安所に行くことを奨励」していたと語った。鈴木は,「慰安婦」から,「従軍看護婦になれるからということで応募したところが,慰安所に押し込められ」たと聞いた。[198]

　　また,鈴木は,「戦場では強姦はつきもの」で,日常茶飯事だったと証言した。「敵性地区に入った時,指揮官は『ここは敵性地区であるから何をやってもよろしい』という指示を出し……何をやってもいいということ

は強姦をやってもいいという意味」だったと証言した。1944年に彼が分隊
　　　長をしていたとき，部下に「好きなことをやってこいと解放」したところ，
　　　部下は部落に入り強姦した。鈴木も30歳ぐらいの女性を見つけた。強姦さ
　　　れないようにと衣服に豚の汚物をつけ，そばに寄れないようにして豚小屋
　　　に隠れていた女性を見て，鈴木は「情欲をそそられまして，その衣服を全
　　　部脱がして全裸にして納屋に押し込めて強姦しました。……私は拳銃で脅
　　　迫していたので，彼女は逃げることもできず，抵抗することもできない。
　　　そしてわなわなと震えておるんです。体には血の気は一切ございません。
　　　口をきくこともできない。ただ，私のいうがままに体を任せるような状
　　　態」だったと当時のことを語った。そして，「戦場における強姦は絶対に
　　　抵抗できない。勝手むやみに強姦して，しかも逆らえば殺した。これは日
　　　常であったと思います」と証言した(199)。

　鈴木は，性暴力の「問題を抜きにしたならば戦争の実態は出てこない。本当
の戦争はこうなんだということがはっきりしないという気持ちがあるので，私
は恥をしのんで証言」をしていると述べた(200)。

　　　また，当時中国人を「劣等視してチャンコロ」と呼び，「チャンコロの女
　　　をやって何が悪いのだと。どっちみち殺すんじゃないかと」いう気持ちで
　　　強姦したと証言した。中隊長や大隊長も自分の部下が強姦をしても，自分
　　　の功績に関わるため報告せず，全部隠してしまうため，当時，陸軍刑法で
　　　強姦をすれば7年以上，見たものは4年以上という刑罰が定められていた
　　　が，強姦は減らなかったと語った(201)。

　鈴木自身が強姦したときに関する証言は，まるで最近のことのように生々し
かった。鈴木の証言から，1940年当時には「慰安所」が各地にあったことがわ
かる。
　生きて帰れないかもしれないという絶望的な感情が，軍人を「慰安所」へ駆
り立てたこともわかった。鈴木の出会った「慰安婦」女性が，騙されて「慰安婦」
にさせられたということは，被害者証言を補強する。敵性地区における強姦
が，指揮官の指令でなされていたこと，鈴木自身も分隊長として部下に「好き

なことをやってこい」と，強姦を許容し，本人も当たり前のように女性を強姦したことを証言した。強姦が，戦場における「日常」だったと戦争の実態を明らかにした。この証言からは，中国人を蔑視しており，そのため中国人女性を強姦することがたやすく肯定されていたことと，上官が黙認し強姦の事実を隠したことも明らかであった。

(c) 加害者からみる「慰安所」

2人の加害者証言は，被害者たちの証言や証拠を補強するものであった。

日本人「慰安婦」の証言者が，本法廷で証言者として出ることはなかったが，戦争未亡人が，生活のために「慰安婦」とならざるを得ず，中国へ送られていたことを，加害者は証言した。一方で，日本人女性が「慰安婦」となることは恥であるが，他国の女性が「慰安婦」であることは構わないという差別があったこともうかがわれた。民族差別については，鈴木が当時は「劣等視していた」と明確に証言した。

「慰安所」という売買春の構造をとって，日本国内外の批判をかわし，軍人たちにお金を払わせて利用させるシステムが，結果として，軍人たちを無料でできる強姦へ駆り立てていたことや，死に対する絶望感が，女性の性の搾取へつながったことも明らかとなった。軍隊が，軍人に対して「慰安所」へ通うことを推進し，敵性地区では，強姦を作戦行動の一環として行い，それが摘発されることのない状態であったことも証言された。

4 女性国際戦犯法廷判決

(1) 天皇裕仁有罪

以上に述べた判決理由に基づいて，民衆法廷は判決を下した。

この民衆法廷では，東京裁判や1990年代以降の日本の裁判所におけるいわゆる「従軍慰安婦」裁判も念頭にいれつつ，「慰安婦」被害の解決に適用可能な国内法，国際法の問題に取り組み，日本の裁判所とは異なる判断の下に，審理が進められた。

まず，当時国家元首であった天皇裕仁に対する責任追及は，被害者たちに歓迎された点であった。この女性の民衆法廷を開廷するにあたって定められた民衆法廷憲章は，旧ユーゴ国際刑事裁判所規程，ルワンダ国際刑事裁判所規程に

留意して制定された。本民衆法廷憲章5条1項で,「被告人の公的地位が,天皇であろうと,国家元首,政府の長,軍隊の司令官,責任ある官吏であろうと,その立場によって,その人の刑事責任は免除されず,処罰も軽減され」ないと規定された。⁽²⁰²⁾ 同憲章に基づいて,「人道に対する罪の比類なき深刻さは,国家元首であろうとそれ以外であろうと,公的地位がその人を訴追から免れさせるといういかなる主張をも無効にする」として,「国家元首の免除も存在」せず,天皇裕仁を「人道に対する罪の責任から免れさせる」ことはできないと判決を下した。⁽²⁰³⁾

(2) 時効の不成立

これまで日本の裁判所は,元「慰安婦」からの訴えに対して,時効が成立していると判断していた。しかし,この民衆法廷は,東京裁判で審議されなかった問題を,「あたかも1946年当時に行われているかのように」裁判するため,時効の問題はないという立場であった。また,民衆法廷憲章6条では「『法廷』が裁く犯罪は,時効が適用され」ないと規定した。⁽²⁰⁴⁾ これは,1968年に国連総会で採択された,「戦争犯罪及び人道に対する罪に対する時効不適用に関する条約」に合致する。⁽²⁰⁵⁾

(3) 国際法上の違法

日本の裁判所で否定されてきた,「人道に対する罪」の成否については,「人道に対する罪」の概念が,「国際法の下で1937〜45年までにはすでに存在して」いたとの判断を示した。東京裁判では,「人道に対する罪の起訴を,戦争犯罪の起訴に包含」させ,「通例の戦争犯罪(残虐行為)」の中に,「強姦及びその他の最も非人道的な野蛮な性質の残忍行為」を位置づけ,その証拠が提出されていた。東京裁判当時は,強姦が「戦争または他の犯罪」との関連で行われたことが,人道に対する罪成立の前提となっていたため(今日の国際慣習法では前提となっていないが),この民衆法廷でも当時の成立要件を前提としながら判断された。民衆法廷は,人道に対する罪が当時の日本にも有効であるとし,強姦を含む「人道に対する罪が第二次世界大戦中,日本軍によって犯されたと認定」した。⁽²⁰⁶⁾

その他,当時の日本軍は,1907年の「陸戦ノ法規慣例ニ関スル」ハーグ条約,1921年の「婦人及児童ノ売買禁止ニ関スル国際条約」,1930年のILO「強制労働

禁止条約」などの条約上の責務にも違反し，また，国際慣習法にも違反したと判断した。1926年の奴隷条約については，日本は加盟していなかったが，この条約は当時の国際慣習法を明文化した条約であり，当時国際慣習法として成立していたため，日本が加盟していなくともその効果が及ぶと判断した。(207) しかし，これらの点についても，従来から日本の裁判所は，ことごとく否定してきた。

また，日本政府が主張し，裁判所の判決も認めた，「慰安婦」被害に対する損害賠償は相手国との関係ですでに賠償済みであるという主張について，「慰安婦」問題には適用されないとした。そして，日本が，サンフランシスコ講和条約や日本・オランダ協定，日比賠償協定，「日本国と大韓民国との間の基本関係に関する条約」，「財産及び請求権に関する問題解決並びに経済協力に関する日本国と大韓民国との間の協定」の成立を理由として，個人からの請求を拒んできたことも，「条約によってであっても，個々の国家が人道に対する罪についての他の国家の責任を免ずることはできない」と判断された。(208)

(4) 「慰安婦」制度＝性奴隷制

(一) 加害者証言からの認定

旧日本軍人による加害者証言に対し，民衆法廷は，軍隊が「『慰安所』制度の内外で女性たちに対する強姦に加わるかあるいはそれを推奨し，助長した」という証言を信頼できるものと認定した。証言者は2名であったが，加害者からの証言は，日本の裁判所ではこれまで見られなかったものであり，貴重である。裁判所は，証言を受けて，「『慰安婦』や現地の女性たちに対する性暴力の文化を軍が推奨した」ことの裏付けになった。日本軍による「慰安所」内外における性暴力が，「選択的かつ人種的」に行われたこと，日本側からみて「強姦や誘拐をしても，抗議や激しい怒りや復讐を招くことはないだろうと思われる女性たちを標的にした」という確証が得られる証言であったと評価された。(209)

民衆法廷は，日本軍による「慰安所」を「性奴隷のシステム」と表現した。このシステムが「日本軍の侵略に不可欠な関係にあったこと」，「女性差別と人種差別主義の帝国主義に根ざす」ものであったという，日本軍の大量破棄や日米政府の隠蔽を免れた文書証拠に基づく専門家証言を受け入れた。(210)

(二) 「慰安所」の目的・効果

民衆法廷は,「慰安婦」制度の目的と効果について次のように判断した。日本軍が男性と女性の双方に,「抑圧」と「性暴力を含む暴力の文化を醸成」したこと,「慰安所」制度の暴力が,「この文化の残酷な反映かつ組織的な拡大であり, ジェンダー, 民族, 貧困, 従属的地位によって, 劣ったもの, 消耗品として扱われた女性たちに」向けられたと判断した。「慰安婦」制度は, 1937年の終わりに行われた南京での大量強姦のために, 日本が国際的に激しい非難を浴び外交上の問題を発生させた結果として,「日本軍と政府当局は, 1932年から, 比較的小規模ですでに行われていた『慰安制度』の大規模な拡大を承認した」。そのため, 明らかにされた「慰安婦」制度の目的は, ①無差別強姦の減少, ②国際社会の非難と地元の抵抗を食い止めること, ③日本軍, 日本のイメージの護持, そして, その他にも, ④軍人たちの性感染症の予防, ⑤軍人に対する「娯楽」の提供, 士気の向上, 緊張感の緩和, そして⑥軍隊の情報漏えいの防止であった。[211]

　(三)　「慰安婦」徴集

　「慰安婦」徴集の仕組みにも「犯罪的な特徴」があった。1938年3月の「募集メモ」には,「慰安婦」の募集人が, 当時からすでに誘拐等の方法で, 女性たちを集めていたとわかる記述があった。そして, そのことによって, 日本軍に対する一般の人々の敵意を生み出してしまったと書かれていた。そのため, 陸軍省から北支那方面軍と中支那派遣軍宛てに,「募集メモ」が送られ, より慎重に「募集業者を選定」するよう要請していた。[212]　また, 台湾に関する日本の報告や機密電報は,「陸軍省高官と軍上層部が女性や少女の輸送や, 性奴隷制のシステムの確立と維持に関して細部にわたるまで関与」していたこと, また,「慰安婦」の移動の手配など「細かいことに関する情報まで上層レベルで検討」されたことが明らかになった。[213]

　証拠は,「慰安婦」を徴集する際に, 日本軍が,「軍職員,（警察官などの）地元の代理人, 村長, 民間の人身売買業者」を利用したことを示していた。「政界や軍部の指導者, 政策決定者, 政策実行者は『慰安制度』が強制的で, 女性たちが残虐な状態で虐待されたことに気づいていたはず」である。そして, 民衆法廷は,「慰安婦」制度が,「自由意思の制度」ではなく, 女性たちが参加や離脱, 労働条件などを交渉できるよう保障する「保護施策や手続」もなく,「慰

安婦」制度に関する詳細な規定はあったものの，それは，軍人の「健康と軍の評判を守ることを目的とし」たものだったと判断した。⁽²¹⁴⁾

　㈣　軍隊の関与

　また，連合軍による調査報告書が，日本軍が「違法や徴集や性奴隷制の運営に直接，間接に関与していた」ことを裏付けた。このことは，「『慰安制度』が強制的であるという特徴を示す証拠を連合軍が所有」していたことを示しており，東京裁判において，「慰安婦」制度に関する犯罪で起訴しなかったのは，連合軍の「故意」によるものであったと判断された。⁽²¹⁵⁾

　㈤　「慰安婦」システム

　民衆法廷は，「慰安婦」制度の組織的・強制的な特徴を次のように判断した。「およそ20万人の女性が性奴隷にされ，輸送され，正式な『慰安所』であれ，その場しのぎの掘建て小屋であれ，洞窟であれ，多種多様な施設に拘束された」と認定した。国境を超える輸送や，広範囲にわたる，食料，日用品，コンドーム，医療班，治療などの供給には，かなりの資金配分がなされていたと考えられるため，「当局の最上層の承諾なしで実行することはできなかった」はずである。また，「慰安所」での虐待は，「兵士，士官，訪れる司令官と参謀にとって明白なこと」だったはずである。そして，「慰安所」が自発的な施設でなかったことを，多くの証言者が証言した。そのことは，有刺鉄線に囲まれた施設，武装した監視人，部屋の扉に鍵かかけられていたなどからも明らかであった。当時，施設の存在は軍隊全体に知られており，特に，「将校が特権的な利用を享受」する制度だったことも明らかである。⁽²¹⁶⁾

　元日本軍人の加害者証言は，地元女性の強姦は慎むべきだという軍隊の方針があったこととは反対に，「女性に対する性暴力という文化の一環として上官から奨励され……『慰安』所内外での女性に対する虐待はごくあたりまえ」であり，「強姦した後は殺すよう奨励」されたことも明らかになった。また，加害者証人の１人は，「女性たちは将来敵となる子供を産むことができるから，殺すよう教えられた」とも述べた。⁽²¹⁷⁾

　㈥　日本による欺瞞

　日本政府と日本軍は，性奴隷制度の事実を覆い隠すために，「接客婦」，「慰安婦」，「慰安所」などの用語を意図的に使い，戦争終結時には「慰安所」関連

資料を破棄した。「『慰安制度』は，アジア太平洋地域の占領地や征服地出身の何万人もの少女や女性を強姦し，性奴隷にすることを推進する目的で考案され，維持された」と判事団は認定した。この制度の「規模はあまりにも巨大で，状況はあまりにも非人間的で，運営はあまりにも一貫していたので，政府や軍の最高指揮官たちは，……制度の犯罪性を知っていたに違いないという結論にしか至らない」と述べた。「あらゆる階級の役人や軍人たちが強姦と性奴隷制を推進し，維持することに関与した」と述べた。[218]

(七) 「慰安所」は売買春施設ではない

虐待を引き起こす可能性のある制度を国家や軍隊が発案し，作る際には，虐待を防止するための「予防措置」や「監視」の義務があるが，日本政府はその義務を果たさなかった。[219]

民衆法廷は，自分の意思で「慰安所」制度に入った者でさえ，「結果的には性奴隷制に強制的に組み込まれ……奴隷状態に置かれた」とした。「慰安婦」制度は，「国家公認の強姦であり奴隷化」であった。制度があまりにも広範囲で，女性の数も膨大であったため，「上層部の参加者にも当然知られていたはず」であるが，権力者たちは，この犯罪を「防ぐためあるいは中止させるための実質的なあるいは有効な手段を何1つとらなかった」。[220]

女性たちが，「欺瞞，暴力，強制，徴集，売買，あるいは他の不法な調達によって連行された」こと，日本政府が，「しばしば地元の有力者や業者を利用したり，結託して」制度を考案し，設置し，規制し，維持，推進したこと，「慰安所」が，日本政府と軍隊によって，日本軍将兵に，「比較的安全で簡便に性的サービスを提供するために，前線を含む，アジア太平洋地域の至る所に設置された」こと，1937年の南京大虐殺に伴う強姦によって，「国際的にも現地にも激しい怒りがわき起こって以降，地元の女性に対する無差別強姦をやめさせる施策として『慰安制度』が緊急に拡大され，その後まもなく，日本軍の戦略の不可欠な部分として堅固に確立された」こと，「慰安婦」制度は，その性質上，「不法な手段による調達の結果として，犯罪」であったことは，疑う余地がないと判断された。また，「慰安所」の性質上，「被害者に対する強姦，性奴隷制，他の形態での精神的，身体的，性的および生殖に対する暴力であり，そして，非人間的な拘留」状態であった。[221]

第 3 章　「慰安婦」訴訟

　民衆法廷は，「慰安婦」制度が大規模であり，規則が複雑で，犯罪が日常的だったため，その制度の犯罪性を，大半の日本軍人と戦争遂行に関係した高官たちは認識していたはずであり，この制度は「まさに 1 つの『制度』であって，制度を構成するあらゆる要素が必要な段階での公的な関与を示している」と判断した。「慰安所」に関するさまざまな規則は，「慰安婦」たちの自由意思を排除していた。そのため，「慰安所」への参加や性行為の拒否，施設からの離脱など，あらゆるレベルで自由意思は排除されていた。「慰安所」規則は，日本の利益を守るためだけに考案されたものだった。民衆法廷は，このような結果として，「人道に対する罪としての強姦と性奴隷制」が，「慰安婦」たちに対して行われたと判断した。⁽²²²⁾

5　救済措置

　民衆法廷の判決には法的拘束力はないが，被害者たちを救済するための措置を，日本政府に勧告した。本章第 1 節に述べたように，日本の裁判所にも立法府や行政府が，何らかの対応策を講ずるべきであると求めた判決はあったが，この民衆法廷における救済措置の勧告はより踏み込んだ内容であった。

　まず，①「『慰安制度』の設立に責任と義務」があり，この制度が国際法違反であったことを日本政府が全面的に認め，「完全で誠実な謝罪」を行うこと。日本政府が，この問題に対する「法的責任をとり」，再発防止を保障すること。②日本が政府として，被害者個人に対して，被害の救済に適切な金額の損害賠償を行うこと。③日本政府が有する「慰安所」関係の文書・資料等の情報を公開すること。日本が，軍性奴隷制に関する，調査機関を設立して徹底的に調査し，資料を公開し，歴史に残すこと。④被害を記憶にとどめ，再発を防ぐために，「記念館，博物館，図書館を設立」し，犠牲者と生存する被害者を認知し，その尊厳を回復すること。⑤教科書の記述や研究助成など，「公式，非公式の教育施策を行」い，将来の世代に教育し，再発を防ぐこと。⑥性の平等の尊重を確立すること。⑦帰国を望む者を出身地へ帰すこと。そして，⑧「慰安所」の設置，「慰安婦」の徴集に関与した主要な実行行為者をつきとめ，処罰すること等，あらゆる方法での救済措置と再発防止策が，日本政府に対して勧告された。⁽²²³⁾

民衆法廷は，判決で，旧連合国に対しては，①東京裁判で，「慰安婦」制度の設立・運営についてのすべての軍隊や政府の記録および「慰安婦」制度について訴追しなかった理由の機密を解除すること。②東京裁判で，天皇裕仁が訴追されなかった理由，関連する記録の機密を解除し公開すること。そして③生存している実行行為者を訴追することを勧告した。[224]
　さらに，民衆法廷は，国連およびすべての加盟国に対しても勧告した。①日本政府が，完全な賠償を行うよう勧告すること。②「慰安婦」問題に対する日本政府の違法性，および継続する元「慰安婦」たちに対する責任について，国際司法裁判所の勧告的意見を求めることを勧告した。[225]

6　小　　括
(1)　民衆法廷の意義
　生存する被害者たちにとって，この民衆法廷はどのような意義を持っていたのだろうか。
　この民衆法廷の最終日に，「認定の概要」が判事団によって読み上げられ，天皇裕仁の有罪と日本の国家賠償責任が読み上げられたとき，「会場は拍手と歓声に包まれ」，「年老いた被害女性たちが喜びの涙をぬぐいながら，舞台にのぼって判事たちに感謝の気持ちを表した」。この様子が，苦痛に耐え，東京裁判での天皇の責任の不問に苦しみ，その後の日本政府の責任の無自覚のために継続的な苦悩を強いられてきた被害者たちにとって，そして国際社会にとってもまさに「歴史的瞬間」だった。[226]
　被害者は，「遅くなったとはいえ天皇をはじめとする戦犯者たちを裁くことができたことは，本当に嬉しい」と述べた。また，他の被害者は，「法廷で日本政府に対して有罪が宣告された時，私たちは勝った，私たちを恥辱に陥れた犯罪者はとうとう裁かれたという思いで涙が自然とこみあげてきました。それは50年余りの間，心の中につもりに積もっていた涙でした」と述べたという。民衆法廷で実現されたことは，日本が長い間放置してきた「被害者の尊厳の回復」であった。[227]
　民衆法廷が，被害者の証言を丁寧に聞き，それを裏付ける証言や文書資料によって補強し，日本軍，日本国，個々の加害者たちの責任を明確に，誠実に謝

罪し賠償することが，戦後の日本に本来求められていることであり，日本軍「慰安婦」制度によって傷つけられた，女性たちの精神，身体の尊厳を回復することであった。

日本政府や日本人が，この問題に向き合うことが相変わらずできなかったことは，この民衆法廷が閉廷して10年以上経った現在も，「慰安婦」問題が日韓の懸念材料として残っていることからわかる。この2000年の民衆法廷の判決の最も重要な部分の1つである「天皇裕仁の有罪」を，「外国の新聞が見出しに取り上げる例が多かったのに対し，日本ではそれがほとんどできなかった」し，NHKがETV2001で取り上げようとした際には，「放送中止を求める右翼の執拗な攻撃などによる混乱のなかで」，番組改変に追い込まれたことからもわかる。海外メディアと日本国内メディアとの間の，民衆法廷に対する報道の温度差は激しかった。
(228)

民衆法廷が，日本政府に突きつけた勧告を，日本政府は無視し続け，被害者たちを継続的に傷つけ続けている。しかし，この民衆法廷は，被害者の証言から，日本国や日本軍の行った性暴力を浮き彫りにし，天皇裕仁を始めとした加害者個人の責任を追及して，過去の加害の事実に誠実に向き合うことが，被害者の尊厳の回復や正義の実現につながることを示した。

(2) 判決に向き合う

被害者たちが，苦痛の中で証言した被害事実から，日本軍「慰安婦」制度という戦時性暴力の構造を検討することによって，2度と再び繰り返さないということ，今日の軍人による性暴力による被害の予防に役立つと信じて，以下にまとめる。

南京大虐殺の一環として行われた大量強姦が，海外・日本国内にも知られることとなり，対策を迫られ，占領地の女性たちに対する強姦を防止することを中心的な目的として，「慰安婦」制度が創設された。日本軍は，その他にも軍人たちの性病予防や秘密漏えいの防止，軍人たちのストレスのはけ口という目的も持って，「慰安所」を計画した。「慰安所」開設のために，軍隊の依頼によって，民間業者を介して女性たちを「慰安婦」とし，国は女性たちの移動のための許可を出し，軍隊は女性たちの輸送に奔走した。日本国内における徴集では，都道府県の協力を得て，占領地での徴集では，地元の村長，警察，公務員

などを利用して「慰安婦」を集めた。軍隊は、どの部隊に「慰安婦」をどの程度配置するかといったことや、「慰安所」の設置、経営、管理に対し、規定を作って実施させ、見張りの軍人を配置するなど、深く関わっていた。それにも係らず、1日に何十人もの軍人の性の相手をさせられたり、暴力を振るわれるなどの、女性たちの身に起きた被害に対して、何ら予防策をとらなかった。「慰安所」制度は、「慰安所」の内外で、女性たちに対する性暴力を許容し助長させる役割を果たした、組織的な暴力であった。

　この民衆法廷では、軍隊による規則が適用されるような「慰安所」に連行されようと、洞窟であろうと、家屋であろうと、軍隊によって監禁され、軍人による連続的な性暴力によって性奴隷化された被害実態を捉えて、日本軍「慰安婦」制度とした。女性たちに対する軍隊の性管理がなされた「慰安所」もあれば、前線で性管理もなく強姦され続けた「慰安所」もあった。日本軍は、女性たちを一定期間監禁し、繰り返し性暴力や性暴力以外の身体的・精神的虐待を行った。暴力性が激しく、女性たちを従属させ、非人間的に扱ったことが特徴であった。

　「慰安婦」制度は、日本軍の作戦行動の一環であり、女性たちの徴集は、軍隊が直接行ったり、軍隊の指示によって民間業者や地域の有力者等が行う場合があった。「慰安所」は、憲兵によって監視され、多くの施設が有刺鉄線や高い壁、鍵のかかった部屋に女性たちを閉じ込め、監禁状態において、自由意思による離脱を妨げた。自発的に「慰安所」に参加した女性もいたが、多くの場合には、甘言や虚偽の誘いによって騙されて連行され、あるいは暴力的に連行された。自由意思で参加した女性であっても、過酷な「慰安所」における性労働において、自己決定や離脱の自由を妨げられ、性的侵害を受け続けたことは変わらなかった。

　女性たちは、「慰安婦」になる際に、屈辱的な性病検査を受けさせられ、その時に医師に強姦された者も多かった。典型的な「慰安所」では、女性たちは週に1から2回、軍医による性病検査を義務付けられた。性病に罹患した場合には治療を受けたが、不完全な場合が多かった。軍人たちの性病罹患による兵力の減退を避けるために、女性たちには、性病予防措置が施されていた。女性たちの証言では、性交後の消毒や、性病予防の注射、コンドームの使用などが

実施された「慰安所」があった。これらは，軍隊の「慰安所」規定により指示されており，コンドームは軍隊によって支給されていた。軍隊は，「慰安所」管理のための詳細な規定を定め，「慰安所」に適用したが，実際には，コンドームが不足したり，軍人がコンドームを使用しなかったりすることがあり，多くの女性たちが，健康を脅かされ，また妊娠した。妊娠しても女性たちは性労働を強いられ，強制堕胎や死産，生んだ子を育てられない場合などがあり，女性たちの自己の身体に対する自由は，あらゆる面で奪われていた。

この「慰安婦」制度は，民間の売春業者による，自由参加の売春婦によって営まれた売買春とは到底いえない。軍隊の明確な目的意識の下で広範囲に行われた性奴隷システムであったことが，民衆法廷で明らかにされた。

「慰安婦」制度は，当時の日本に根付いていた，天皇を頂点とした軍国主義の構造的差別の表れであった。当時の日本は，家父長制の観念が根付いた軍国主義国家であり，女性の男性への隷属を当然視する社会であった。そのような社会の中で，貧しい家庭の女性は，家長の決定によって売られ，性的奉仕をすることによって家長に奉仕した。その構造が，国家レベルでは，「慰安婦」たちの性的奉仕が，天皇に対する奉仕として当然視された。そして，女性の隷属の文化が，異民族の女性に対して，特に過酷な隷属を強いる民族差別として働いた。

また，日本軍内部の構造も影響していた。日本軍内部は厳しい階級制度であり，「上官の命令を天皇の命令と思え」という絶対服従の構造であった。死の危険という極度の緊張と，軍隊内部の極度の緊張にさらされた軍人たちのストレスのはけ口として「慰安所」が利用され，したがって，軍人たちの「慰安婦」たちへの扱いは，過度の暴力性を帯びることが多かった。上官への絶対服従の圧迫が，他民族の女性たちへの圧迫となって暴力的に発現された。

日本軍「慰安婦」制度は，大規模で，一定期間続いた組織的性奴隷制度であった。これは，日本の公娼制を土台とした制度であった点でも特徴的である。しかし，家父長制的な特徴や，性差別，民族差別などの差別に基づく，支配と隷属の関係などは，日本軍「慰安婦」制度のみにみられるわけではない。むしろ軍隊そのものの特徴である。

当時の日本軍による性暴力には，2つの類型があったと考える。それは「慰

安所」内と「慰安所」外の両方における暴力である。

「慰安所」外で繰り広げられた大量強姦は、まさに上官の命令によって軍隊の作戦行動の一環として行われた暴力であり、敵の種の再生産の担い手である女性を強姦した上で殺し、あるいは、戦利品として強姦した。強姦は、他の戦場におけると同様に日本軍にとっても攻撃の手段の1つであり、戦争に組み込まれた軍隊の構造的暴力であった。

民衆法廷においても指摘された通り、日本軍による「慰安所」外での大量強姦は、「慰安所」内における日本軍独特の性暴力システムと無関係ではなかった。「慰安婦」制度によって許容された性暴力の文化が外に放出され、「慰安所」ではお金がかかるから、「慰安所」の外で強姦によって満たすという思考が、軍人の中にあり、「慰安所」のシステムが軍人を強姦へ導いた面があった。また、「慰安所」で性暴力が許容されていたことは、どうせ殺すのだから強姦するという、軍人の狂暴性を育んだ。

「慰安所」は、当時の日本軍が戦争に不可欠のものとして、組織的・制度的に設置した性暴力装置であった。敵対する地域の女性を、洞窟などに強制連行して監禁し、情報を引き出すための強姦を繰り返し加えた事例もあることから、「慰安所」と戦争の手段としての強姦は、時には同一のものであった。

(3) 「慰安婦」制度と軍隊の構造的暴力

民衆法廷は、「慰安婦」制度における性暴力被害について、当時の軍隊の最高責任者としての天皇に有罪判決を下した。日本軍は天皇を最高責任者としていた。天皇は、方面軍、派遣軍を間接的に指揮し、台湾や朝鮮の総督府の直属の上司であった。民衆法廷では、天皇が、「慰安所」の広がりについても、輔弼者やメディア、側近からの情報で知っていたと認定した。「慰安所」は、軍隊の高官レベルの対応する事項であり、同じ形態の軍人専用の「慰安所」が広範囲にかつ大規模に広がっていたことから、組織的な性奴隷制度であったと認定した。

「慰安所」には、日本軍独特の特徴が多く見られた。軍隊が直接、あるいは民間業者を介して間接的に「慰安所」を管理し、性病対策、利用規則、「慰安婦」の移動、「慰安所」の監視など、あらゆる面で、組織的に軍隊が関与し、維持していた。「慰安婦」とされた女性も多くの場合、甘言などに騙されやすい者

や年の若い処女であり、標的とされる女性の特徴も似通っていたため、組織的な徴集が行われていたと考えられる。「慰安所」が、「遊廓」を連想させる建物に女性たちを収容したこと、女性たちに異常なほど多くの男性の性的相手を強制し、女性たちを性奴隷として物体化し、性暴力を売買春の建て前を取って見えにくくしたことも独特であった。

しかし、一方で、女性や敵対する民族を蔑視する軍隊の構造的暴力の特徴も見られた。

民衆法廷における加害者証言からは、軍隊が「慰安所」の利用を奨励しながらも、「慰安所」外での戦時性暴力を許容し、敵性地区では性暴力を推奨していたこと、異民族女性に対する蔑視が強姦につながっていたこと、軍人たちの絶望的な精神状態が強姦へ駆り立てたことが明らかとなった。加害者証言は、女性蔑視の社会構造を背景とした、軍隊の構造的暴力であり、軍人たちは、蔑視している敵の女性たちに対して、ストレスのはけ口として容易に男性性の強調としての性暴力をふるうことができたことを表している。そして、日本軍は、軍人たちの性暴力を攻撃の手段として利用し、許容し、時には奨励した。

日本軍「慰安婦」制度の内外で発生した軍人による性暴力は、軍隊の構造的暴力としての性暴力の特徴を有するとともに、当時の日本社会や日本軍内部の構造に起因する大規模で組織的な性暴力であったといえる。

「慰安婦」制度を日本軍に独特の制度としてのみ見ることは、第二次世界大戦当時の日本軍の構造的暴力としての戦時性暴力問題を見過ごしてしまうことになる。「慰安婦」制度を生み出した日本の社会構造や、「慰安婦」制度を必要とした日本軍の構造、性暴力を許容し推進する軍事主義を支える構造を直視しなければならない。日本の戦時性暴力の問題に対して責任を取ろうとしない社会は、当時の軍事主義的な構造を容認することになり、再発の危険に加担することにつながる。

第3節　日本軍「慰安婦」制度と戦時性暴力

(1) 軍隊の構造的暴力

第1章で検討した軍隊の構造的暴力としての性暴力は、次のような特徴を

持っていた。軍隊の特性は，男性による女性の支配という家父長制構造を基礎として成立している。家父長制の特徴は，男性性・男らしさの強調，性差別主義的な男性優位主義であること，暴力と権威主義による他者の支配である。家父長制の持つ，性差別主義的な男性優位主義は，男らしさと女らしさを規定し，男性には能動性・攻撃性，女性には受動性・従順・純潔の役割を担わせる。このような役割分担に基づく社会化は，結果的に女性嫌悪を生む。

家父長制構造を基礎とする軍隊は，その内部に家父長制的な特徴を有し，軍隊における訓練，戦争行為，紛争の場で発揮する。家父長制の特徴である男性性・男らしさを特に強調する軍隊は，常に男らしさを重視し，維持，強化する仕組みである。軍隊では，家父長制の特徴を強化する政策決定がなされ，その決定が徹底した指揮命令の下に軍人たちに下される。

家父長制に基づく性別役割は，軍隊の運用においてどのように生かされてきたのか。ナショナリズムの高揚と兵士の士気の高揚のために，強姦が攻撃の手段としての敵集団の女性に対する強姦が行われ，戦利品としての強姦が選択された。軍人の暴力的な男性性や連帯の維持・強化のために，暴力的な支配の表れである性暴力が必要とされ，国家や政府によって管理された軍用売買春や戦時・平時の強姦が利用されてきた。女性は，侵略の対象となり，報酬の対象となり，訓練の対象とされてきたのである。

したがって，軍人による戦時性暴力および平時における性暴力は，家父長制を基礎とした軍隊の構造的暴力である。軍隊は，意図的に性暴力を選択し，指揮・命令し実行する構造がある。性暴力そのものは直接的暴力であるが，この暴力は，軍隊構造の中に組み込まれた，男性優位主義的な支配・被支配の不平等な関係に基づく結果であり，構造的・間接的暴力である。軍人の性暴力は，軍隊の政策決定者や命令を下す国家・軍隊の責任を問うことのできる軍隊の構造的暴力である。

(2) 公文書にみる「慰安婦」制度と構造的暴力

では，日本軍「慰安婦」制度や，日本軍による拷問の手段としての強姦は，軍隊の構造的暴力であったといえるのだろうか。

日本軍「慰安婦」制度は，第2章で述べたとおり，日本による植民地支配とともに流入した公娼制の土台の上に，成立した制度であった。軍都とされた場

所は，日本軍の支配に伴って，性的植民地支配が始まっていた。第二次世界大戦中も遊廓という名であっても，軍人専用の「慰安所」として使われている場合もあり，遊廓と「慰安所」の境界は曖昧であった。「慰安婦」制度は，南京大虐殺の一環として行われた大量強姦に対する対策として，日本国・日本軍によって計画され，管理・運用され，拡大した制度であった。日本国は，売買春業者や「慰安婦」渡航のための許可証を発行し，軍隊は，詳細な「慰安所」利用規則を作成し，「慰安婦」徴集，「慰安婦」の移送・護衛，「慰安所」の見張り，「慰安所」への物資の輸送に奮闘した。日本国・日本軍の政策決定によってなされた，軍用の性暴力制度であった。

　吉見義明は，発見した公文書を基にして，軍「慰安所」を①軍直営「慰安所」，②軍隊が監督統制する軍人・軍属専用の「慰安所」，③民間の売買春施設を一時的に軍人用に指定する軍利用の「慰安所」に分類し，①や②を「純粋の慰安所」とした[(229)]。しかし，これらの3分類に属するような，日本軍が下した命令や日本軍の定めた規律に基づいて，管理・運営された「慰安所」があった一方で，被害者の証言の側面からみると，「慰安所」設置が行き届かない所では，洞窟や砲台などに監禁して，強姦を繰り返す「慰安所」も存在しており，日本軍「慰安所」の存在形態は多様であった。

　しかし，形態が多様であったとしても，長期間にわたる女性の監禁，劣悪な生活環境の下で繰り返される強姦，女性たちが毎日強要される性交があまりに過酷であったこと，凶悪さと狂暴性など，女性たちの人権を無視する在り方は共通していた。日本軍「慰安所」は，その規模が広範囲で，被害にあった「慰安婦」女性たちもあまりに多く，「慰安婦」の出身地もさまざまであり，そして，公娼制に似た特徴から，他の軍隊の性暴力にはない独特の性暴力の仕組みであったようにもみえる。

　ただし，日本軍に独特であったと結論づけて，分析せずにいることは，軍隊の構造的暴力としての性暴力の側面を見落とし，過去に対する反省と克服の機会を失わしめると考えるため，第1章で検討した軍隊の構造的暴力の特徴が，日本軍「慰安所」制度下の性暴力にも存在していたかを検討する。

(3) 裁判例に表れた「慰安婦」制度と構造的暴力

　本章第1節の日本の裁判例に表れた，日本軍による性暴力被害を本書では，

統制のある「慰安所」における性暴力，統制の曖昧な「慰安所」における性暴力，性的拷問としての性暴力に分類した。日本の裁判所は，被害事実の認定は行ったが，「慰安婦」制度そのものについての分析を怠ったために，被害実態から，「慰安所」における軍人の暴力が軍隊の構造的暴力であったのか，日本軍独特のものであったのか判断せざるを得ない。

　まず，裁判例における被害事実の認定の結果の中には，父親が八路軍に協力していた村長であったために，日本軍に捕えられ性的拷問を加えられた者や（東京地判2002年3月29日（判例時報1804号50頁）），夫が中国共産党員の抗日村長であり，自らも抗日活動に従事していたことが原因で，日本軍の作戦行動の一環としての性的拷問を受けた者（東京地判2003年4月24日（判例時報1823号61頁））などが被害を訴えた。その他に，日本軍の侵攻に伴って，作戦行動の一環として性的拷問を加えられた者もいた（東京地判2006年8月30日）[230]。

　このような「性的拷問」としての性暴力に分類される暴力は，日本軍の敵の女性に対する攻撃の手段としての性暴力であり，戦利品としての性暴力である。認定された被害事実をみると輪姦が多かったことから，軍人たちの連帯を強めるのに資する性暴力であり，家父長制を土台として成立する軍隊内部の差別，女性嫌悪，暴力性の表れということができ，軍隊の構造的暴力としての性暴力であった。

　では，いわゆる「純粋の慰安所」における性暴力はどうだろうか。裁判例の中で「慰安所」形式だと考えられるものを，第1節では統制のある「慰安所」と，統制の曖昧な「慰安所」に分類した。統制のある「慰安所」は，国家や軍隊の命令等に基づき管理・運営された典型的な「慰安所」と考えられるものである。

　例えば，朝鮮人男性に騙され，軍人に軍用トラックで連行されて，上海の駐屯地内の「慰安所」で「慰安婦」にされた者は，性病予防のための「606号注射」を打たれた。多くの軍人が「慰安所」に列を作り，平日は8から9名，日曜日は17，18名を相手にした。性暴力以外に軍靴で蹴り上げられたり，刀で切られるなどの暴力も受けた（山口地判1998年4月27日（判例時報1642号24頁））。10人程の日本軍人に直接捕えられ，トラックや汽車で部隊内の「慰安所」に連行された者は，1日に30から40名，多いときは50名もの軍人の相手をさせられた。妊娠した際には堕胎させられ，性病の罹患の際には治療が施された（治療中も「慰

安婦」として働かされた）。彼女は，軍人に銃剣で左足付け根を刺される重傷を負わされたこともあった（東京高判2003年7月22日（判例時報1843号32頁））。村人が暴力をふるわれないことと引き換えに，性暴力を加えられることがわかっていながら，差し出された女性もいた（東京地判2006年8月30日判決）[231]。

　これらの典型的な「慰安所」における女性たちの受けた被害からは，業者や軍人による徴集，軍人による軍用トラック等での移送，部隊付きの「慰安所」であることや，恐ろしいほど多くの軍人の相手をしなければならなかったこと，性病管理など，「慰安所」の特徴とされる，軍隊による管理・運営の様子がわかる。しかし，一方で，軍人たちのふるう暴力は，暴力的な男性性の表れであり，女性が物質化されて交換の対象となっている点で，軍隊の構造的暴力としての性暴力の特徴も有している。よって，典型的な「慰安所」は，軍隊の構造的暴力の性質を持ちつつも，日本軍独特の特徴が際立つものであった。

　次に，統制の曖昧な「慰安所」について検討する。この分類の「慰安所」では，女性たちは作戦行動の一環として，自宅などに押し入ってきた軍人たちに暴力的に連行されたあと，砲台や窰洞（東京地判2003年4月24日（判例時報1823号61頁））や，駐屯地内のヤオドン（東京高判2004年12月15日判決）[232]に連行されて，監禁され，性行為を強要された。軍人が直接徴集して設置した「慰安所」であり，強制的な徴集，監禁，多くの軍人との性行為を強要した「慰安婦」制度の特徴がある。この場合には，作戦行動に伴う暴力的な徴集であるため，家族の惨殺や拷問を見せられた後に徴集された場合も多く，女性たち自身も強姦以外に，激しい暴力をふるわれていた。これは，軍隊の暴力的な男性性の強調としての身体的暴力，戦利品としての女性，敵に対する致命的な攻撃の1つとしての強姦，女性の蔑視などの特徴があった。この形態の「慰安所」についても，やはり，軍隊の構造的暴力としての特徴と，日本軍独特の特徴が目立つ。

　性的拷問の事例では，女性たちは，敵対する政党に自分自身や夫などの親族が所属していることを理由として，日本軍の駐屯地等に連行された（東京地判2002年3月29日（判例時報1804号50頁），東京地判2003年4月24日（判例時報1823号61頁），東京高判2004年12月15日）[233]。女性たちに対して，非常に激しい身体的暴力や輪姦を伴う尋問がなされ，性的拷問が情報を引き出すための手段にされていた。性的辱しめを与えて女性の自尊心を破壊する等精神的虐待も行われた。性的拷問

の事例に表れた性暴力は，慰安婦「制度」というよりも女性の人格，自尊心を破壊するための暴力であった。性的拷問の場合には，軍人が直接女性たちを徴集しているものの，日本軍による性管理システム等は見当たらず，軍隊の攻撃の手段としての剥き出しの暴力，まさに戦時性暴力であったといえる。

よって，裁判例にみる「慰安所」内外における性暴力は，暴力的な男性性の強調，女性蔑視，民族差別，攻撃の手段や戦利品としての強姦など，軍隊の構造的暴力としての特徴が見られるが，一方で，日本軍に独特の「制度」としての特徴が特に見られる事例とともに，まさに戦時性暴力といえる性的拷問の事例があった。

(4) 女性国際戦犯法廷判決にみる「慰安婦」制度と構造的暴力

次に，本章第2節の女性国際戦犯法廷における判決から，日本軍「慰安婦」制度を支えた日本社会・日本軍の背景的構造や，日本軍「慰安所」の制度について検討し，軍隊の構造的暴力としての性暴力と照らし合わせる。

民衆法廷の判決によれば，「慰安婦」制度は，民族差別，貧困層に対する差別，女性蔑視が複合的に折り重なったものであった。そのため，非日本人，非ヨーロッパ系の女性，特に先住民女性が最も残酷な扱いを受けた[234]。当時の日本社会や日本軍には，軍国主義が浸透していた。日本軍は，厳格な身分制組織であり，上官の指揮命令に対する絶対服従を要求する組織であり，軍人たちの「人権を否定し，自我を抑制し，絶対的服従を要求」した。軍人たちを軍隊内部で非人間化したことは，南京やマパニケの大量強姦や「慰安所」での性暴力と直接結びついていた。軍隊内部で非人間化された軍人たちは，女性を劣等視し，従属的なものと考え，非人間化した。特に，国籍や民族の異なる女性に暴力の矛先が向いた。このような差別観は，日本に固有のものではないと，民衆法廷は述べながらも，「日本の皇国イデオロギーや皇国規範の諸要素が，軍事体制の中で」強められ，「慰安婦」に対する非人道的かつ差別的処遇を支えたと認定した。当時の日本軍が「女性のセクシュアリティや性的完全性を戦争遂行のために犠牲にすることを正当と考えていた」ため，軍事的な目的のために，女性たちを連行して「慰安婦」にし，戦争遂行の手段や戦利品として強姦することが，許容され，あるいは推進された[235]。「慰安所」は，戦地における強姦防止等の目的のために計画され，設置されたが，各部隊や軍人たちに，「当局の

許可のない性暴力を抑制するための……『慰安婦』に対する性暴力の組織化と正当化」と考えられ，結果的に，強姦が軍隊における利点や権利とみなされる結果となった。[236]

このような天皇を頂点としたイデオロギーに基づく，差別主義的な特徴を持った軍国主義を背景として，日本軍「慰安婦」制度は，大規模に広範囲に運用された。

日本軍は，女性たちを騙して徴集したり，警察官や村長，役場からの通知などによって徴集するなど，さまざまな手段で女性たちを徴集した。オランダでは，高官が民間の抑留所から女性たちを連行して「慰安婦」にしたものまであった。[237] 女性たちは，軍用トラックや船などによって連行され，「慰安所」に監禁された。「慰安所」は，上記裁判例と同様に，堀建て小屋や窰洞の場合もあれば，接収した民家や邸宅などさまざまであった。女性たちは，逃走しないように監視され，ドアに鍵がかけられた場合や，軍警察や軍人による見張のある場合，「慰安所」の建物が有刺鉄線で囲われていた場合や，窓に鉄格子のある場合などがあった。また，仲間の「慰安婦」を見せしめに拷問してショックを与え，女性たちの逃走を妨げていた。[238]

「慰安所」内で女性たちは，日本名を付けられ，母国語を禁止された。[239] そのことは，女性たちにとってアイデンティティの抹消であり，民族差別の表れであった。女性たちの身体の安全を省みない，激しく繰り返される強姦や，[240] 性病予防やその治療，[241] 強制堕胎[242]など，女性たちが物質化され，性的「慰安」の道具とされたことも，被害証言から明らかであった。

また，加害者の証言からは，軍隊が「慰安所」の運用に関わっていたことがわかった。軍人が，戦場における死と隣り合わせの絶望感から，「慰安所」に通っていたことや，ストレス解消や士気高揚のために「慰安所」通いが推進されていたこと，敵性地区における強姦を推進し黙認していたこと，「ただでできる」あるいは「どうせ殺す」から，「慰安所」外でも強姦に及んだことが明らかとなった。そして日本人「慰安婦」と，非日本人「慰安婦」に対する，考え方の違いや，中国人を差別していたとの証言から，差別意識に基づく性暴力が行われていたこともわかった。[243]

民衆法廷判決も指摘していた通り，軍事主義に基づく女性嫌悪や差別は，日

本軍に独特のものではない。「慰安所」内外で行われた強姦や拷問も，軍隊の暴力的な男性性の表れであり，差別的思考に基づいて劣位と考えられた者や，女性や敵対者に向けられた暴力であり，戦利品や攻撃の手段としての性暴力は，軍隊の構造的暴力としての性暴力の特徴である。

　しかし，民衆法廷の判決に基づくと，「慰安婦」制度は，天皇を頂点とした皇軍イデオロギーに基づく当時の日本の軍国主義の下で，日本軍によって必要とされ，組織的・制度的に形成され，管理・運用された性奴隷制度であった。「慰安所」は，軍隊等によって監視され，軍人たちの士気の高揚や，ストレス解消，強姦の防止などの目的のために，大規模に拡大された。売買春を装って，強姦を「慰安婦」制度内部に閉じ込めて許容する思想は，日本軍が持っていた女性を非人間化する独特の残忍さが生み出したものであった。「慰安婦」制度は，性奴隷制であり，当時の日本社会や日本軍の構造が生み出した構造的暴力であったといえる。

　(5)　「慰安婦」制度は軍隊の構造的暴力か

　以上に述べたことから，日本軍「慰安婦」制度内外で発生した，第二次世界大戦中の日本軍による性暴力は，軍隊の構造的暴力としての性暴力の特徴を有していたといえる。一方で，日本社会・日本軍に独特の特性の中で，組織的・制度的に強化され，大規模に行われた暴力でもあった。日本軍は，性暴力を制度化し，軍隊の戦時下の政策として，大規模・広範囲に運営し，多くの女性の人権を無視しながら，出征前は普通の男であった者たちを，強姦者にしていったのである。

　当時の日本軍の中には，強姦を「戦時利得」として肯定する考え方が蔓延しており，軍隊の休暇制度も不十分で，軍隊内部のストレスが，「利得」としての強姦へ向きやすかった。そして，日本軍は，十分な食料を持たず，必要な食料を現地調達する作戦をとっており，その一環としての「性器の徴発」として強姦が行われてしまった。[244]

　日本軍内部は，厳しい人権抑圧構造であり，上官に対する反発を抑えるために，日本軍は，「慰安所」の設置や強姦の黙認を必要とした。社会や軍隊内にあった日本人以外のアジア人の蔑視や，女性蔑視が，アジア人女性に対する強姦へと軍人を駆り立てた。オランダ人女性が「慰安婦」とされた例もあったが，

それは「白人に対する劣等感を暴力によって逆転しようとする意識」であったと指摘される。また、日本軍が貧困層の女性を多く「慰安婦」としたことは、貧困者に対する差別意識もあったと考えられる。このような日本社会や軍隊内の意識が、軍隊の強姦の容認と「慰安所」の設置につながり、軍人たちを強姦へ駆り立てた。[245]

よって、日本軍「慰安婦」制度には、当時の天皇制や日本軍内部の独特の性質のために、一般化して捉えることのできない部分がある。しかし、単に日本軍「独特」のものとすることは、そこに隠れた、強い家父長制的な性質や軍国主義思想、そのことを基礎にした軍隊の過度の暴力性に基づく暴力の存在を見過ごしてしまう危険性があるのではないだろうか。

例えば、日本軍「慰安婦」制度独特の公娼制に類似した形式的なシステムに着目して、蘇貞姫サラは、「慰安所」には、商業的セックスと犯罪的セックスの2つがあったとして、当時存在したあらゆる形態の暴力を犯罪的セックスだけに押し込めてしまうことに疑問を投げかけた。[246]

蘇貞姫は、日本軍「慰安所」における強姦は、民族浄化や武器としての強姦ではなく、単に軍人自身「性欲の発散と満足が目的」であり、だから隠れたところで、避妊具を使用して「慰安婦」を強姦したのだと主張した。[247] 彼女は、民間業者が営利目的で運営する施設や、軍隊に専属する営利目的でない「慰安所」、軍人が性欲を満たすために女性たちを強制徴集した犯罪的な「慰安所」など、多様性のある「慰安所」を1つのカテゴリーに入れ、「単一で同質な性的暴力と性奴隷制の拠点として扱」うのでは、日本の軍慰安制度の本質を正しく捉えていないと指摘し、「日本の軍慰安制度が、商業的なセックスから犯罪的なセックスにいたる、非常に広範で多様な男性の性行動を包括するものであった」ことを認めなくてはならないと述べた。[248]

蘇貞姫は、多様性のある「慰安所」を1つのカテゴリーに入れることが、商業的なセックスまで包含するものとなり、一般市民への説得力を弱め、「慰安婦」たちの補償請求に対する抵抗を生んだと指摘する。ただし、この指摘は、「数多くの女性たちへの性的侵犯を引き起こした慰安制度の構築と維持に、日本という国家が積極的に関与していたことが激しい非難に値すること」を疑うものではない。[249] しかし、これまで述べてきた被害事実に基づくならば、「商業

的なセックス」と単純に考えることはできないし，単に軍人個人の欲望であったとすることは困難だと考える。

　なぜならば，「慰安婦」制度は，日本軍が売買春の形式をとる制度として計画し，軍人たちの性病予防のために，コンドーム使用を制度運営の規定においていたのである。当時の日本軍内部の命令遵守の特性を考えれば，個々の軍人が欲望のための行為であるから，コンドームを使用したと単純に解することは難しい。また，確かに民間売買春業者が仲介に入っている場合も多いが，「慰安所」運用のための意思決定者は軍隊であったこともすでに明らかである。そして，女性たちの多くは，性的「慰安」行為によって，利益を得ていなかったし，騙され，強制的に制度に組み込まれた女性たちにとっては，「売買春」ではなく，強姦であった。売春婦が「慰安婦」になったケースもあったが，自ら進んで制度の入ったものであっても，「慰安所」では，過度の性暴力により性奴隷化されたことも明白である。「慰安所」内で，避妊具を使用しない強姦が行われたことが多かったことは，「慰安婦」たちの多くが妊娠したことなどからも明らかであり，十分に説得的であるとは言い難い。

　一方で，蘇貞姫は，「慰安婦」制度を「軍隊特有の過剰な男性性が生み出す性文化に潜む，(階層，民族，国籍などの諸要因と交差が作り出す) ジェンダー化された構造的暴力の顕著な例」であると述べている点で，「慰安婦」制度を的確に捉えている。

　しかし，「慰安婦」制度は，日本国内外からの批判をかわし，軍人たちが罪の意識を感じずに「慰安所」を利用するようにするために，売買春の形式をとり，金銭の対価として性的サービスが行われたという建前をとったにすぎなかったのである。女性たちが，騙されるなどして性奴隷制に組み込まれたにもかかわらず，売買春形式の建て前のために，軍人たちは，罪悪感を持たずに「慰安所」での暴力的な性行為を繰り返し，軍隊への不満を解消し，その暴力性を強化していったのである。売買春の制度の建て前のために，被害者である女性たちが，長い間沈黙を強いられ，社会から疎外されてきたことを考えるならば，「慰安所」の商業的な形式は強調されるべきではないし，実態に合わないと考える。

(6)「慰安婦」被害の責任を問う

日本軍「慰安婦」制度は，家父長制に基づいた国家・軍隊が，強姦防止のために性的「慰安」を提供するという短絡的な女性蔑視の下に発案し，実行された性奴隷制であった。「慰安所」内部における性暴力の許容あるいは推進は，「慰安所」外での大量強姦を誘発した。「慰安婦」に対する性暴力は，軍隊の構造的暴力としての特徴を有するものであったが，軍隊内部の過度の緊張に基づく軍人たちのストレスや，女性を非人間化する思想や民族によって差別し非人間化する思想，「性器の徴発」などの日本軍独特の性質の下で，その暴力性は過度に強化され，拡大した。「慰安所」内における性暴力は，軍隊の構造的暴力としての性暴力であるが，日本軍の独特の性質に基づいて残虐さを増した性暴力であったと考える。また，「慰安所」外における性的拷問の数々は，まさに戦時性暴力であったが，「慰安所」内において許容され増幅した狂暴性が，「慰安所」外に流れ出た点で，日本軍に独特の特徴を有するものであったと考える。

　ただし，日本軍「慰安婦」制度に，日本軍に特徴的な性質があったとしても，軍隊の構造的暴力の側面も直視すべきである。そうでなければ，「慰安婦」制度における加害行為の歴史を理解し，後世に伝え，軍隊による性暴力の問題の再発防止に向かうことは難しい。過去の軍人による性暴力に向き合わずにいることが，現代の軍人による性暴力にも，向き合えずにいる状況につながるものと考えるからである。

　以上を踏まえて，日本が，国家として，国民個人として，「慰安婦」問題に対してどのような責任を果たすべきか考えなくてはならない。民衆法廷の判決に言及されたように，まずは，この制度を計画し実行し多くの被害をもたらした国家責任を認めて，被害者個人に対して謝罪し，相応の賠償を迅速に行わなければならない。そして，可能な限り加害責任のある者を罰する努力も必要である。日本軍の加害責任を認め，広く事実を知らしめる努力も行わなければならない。これらのことが，被害者の尊厳や名誉の回復につながることを民衆法廷は示した。そして，このようなおぞましい性奴隷制度の再発防止のためには，日本にとって負の歴史であっても，国民に対し歴史的事実を知らせ続けることが必要であり，また，国民は知らなければならない。そのためには，教育の中にこの問題を積極的に取り入れて，向き合うことが不可欠である。家父長

制に基づく軍国主義的社会構造が，「慰安婦」制度を支えていたことから，そのようなジェンダー観や女性蔑視につながる考え方の危険性を認識することが重要である。

（1）　山口地判下関支部1998年4月27日（判例時報1642号24頁），同控訴審広島高判2001年3月29日（判例時報1759号42頁），東京地判1999年10月1日（判例集未搭載），同控訴審東京高判2000年11月30日（判例時報1741号40頁），東京地判2001年5月30日（判例タイムズ1138号167頁），同控訴審東京高判2004年12月15日（訟月51巻11号2813頁に掲載されているが，確認できないため，Westlaw Japan, http://www.westlawjapan.com/にて確認），東京地判2006年8月30日（訟月54巻7号1455頁に掲載されているが，確認できないためWestlaw Japanにて確認），東京地判2002年3月29日（判例時報1804号50頁），東京高判2003年7月22日（判例時報1843号32頁）において同旨の判決が出ている。
（2）　外務省ホームページhttp://www.mofa.go.jp/mofaj/
（3）　吉見義明「従軍慰安婦と日本国家──解説にかえて──」吉見義明編『従軍慰安婦資料集』（大月書店，1992年）27, 28。吉見・上に掲載されている連合国軍総司令部翻訳通訳課調査報告「日本軍業における生活便利施設（ATIS調査報告第120号）」（1945年11月15日）にある，マニラの「慰安所」は，マニラ地区担当の将校が司令官の承認を経て設置する，軍人・軍属専用の認可「慰安所」で，軍隊が監督統制する軍人・軍属専用の「慰安所」の例である（491～509頁）。
（4）　Ximena Bunster-Burotto,"Surviving Beyond Fear: Women and Torture in Latin America," in *Women and Change in Latin America*, ed. June Nash and Helen Safa (Bergin & Garvey Publishers, inc. 1986) pp. 298,303.
（5）　判例集未搭載のため，Westlaw Japan, *supra note* 1にて確認した。本件控訴審，東京高判2000年11月30日（判例時報1741号40頁）も事実認定している。
（6）　訟月51巻11号2813頁に掲載されているが，訟月を確認できなかったため，Westlaw Japan, *supra note* 1にて確認した。
（7）　訟月54巻7号1455頁に掲載されているが，訟月を確認できなかったため，Westlaw Japan, *supra note* 1にて確認した。
（8）　本件では，他にも次のような被害事実が認定された。

　　　Ａ２は，1937年19歳のとき，洋服を着た日本人と韓国式の服を着た朝鮮人の２人に，「金儲けができる」と誘われ，朝鮮の港から大阪，大阪から上海へ連れて行かれ，陸軍「慰安所」に徴集された。彼女の収容された「慰安所」は，人が２人寝ることができる程度の，狭く窓もない30室くらいの小部屋に仕切られた長屋だった。Ａ２には，その内の一部屋が割り当てられた。

　　　「慰安所」に到着した翌日，彼女は軍人に強姦された。強姦翌日から，生理の日を除いて毎日，朝９時から夜２時まで，軍人との性行為を強要された。彼女に「慰安所」を出る自由はなく，逃げ出そうとした際に，「慰安所」の主人にこん棒で激しく殴られ，頭から大出血した。そして終戦後は，「慰安所」に置き去りにされた。

第 3 章　「慰安婦」訴訟

　　 A 3 は，17歳で徴集された。彼女の家に朝鮮語と日本語を話す男性が来て，「日本の工場で金になる仕事がある」と誘われた。彼女は，家族に仕送りしたいと思い，その男性を信用した。彼女の他10名ほどの女性たちが，釜山へを経由して台湾へ連れて行かれた。
　　そして彼女は，彼女を勧誘した男性が経営する「慰安所」に入れられ，1日に10人前後の軍人との性行為を強要された。彼女に与えられた休日は1月1回のみで，外出の自由はなかった。「慰安所」では，朝鮮語が禁じられ，日本名が付けられていた。終戦後は，「慰安所」の管理人だった男性に連れられて，故郷に帰った（判例時報1642号24頁）。
（9）　判例集未搭載のため，Westlaw Japan, *supra note* 1 。本件控訴審東京高判2000年11月30日（判例時報1741号40頁）も事実認定している。
（10）　本件の上告審で最高裁判所は，元「従軍慰安婦」らの受けた損害は憲法施行以前に生じたものであるから請求の前提を欠くとして，上告を棄却した（最判2004年11月19日（判例時報1879号58頁））。
　　本件では，本文中のE 1 ， E 2 の他に，以下のような被害事実の認定がなされた。
　　 E 3 は，1932年，15歳のころ，日本人と朝鮮人の男性 2 名に呼び止められ，軍服工場の仕事に勧誘された。E 3 が承諾しないうちに，この 2 名の男性がE 1 を無理やり船に乗せラバウルに連行した。ラバウルで，E 3 は教会を仕切って作られた「慰安所」に収容され，1 日に10名から15名の日本軍人との性行為を強制された。E 3 は，性病予防と避妊のためにキニーネという薬を日本軍から支給されて，毎日飲んでいた。終戦後，戦争が終わったことを知らされないまま，取り残され，1946年に帰国船で帰ることができた。
　　 E 4 は，1932年，12歳のころ日本人と朝鮮人の男性に，「お父さんが呼んでいる」と騙されて連行され，下宿屋に監禁されたあと，「慰安所」に連行された。洗濯等の労働に従事していたが逃走して，警察に逃げ込み，警察部長宅の女中をしていた。しかし，彼女が17歳のときに，警察部長が帰国することになって，置き去りにされ，E 4 は日本軍人に「慰安所」に連行された。E 4 は，特攻隊の軍専用の「慰安所」で，性的サービスを強制された。そこは，「軍人用の施設であって民間人の立ち入りはなかった」。E 4 は，軍人たちが「慰安所」を利用する際に，「判子の押された票」を持ってきたと証言した。E 4 は終戦によって置き去りにされ，台湾を放浪していたところを，帰国する連絡船関係者に発見され，帰国することができた。「慰安所」での労働に対する金銭は一度ももらっていない。
　　 E 5 は，1944年，19歳のときに，日本人と朝鮮人に「日本の工場に働きに行けば，一年もすれば嫁入り支度もできる」と勧誘された。彼女が断ったにも関わらず，勧誘者は，彼女をラグーンへ強制連行した。ラグーンの「慰安所」で彼女は，平日は10名から15名，休日には30名から40名の日本軍人との性行為を強要された。1945年に空爆を逃れるために，「慰安所」を移転することになった際に逃走し，自力で帰国した。
　　 E 6 は，1938年，17歳のとき，日本人と朝鮮人に，「日本人の紹介するいい働き口がある」と騙されて中国へ連行された。そして，彼女は，棗強，石家荘，平原，滄縣な

151

ど中国各地に設置されていた「慰安所」において，1日10名から30名の日本軍人の性的相手を強要された。彼女は苦痛のためにアヘンを吸うようになり，アヘン中毒になった。また子宮の疾病も患い，子宮膣上部切断手術，卵巣両側摘出手術を受けた。

(11) 訟月54巻7号1455頁に掲載されているが，訟月が確認できなかったため，Westlaw Japan, *supra note* 1で確認した。

本件では，G1，G2の他に，次のような被害事実の認定があった。

G4は14歳のとき，家に押し入ってきた日本軍人に強姦された。数カ月間，毎日日本軍人らが家に押し入ってきてり強姦される日々が続いた。その後，彼女は架馬村の日本軍駐屯地に連行された。彼女は駐屯地内にあった「慰安所」に1年間監禁され，昼夜を問わず日本軍人に強姦されたほか，掃除などの労働も強いられた。その後，彼女は藤橋へ移送され，日本軍が管理していた「慰安所」に3カ月監禁され，「慰安婦」として性行為を強制された。外出の自由はなく，部屋には鍵がかけられて部屋の外には軍人の見張りがいた。彼女はその後，再び架馬村の「慰安所」に移され，監禁され，性行為の強要が続いた。

G5は，1943年に村に侵攻してきた日本軍に捕えられ，軍の駐屯地に連行され，茅葺の建物の中の部屋に監禁された。連行された翌日に，G5は複数の日本軍人に強姦され，「慰安婦」にされた。彼女は毎日軍人たちに強姦され，抵抗すると殴る，蹴る，たばこの火を押し付けるといった暴力を振るわれたため，逃げることもできなかった。その後G5は「慰安所」を転々とさせられながら，「慰安所」で監禁・性行為を強制された。「慰安婦」にされている間，粗末な食事しか与えられなかった。性暴力に抵抗すれば，暴力を振るわれ，足をキリのようなもので刺される等の暴力を受けた。彼女は，日本軍が撤退する直前に解放された。

G6は14歳のとき，村に侵攻してきた日本軍に連行され監禁された。G6は連行の2日後2人の軍人に強姦され，その後は，毎日複数の日本軍人に性行為を強制された。その2，3カ月後に，藤橋の「慰安所」に移送され，監禁・性行為を強要され，抵抗すると暴行された。その後，G6は再び村の近くの「慰安所」に移送され，「慰安婦」とされた。

G7は16歳か17歳のとき，侵攻してきた日本軍に徴用されて「戦地後勤服務隊」に選ばれ，駐屯地に連行された。しかし，彼女は，山中で軍人に強姦され，殴るなどの暴力を振るわれ，片耳が聞こえなくなった。

G7は駐屯地内で監禁され，昼間は水運びや洗濯等の労働，夜は日本軍人らとの性行為を強制された。多いときには一晩に5人も相手にしなければならなかった。駐屯地を抜け出そうとする度に，監視していた日本軍人に見つかり，こん棒で殴られるなどの拷問を受けた。G7は各地の駐屯地の「慰安所」をたらいまわしにされた。これは，認定事実ではないが，G7もまたG1が目撃したのと同様に妊婦の虐殺，生き埋めを目撃したと証言した。

G8は，日本軍に徴用されて，野菜や葉たばこ栽培の労働に従事していた。1943年末に，日本軍の協力者に脅迫されて，日本軍人に引き渡されて強姦された。G8は軍の駐屯地内にあった「日本娘の部屋」という建物内の小部屋に監禁され，毎日昼夜を問

わず数人の日本軍人に強姦された。一度逃げ出したが,すぐにつかまり暴力的な制裁を受けた。彼女は,終戦間際の混乱の中,逃げ出した。

(12) G1について,認定されていない事実ではあるが,「慰安所」において,彼女は,凄惨な殺人事件を見せられたことも証言している。同じ「慰安所」に監禁されていた,他の「慰安婦」が妊娠を理由に殺された現場である。日本軍人が同女を後ろ手に縛り,麻酔を使わずに腹を切り裂いて胎児を取り出し,生きたままの胎児と同女を,あらかじめ掘ってあった大きな穴に投げ込んで生き埋めにした。女性に,妊娠に対する拷問を見せつけて,精神的ショックを与えて威嚇する,精神的拷問は,性的拷問の類型にあてはまると思われる。

(13) 本件では,D1の他に次のような被害事実の認定があった。

D4は,1941年,16歳頃に,日本軍人によって河東砲台へ連行された。日本軍人らは,途中の胡河港で,彼女に銃剣を突き付けて,怒鳴ったり,殴ったりしながら,7,8名で数時間にわたって輪姦したあと,河東砲台の窰洞に監禁した。それ以降,彼女は,約110日間にわたって,ほぼ毎日十数名の日本軍人らに棒で殴られ,怒鳴られ,昼夜を問わず強姦された。

1941年,D5が19歳頃,日本軍が村に侵入してきた。その際,日本軍人が銃剣で脅しながら,D5の家に押し入り,両親をこん棒で,血を吐くまで殴るなどして家から追い出した後,D5を強姦した。その後,軍人らは,連日,昼ごろになるとD5の家に押し入り,両親を追い出して,D5を強姦した。強姦の後,軍人らは,性器を洗った。そして,夜には,D5を脅して,砲台へ連行し,窰洞の中で輪姦した。D5は,姦淫の前に軍人に,非常に屈辱的な方法で,性病がないか調べられたことがある。性暴力を加えられる日々は1年以上も続いた。

D6は,1942年に,南頭村の実家で,当時南頭村に作戦行動を開始していた日本軍の下士官が5,6名の日本軍人を連れて実家に押し入ってきた。軍人らは,彼女の母親に暴力をふるって追い出し,下士官が彼女を強姦した。その後,下士官らは彼女を警備隊の砲台近くの民家に拉致して監禁し,その民家や河東砲台で,彼女は,下士官に「専属的に強姦された」。そして彼女は,その意に反して,数カ月後に下士官の子供を産んだ。

拉致されてから約1年半後,その下士官は移動になったが,彼女は,後任の下士官にさらに2,3カ月間性行為を強要され,夜には砲台に連行され複数の日本軍人らに暴力を振るわれ,強姦された。彼女は,自力で逃げたが,その後,対日協力者として裁かれ2年間投獄されるなどの被害にあった。また,彼女が日本軍下士官の子供を産まされたことで,対日協力者だと考えた親戚たちが,彼女の母親と弟を殺害していた。

D7は,1942年あるいは1943年,25,26歳のころ,帰省していた河東村の実家に乱入してきた日本軍人2人に強姦された。この被害の後,彼女は西煙鎮の婚家に戻ったが,彼女が不在の間に,彼女を強姦した2人の軍人が実家に押し入って,両親に暴力をふるって,彼女を差し出すよう要求した。そのため彼女は,強姦されることを知りながらも,両親を日本軍人の暴力から守るために,実家に帰らなければならなかった。この日本軍人2人による強姦は,約半年以上続いた。

　　　　D8は，1942年，25歳頃，日本軍が尭上村を襲った際に，纏足のため逃げられずに，日本軍人らに捕えられた。彼女は，西煙砲台へ連行され，8名の日本軍人らに強姦された。その後，彼女は，昼は砲台の中の便器と食事を差し入れるための小窓以外何もない真っ暗で不潔な部屋に監禁され，夜は別室で連日7，8名ほどの軍人らに輪姦された。彼女が気を失うと，軍人らは水をかけて目を覚まさせ，抵抗すると顔を殴ったり，首を絞めるなどの暴行を加えた。彼女は，拉致されてから30数日後に解放された。

　　　　D9は，1941年あるいは1942年に，17，18歳のころ，河東砲台に駐留していた日本軍人らが自宅に押し入ってきた。軍人らは，彼女の家族を殴って追い出し，彼女を輪姦した。軍人らは，その後も，彼女の家に押し入って強姦したり，河東砲台に連行して，窰洞の中で強姦したりした。それから，下士官が独占して彼女を強姦するようになり，東郭湫砲台へ移動する際にも，同行させられ，他の下士官にも強姦された。

(14)　　訟月51巻11号2813頁に掲載されているが，確認できなかったため，Westlaw Japan, *supra note* 1 で確認した。

　　　　本件では，F1の他に，次のような被害事実の認定も行われた。

　　　　F3は，1943年，16歳のころ，3名の中国人と3名の武装した日本軍人に，「銃底で左肩を強打されたり，後ろ手に両手を縛られるなどして抵抗を排除された上で」，自宅から拉致され，進圭村の日本軍駐屯地に連行され，ヤオドン内に監禁された。連行された日に，彼女は，3名の中国人に強姦されたあと，ヤオドンや砲台の中の部屋で，多数の日本軍人に強姦された。次の日から，約40日間監禁され続け，繰り返し強姦された。

(15)　　地裁判決に示された証言には，見張りの者は中国民兵の清郷隊だったと述べられている。

(16)　　本件では，C1の他にも，次のような被害事実が認定された。

　　　　1942年に姉夫婦と同居していた15歳のとき，C2は，姉の夫が八路軍に対する協力活動を行っていたことから，姉夫婦とその子とともに，日本軍と清郷隊（日本軍に協力した地元民による武装組織）に捕えられ，進圭村の日本軍駐屯地に連行された。夜になって，彼女は，日本軍の隊長がいる建物に連行され，隊長に2度も強姦された。姉とその子供は解放されたが，C2は引き続き監禁され，翌日以降も彼女は，昼は複数の日本軍人や清郷隊らに強姦され，夜は隊長や清郷隊幹部に強姦された。彼女は，日本軍人に陰部を切られるという拷問も受けた。

(17)　　本件では，D2，D3以外にも次のような被害事実が認定された。

　　　　D10は，17歳のころ，1941年に発生したいわゆる「南社惨案」事件（日本軍，警備隊約40名が，河東砲台から南社村に向かい，途中遭遇した農民らを，その場で惨殺したり，瀕死の重傷を負わせた事件）の際に，50数名の老若男女とともに連行された。連行された村人たちのうち，男性は，広場に集められ「八路軍との関係を断ち」，日本軍へ金を渡すよう脅迫され，拷問を受けた。若い女性は，別室に移され連日強姦された。彼女もその中の1人であり，約半月の間，強姦が続いた。解放後，彼女は，「汚れを負ったかのように蔑視」された。

(18)　　訟月51巻11号2813頁に掲載されているが，確認できなかったため，Westlaw Japan,

第 3 章 「慰安婦」訴訟

　　　supra note 1 で確認した。
　　　本件では，F2の他に，次のような被害事実が認定された。
　　　F4は中国共産党員であり，村の婦人連合の主任であった。1944年 3 月に，彼女は，共産党組織の会合を12名の仲間と開いているところを日本軍に襲われた。彼女は，銃底で左腕を殴られ，後ろ手に縛られて，民家に監禁され，その夜，多数の日本軍人に強姦された。その後彼女は， 6 日間監禁され，連日連夜強姦され続けた。
(19)　訟月54巻 7 号1455頁に掲載されているが，確認できなかったため，Westlaw Japan, *supra note* 1 で確認した。
　　　本件では，この他に次のような事実認定があった。G9は1943年に，日本軍に徴用された。徴用先の日本軍駐屯地近くで， 3 人の日本軍人に強姦された。強姦の後，彼女が駐屯地での仕事に行かなかったため，日本軍人らは，彼女の村に押しかけ，彼女だけではなく他の村人にも暴行を加えた。そのため，彼女は，村人を守るために，駐屯地へ行かざるを得ず，その後 2 年間，毎日のように駐屯地で強姦され， 3 年間監禁された。
(20)　訟月54巻 7 号1455頁に掲載されているが，確認できなかったため，Westlaw Japan, *supra note* 1 で確認した。
(21)　内海愛子「戦時性暴力と東京裁判」VAWW-NET Japan編『戦犯裁判と性暴力』（緑風出版，2000年）59頁。林博史「『法廷』にみる日本軍性奴隷制下の加害と被害」VAWW-NET Japan編『裁かれた戦時性暴力』（白澤社／現代書館，2001年）79頁。田中利幸「国家と戦時性暴力と男性性――「慰安婦制度」を手がかりに――」宮地尚子編著『性的支配と歴史　植民主義から民族浄化まで』（大月書店，2008年）113頁。
(22)　国会による，救済立法の不作為を国家賠償法上違法であるとした山口地判1998年 4 月27日（判例時報1642号24頁）も，日本国憲法制定後の立法不作為を違法としたものである。東京地判1999年10月 1 日（判例集未搭載のため，Westlaw Japan, *supra note* 1 で確認した），同控訴審東京高判2000年11月30日（判例時報1741号40頁），東京地判2001年 5 月30日（判例タイムズ1138号167頁），同控訴審東京高判2004年12月15日（訟月51巻11号2813頁に掲載されているが，確認できなかったため，Westlaw Japan, *supra note* 1 で確認した），東京地判2006年 8 月30日判決（訟月54巻 7 号1455頁に掲載されているが，確認できなかったため，Westlaw Japan, *supra note* 1 で確認した）等で，同じ根拠づけで元「慰安婦」の請求を退けている。
(23)　訟月54巻 7 号1455頁に掲載されているが，確認できなかったため，Westlaw Japan, *supra note* 1 で確認した。
(24)　裁判所は，条理に基づいて法的義務が発生するためには，①危険の存在：人の生命・身体などに対する差し迫った危険な状態があること，②予見可能性：国としてその結果を具体的に予見することができること，③結果回避可能性：作為に出ることにより結果の発生を防止することが可能であること，という要件を満たす必要があるとした。本件については，①新たに被害者の社会的評価が低下する差し迫った危険性がない，③新聞に謝罪広告を掲載することで，被害者の社会的評価の低下を防止することができると必ずしも断定できないため，要件を満たさず，法的義務は発生しないと

155

判断した。条理に基づく法的責任も発生しないと判断した。
(25) 　山口地判1998年4月27日（判例時報1642号24頁）。
(26) 　外務省http://www.mofa.go.jp/mofaj/index/html．内閣官房内閣外政審議室が「いわゆる慰安婦問題について」という調査報告書を提出し，当時の河野洋平内閣官房長官が発表した内閣官房長官談話。
(27) 　東京地判1999年10月1日（判例集未搭載のため，Westlaw Japan, *supra note* 1 で確認した），同控訴審東京高判（2000年11月30日）（判例時報1741号49頁），東京地判2001年5月30日（判例タイムズ1138号167頁），同控訴審東京高判2004年12月15日（訟月51巻11号2813頁に掲載されているが，確認できなかったため，Westlaw Japan, *supra note* 1 で確認した）。東京地判2006年8月30日（訟月54巻7号1455号に掲載されているが，確認できなかったため，Westlaw Japan, *supra note* 1 で確認した），東京高判2003年7月22日（判例時報1843号32頁）。
(28) 　東京地判1999年10月1日（判例集未搭載），同控訴審東京高判2000年11月30日（判例時報1741号49頁），東京地判2001年5月30日（判例タイムズ1138号167頁），東京地判2002年3月29日（判例時報1864号50頁）東京高判2003年7月22日（判例時報1843号32頁）。
(29) 　東京地判2001年5月30日（判例タイムズ1138号167頁），同控訴審東京高判2004年12月15日（訟月51巻11号2813頁に掲載されているが，確認できなかったため，Westlaw Japan, *supra note* 1 で確認した），東京地判2002年3月29日（判例時報1864号50頁）。東京高判2003年7月22日（判例時報1843号32頁）。
(30) 　東京地判2001年5月30日（判例タイムズ1138号167頁）。東京地判2002年3月29日（判例時報1864号50頁）。東京高判2003年7月22日（判例時報1843号32頁）。
(31) 　東京高判2003年7月22日（判例時報1843号32頁）。
(32) 　加害行為が，日本軍の戦争行為・作戦行動の遂行に付随する，個々の軍人の行為であったという点については，東京高判2004年12月15日（訟月51巻11号2813頁に掲載されているが，確認できなかったため，Westlaw Japan, *supra note* 1 で確認した）も同様の判断をしている。
(33) 　東京地判1999年10月1日（判例集未搭載），同控訴審東京高判2000年11月30日（判例時報1741号49頁）。
(34) 　戸塚悦朗「関釜裁判で元『慰安婦』に勝訴判決――国家賠償法立法運動に弾み――」法学セミナー525号（1998年）37頁。
(35) 　戸塚・同上，37頁。
(36) 　戸塚・同上，37頁。
(37) 　戸塚・同上，38頁。
(38) 　戸塚・同上，38, 39頁。
(39) 　戸塚・同上，39頁。
(40) 　戸塚・同上，39頁。
(41) 　山元一「下関関釜裁判山口地裁判決」国際人権10号（1999年）82頁。
(42) 　山元・同上，82頁。
(43) 　山元・同上，83頁。

(44) 山元・同上，83頁。
(45) 山元・同上，83，84頁。
(46) 山元・同上，84頁。
(47) 山元・同上，84頁。
(48) 内藤光博「『従軍慰安婦』問題と平和憲法の原理」専修大学法学研究所紀要25号（2000年）138頁。
(49) 内藤・同上，141，142頁。
(50) 内藤・同上，142，143頁。
(51) 内藤・同上，143頁。
(52) 内藤・同上，151，152頁。
(53) 内藤・同上，152，153頁。
(54) 青山武憲「いわゆる慰安婦訴訟事件」国会月報45巻600号（1998年）44頁。
(55) 青山・同上，45頁。
(56) 青山・同上，45頁。
(57) 中島光孝「関釜控訴審判決（戦後補償）」国際人権12号（2001年）。
(58) 宮井清暢「戦後補償問題と立法府・行政府等の責任」ジュリスト1269号（2004年）8頁。
(59) 宮井・同上，9頁。
(60) 宮井・同上，9頁。
(61) 宮井・同上，9頁。
(62) 東京地判2003年4月24日（判例時報1823号61頁）。
(63) 宮井・前掲注(58) 9頁。
(64) 山手治之「アジア太平洋戦争韓国人犠牲者請求事件——日韓請求権協定2条の解釈を中心に——」京都学園法学2・3号（2004年）60〜69頁。
(65) 松本克美『時効と正義——消滅時効・除斥期間論の新たな胎動——』（日本評論社，2002年）226，227頁。
(66) 松本・同上，188〜195頁。
(67) 松本・同上，179〜196頁。
(68) 松本・同上，188〜195頁。
(69) 西埜章『国家補償概説』（勁草書房，2008年）24頁。
(70) 西埜章「戦後補償における国家無答責原則克服の試み」国際人権15号（2004年）51，52頁。
(71) 宇賀克也『国家補償法』（有斐閣，1997年）504〜506頁。
(72) 松本克美「『国家無答責の法理』と民法典」立命館法学292号（2003年）318，319，371頁。
(73) 芝池義一「戦後補償訴訟と公権力無責任原則」法律時報76巻1号（2004年）24〜30頁。
(74) 岡田正則『国家の不法行為責任と公権力の概念史——国家賠償法制度史研究——』（弘文堂，2013年）276頁。
(75) 小畑郁「請求権放棄条項の解釈の変遷」芹田健太郎・棟居快行・薬師寺公夫・坂元茂樹編集代表『講座　国際人権法Ⅰ　国際人権法と憲法』（信山社，2006年）361〜378頁。
(76) 小畑・同上，379〜382頁。

(77) 阿部浩己『人権の国際化——国際人権法の挑戦——』(現代人文社, 1998年) 236〜238頁。
(78) 阿部・同上, 236, 237頁。
(79) 阿部・同上, 237頁。
(80) 阿部・同上, 238頁。
(81) 阿部・同上, 238頁。
(82) 阿部・同上, 239頁。
(83) 阿部・同上, 240〜242頁。
(84) 判例時報1823号61頁。
(85) VAWW-NET Japan編訳『戦時・性暴力をどう裁くか 国連マクドゥーガル報告全訳』(凱風社, 2000年) 4, 90〜91, 120〜121頁。
(86) VAWW-NET Japan編『裁かれた戦時性暴力——「日本軍性奴隷制を裁く女性国際戦犯法廷」とは何であったか——』(白澤社／現代書館, 2001年) 2頁。
(87) クリスティーヌ・チンキン著, VAWW-NET Japan訳「女性国際戦犯法廷と国際法およびジェンダー正義」VAWW-NET Japan編・同上, 63頁。
(88) 東澤靖「〈解題1〉判決が『慰安婦』犯罪に適用した法」VAWW-NET Japan編『日本軍性奴隷制を裁く——2000年女性国際戦犯法廷の記録第6巻 女性国際戦犯法廷の全記録[Ⅱ]——』(緑風出版, 2002年) 101頁。
(89) 松井やより「開廷の言葉」VAWW-NET Japan編『日本軍性奴隷制を裁く——2000年女性国際戦犯法廷の記録 第5巻 女性国際戦犯法廷の全記録[Ⅰ]——』(緑風出版, 2002年) 39頁。
(90) 判決文1, 判決文3〜6, VAWW-NET Japan編『日本軍性奴隷制を裁く——2000年女性国際戦犯法廷の記録第6巻 女性国際戦犯法廷の全記録[Ⅱ]——』(緑風出版, 2002年) 108, 109頁。
(91) 判決文1, 判決文3〜6, VAWW-NET Japan・同上, 108, 109頁。
(92) 判決文8, VAWW-NET Japan・同上, 109頁。
(93) 共通起訴状1〜3, 判決文20〜24, VAWW-NET Japan・同上, 12, 112, 113頁。
(94) 判決文81, VAWW-NET Japan・同上, 126頁。
(95) 判決文816〜822, VAWW-NET Japan・同上, 353, 354頁。
(96) 判決文823〜828, VAWW-NET Japan・同上, 354, 355頁。
(97) 判決文831, VAWW-NET Japan・同上, 356, 357頁。
(98) 判決文811〜832, VAWW-NET Japan・同上, 352〜357頁。
(99) 判決文810〜813, VAWW-NET Japan・同上, 351, 352頁。
(100) 判決文833〜852, VAWW-NET Japan・同上, 357〜361頁。
(101) 判決文938, VAWW-NET Japan・同上, 383頁。
(102) 判決文92〜98, VAWW-NET Japan・同上, 134〜136頁。
(103) 吉見・前掲注(3) 144, 145頁。
(104) 判決文92〜98, VAWW-NET Japan・同上, 134〜136頁。
(105) 判決文92〜98, VAWW-NET Japan・同上, 134〜136頁。

(106) 吉見・前掲注（3）439～452頁，「日本人捕虜尋問報告第四九号」は，ビルマのミッチナ陥落後に捕えられた20名の朝鮮人「慰安婦」と2名の日本人に尋問し，得た情報の報告である。
(107) 吉見・前掲注（3）453～464頁。
(108) 判決文99～108，VAWW-NET Japan・同上，136～139頁。
(109) 判決文99～108，VAWW-NET Japan・同上，136～139頁。
(110) 判決文116～141，VAWW-NET Japan・同上，142～150頁。
(111) 判決文942～949，VAWW-NET Japan・同上，384～386頁。
(112) 法廷は，日本政府の「慰安婦」に関する声明は，「国内外の圧力のもと，または新文書の発表への反応としてのみ，情報を開示するというパターン」があると指摘した。つまり1992年まで「慰安制度」への軍や国の関与や女性・少女への強制を否定していたが，1992年1月11日に吉見義明が，『朝日新聞』に発見した文書を公開してはじめて，「不承不承，部分的に認め始めた」。その後，1993年のいわゆる「河野談話」があったが，その後の進展はない。
(113) 判決文950～953，VAWW-NET Japan・同上，386，387頁。
(114) 判決文966～972，VAWW-NET Japan・同上，390，391頁。
(115) 判決文985～988，VAWW-NET Japan・同上，394，395頁。
(116) 判決文990～993，VAWW-NET Japan・同上，396～398頁。
(117) 判決文990～998，VAWW-NET Japan・同上，396～400頁。
(118) 判決文999，VAWW-NET Japan・同上，400頁。
(119) 判決文999～1003，VAWW-NET Japan・同上，400，401頁。
(120) 判決文1006，VAWW-NET Japan・同上，402，403頁。
(121) 判決文1008～1011，VAWW-NET Japan・同上，403，404頁。
(122) 判決文1012，VAWW-NET Japan・同上，405頁。
(123) 判決文1013，VAWW-NET Japan・同上，405頁。
(124) 判決文1014～1017，VAWW-NET Japan・同上，405～407頁。
(125) 判決文1018～1053，VAWW-NET Japan・同上，407～419頁。サンフランシスコ講和条約の当事国以外への適用に関し，最判2007年4月27日（判例時報1969号28頁）は，「サンフランシスコ平和条約……その枠組みとなるべきもの」の中国への適用を認めた。本最高裁判決は，当時の日本国と連合国との間で締結された，「個人の請求権を含め，戦争の遂行中に生じたすべての請求権を相互に放棄することを前提」として，日本の戦争賠償義務の存在を認め，賠償の取り決めは連合国と個別に行うという，「サンフランシスコ平和条約の枠組み」を，同条約締結の当事国ではなく，同平和条約「体制を当初から批判してきた」中国および中国人にも適用すると判断した。これを泉澤章は，「この『枠組み』こそが最高裁4月27日判決の枢要部分である」と指摘した 。この「枠組み」に中国および中国人との間の戦後処理問題を当てはめたことによって，本判決は，日中共同声明の解釈においても，「ストレートにサンフランシスコ平和条約の解釈を及ぼすことができる」ということになる（泉澤章「戦後補償裁判における請求権放棄論と最高裁2007年4月27日判決」国際人権19号（2008年）88，89頁）。

(126) VAWW-NET Japan・前掲注(89) 16〜26頁。
(127) 判決文175 VAWW-NET Japan・前掲注(90) 158頁。
(128) 判決文171〜173 VAWW-NET Japan・同上, 158, 159頁。
(129) 判決文177〜181 VAWW-NET Japan・同上, 160, 161頁。
(130) 判決文182, 183 VAWW-NET Japan・同上, 161頁。
　　　また, 台湾の他の証言者蘆満妹(ル・マンメイ)は, 17歳のとき看護婦として働くと騙されて徴集された。彼女は養女で, 家庭は貧しかったため,「看護婦はいい仕事だし給料がよい」と思い行くことにした。彼女は「軍用船」で海南島に連れて行かれ, そこで他の女性と合流した。その際, 付添の日本人が,「海外の食堂で働くことになるが給料もよい」といったため, 看護婦ではないが承諾し, 紅沙へ移動した。そこに着いて, 彼女は初めて「慰安所」であると気づいた。「日本人が経営しており, 日本式の宿舎」のような建物で,「木の板で小部屋に仕切られており, 床は畳が敷かれて」いた。「娘1人につき1部屋」だった。そこには, 30数名の「慰安婦」がいた。軍人たちは, 経営者から切符を購入して,「慰安所」を利用した。「昼も夜も奉仕」をさせられ, 性交を拒否することは許されなかった。彼女は,「慰安所」の周りを散歩することは許された。軍人たちはコンドームを着けたが, 彼女は一度妊娠し, 妊娠後8カ月も働かされた(判決文184, VAWW-NET Japan・同上, 161, 162頁)。
(131) 判決文186〜188, VAWW-NET Japan・同上, 162〜164頁。
(132) 判決文190, 191, VAWW-NET Japan・同上, 164頁。
(133) 判決文192, VAWW-NET Japan・同上, 164, 165頁。
(134) 判決文194, VAWW-NET Japan・同上, 165頁。
(135) 判決文194〜196, VAWW-NET Japan・前掲注(74) 165, 166頁。
(136) 判決文192, VAWW-NET Japan・前掲注(90) 164頁。
(137) 判決文197, VAWW-NET Japan・同上, 166頁。
(138) 判決文198〜199, VAWW-NET Japan・同上, 167頁。
(139) 判決文201, 202, VAWW-NET Japan・同上, 167, 168頁。
(140) 判決文203, VAWW-NET Japan・同上, 168, 169頁。
(141) 法廷における判決には, 梅毒が「606号」注射によって, 15日で治ることは考えられないと指摘されており, 一時的に症状を抑えて, 再び「慰安」行為をさせていたと考えられる。したがって,「慰安婦」の身体への影響は過大であり, 軍人への感染も防げなかった可能性が高い。
(142) 判決文203, 204, VAWW-NET Japan・前掲注(90) 168, 169頁。
(143) 文必ギの「ギ」は, 本来漢字表記であるが, 変換できないためカタカナで表記した。
(144) 判決文209, 210, VAWW-NET Japan・前掲注(90) 172頁。
　　　その他に, 次のような証言があった。1938年末ごろ, 16歳のとき, 朝鮮人証人宋神道(ソン・シンド)は, 朝鮮人女性に戦場にいる人たちの手伝いをする仕事だと騙され, 平壌を経て, 朝鮮人男性に武漢に連れて行かれた。彼女は, 性感染症の検査を受けさせられた際に, 仕事内容に気付いた。宋も「慰安所」では日本名を付けられ, 朝鮮語を禁止された。恐怖で軍人との性交を断った際には,「慰安所」の帳場係に激しい暴

力を振るわれ、狭い部屋に監禁され、食事を断たれる罰を受けた。経営者は朝鮮人だったが、「慰安所」の建物の周りは、日本軍人が見張っており、逃げることはできなかった（判決文205, 206, VAWW-NET Japan・同上, 170頁）。

軍人たちはコンドームの使用が義務付けられていたが、使わない者も多く、宋や多くの他の「慰安婦」たちは妊娠した。しかし、妊娠中も性交を断ることはできなかった。2度目の妊娠の際、宋は「慰安所」を追い出され、最前線の軍人たちの相手をする「慰安婦」にされ、戦場で身の危険にさらされ、日本軍人が中国軍人の捕虜に対して行った残虐行為を目の当たりにした。終戦の際、日本軍人が宋を日本へ連れてきて、置き去りにし、その後彼女は帰国することができなかった（判決文207, VAWW-NET Japan・同上, 171頁）。

朝鮮人証人金英淑（キム・ヨンスク）が、「慰安婦」に徴集されたのは12歳のころだった。金は、日本人の警官の「お金をたくさんもうけられるようになる」という甘言に騙されて、中国の瀋陽の「慰安所」に連れてこられた。この「慰安所」の周りは高い塀で囲まれ、有刺鉄線が張り巡らされ、軍人が見張っていた。金も、日本名を付けられた。彼女は、日本軍将校に剣で切りつけられた上、強姦され、その後「慰安婦」として働かされた（判決文209, 210, VAWW-NET Japan・同上, 172頁）。

(145)　判決文212, VAWW-NET Japan・同上, 172頁。
(146)　判決213, VAWW-NET Japan・同上, 172, 173頁。
(147)　判決文214, VAWW-NET Japan・同上, 173, 174頁。彼女は、軍人が酔って鍵をかけ忘れた隙に逃げたが、連れ戻され、1人の日本軍人の家にとどまることを選んだ。不特定多数の軍人に性的に虐待されるよりも、特定の数名を相手にする方を選んだのである。彼女を監禁した日本軍人と知り合いの軍人が帰ってきたときには、彼らに強姦された。

また、フィリピンの「慰安所」については、この他に次のような証言があった。フィリピン人証人マキシマ・レガラ・デラ・クルスは、1944年15歳のころ、路上で母とともに付近の家に連行され、3カ月間監禁された。その家で、彼女は、日本軍人にサーベルを突きつけられ、強姦された。そのときのショックで、サーベルを下げた日本軍人が部屋に入ってくる度に気を失ったが、それでも強姦された。彼女と母親は、日中は同じ部屋に閉じ込められ、2人を軍人が見張っていた。夜になると別々の部屋にひき離され、それぞれ強姦された（判決文216, VAWW-NET Japan・同上, 174, 175頁）。

(148)　判決文217, VAWW-NET Japan・同上, 175頁。
(149)　判決文218〜220, VAWW-NET Japan・同上, 176頁。
(150)　判決文222, 223, VAWW-NET Japan・同上, 177, 178頁。

マレーシアについて、他に次のような証言があった。マレーシア人証人ロザリン・ソウは、1943年、24歳のころ、自宅から日本軍人に連れ出され、「慰安所」に連行された。「慰安所」で彼女は日本名を付けられ、性病検査を毎週受けさせられた。陸軍人と他の軍人も「慰安所」を訪れ、朝から晩まで1日に60人もの軍人の相手をさせられ、3年間休みなく働かされた。コンドームを使わない軍人が多く、妊娠したが、中絶は許されなかった。将校たちは、強姦に加えて、彼女に対して、蹴る、引きずる、髪を引っ

張るなどの虐待もした。逃げようとすると首をはねられるため，逃げられなかった（判決文221，VAWW-NET Japan・同上，176，177頁）。
(151) 判決文224，VAWW-NET Japan・同上，178頁。
(152) 判決文225，VAWW-NET Japan・同上，178頁。
(153) 判決文225〜231，VAWW-NET Japan・同上，178，179頁。
(154) 判決文233，234，VAWW-NET Japan・同上，180頁。
　　その他，インドネシア人証人のスハナは，次のように証言した。1942年，16歳のときに，6人の日本軍人が，「仕事を紹介する」，「学校に行かせてやる」などと言って勧誘してきた。彼女は，それを断ったにもかかわらず，「髪の毛を引っ張られてジープに押し込まれ」，「慰安所」に連行された。「慰安所」には，他にも多くの女性が集められており，連行された3日後に，彼女は性病検査をされた。その後，軍人に強姦された。性的サービスを拒否したときには，鞭で打たれ，軍人たちや軍医から残忍で屈辱的な性暴力を受けた（判決文235，VAWW-NET Japan・同上，180頁）。
(155) 判決文236〜238，VAWW-NET Japan・同上，180，181頁。
(156) 判決文239，VAWW-NET Japan・同上，181頁。
(157) 判決文240〜242，VAWW-NET Japan・同上，181，182頁。
(158) 判決文243，VAWW-NET Japan・同上，182，183頁。
(159) 吉見・前掲注（3）102〜104頁。
(160) 判決文245〜248，VAWW-NET Japan・同上，184，185頁。
(161) 判決文249，VAWW-NET Japan・同上，185頁。
(162) 同様の主張として，藤目ゆき「日本人『慰安婦』を不可視にするもの」VAW-NET Japan・前掲注（86）90，99頁。
(163) 判決文252，VAWW-NET Japan・前掲注（90）186頁。
(164) 判決文253，VAWW-NET Japan・同上，186頁。
(165) 判決文254，VAWW-NET Japan・同上，186頁。この文書は，陸軍省副官から北支那方面軍と中支那方面軍各参謀宛ての文書である。
(166) 判決文255，VAWW-NET Japan・同上，186頁。この文書は，台湾軍司令官安藤利吉から陸軍大臣東条英機に送られた文書である。
(167) 判決文256，257，VAWW-NET Japan・同上，186頁。
(168) 判決文258〜260，VAWW-NET Japan・同上，186，187頁。
(169) 判決文261，VAWW-NET Japan・同上，187頁。
(170) 判決文263〜267，VAWW-NET Japan・同上，188，189頁。
(171) 判決文263〜267，VAWW-NET Japan・同上，188，189頁。
(172) 判決文268，VAWW-NET Japan・同上，189頁。
(173) 判決文277〜284，VAWW-NET Japan・同上，191，192頁。
(174) 判決文355，356，VAWW-NET Japan・同上，207頁。
(175) 判決文269〜276，VAWW-NET Japan・同上，189〜191頁。
(176) 判決文285〜288，VAWW-NET Japan・同上，192，193頁。
(177) 判決文289〜294，VAWW-NET Japan・同上，193，194頁。輸送中に殺されたり負傷

第 3 章 「慰安婦」訴訟

した女性たちも多かったという。

(178) 判決文295〜300, VAWW-NET Japan・同上, 195, 196頁。
(179) 判決文295〜300, 312, 313, VAWW-NET Japan・同上, 195, 196, 198頁。
(180) 判決文301〜306, VAWW-NET Japan・同上, 196, 197頁。
(181) 判決文350〜353, VAWW-NET Japan・同上, 205, 206頁。
(182) 判決文307〜311, VAWW-NET Japan・同上, 197, 198頁。
(183) 判決文354, VAWW-NET Japan・同上, 206, 207頁。
(184) 判決文307〜311, VAWW-NET Japan・同上, 197, 198頁。
(185) 判決文312〜330, VAWW-NET Japan・同上, 198〜202頁。
(186) 判決文312〜330, VAWW-NET Japan・同上, 198〜202頁。
(187) 判決文331〜336, VAWW-NET Japan・同上, 202, 203頁。
(188) 判決文337〜342, VAWW-NET Japan・同上, 203, 204頁。
(189) 判決文343〜349, VAWW-NET Japan・同上, 204, 205頁。
(190) 判決文343〜349, VAWW-NET Japan・同上, 204, 205頁。
(191) 判決文357〜361, VAWW-NET Japan・同上, 207, 208頁。
(192) 判決文357〜361, VAWW-NET Japan・同上, 207, 208頁。
(193) 判決文352〜372, VAWW-NET Japan・同上, 206〜210頁。
(194) 判決文373, VAWW-NET Japan・同上, 210, 211頁。
(195) VAWW-NET Japan・前掲注 (89) 221〜223頁。
(196) VAWW-NET Japan・同上, 221〜223頁。
(197) VAWW-NET Japan・同上, 223〜226頁。
(198) VAWW-NET Japan・同上, 223〜226頁。
(199) VAWW-NET Japan・同上, 223〜226頁。
(200) VAWW-NET Japan・同上, 223〜226頁。
(201) VAWW-NET Japan・同上, 223〜226頁。
(202) VAWW-NET Japan・同上, 30頁。
(203) 判決文497〜508, VAWW-NET Japan・前掲注 (90) 249〜252頁。
(204) VAWW-NET Japan・前掲注 (89) 30頁。
(205) 判決文491〜494, VAWW-NET Japan・前掲注 (90) 247, 48頁。
(206) 判決文514〜543, VAWW-NET Japan・同上, 253〜260頁。
(207) 認定の概要27, VAWW-NET Japan・前掲注 (86) 302頁。
(208) 認定の概要29, VAWW-NET Japan・前掲注 (207) 302, 303頁。
(209) 判決文778, VAWW-NET Japan・前掲注 (90) 341頁。
(210) 判決文779, VAWW-NET Japan・同上, 341, 342頁。
(211) 判決文782〜784, VAWW-NET Japan・同上, 342, 343頁。
(212) 吉見・前掲注 (3) 105頁。
(213) 判決文785, VAWW-NET Japan・前掲注 (90) 343, 344頁。
(214) 判決文786, 787, VAWW-NET Japan・同上, 344頁。
(215) 判決文785, VAWW-NET Japan・同上, 343, 344頁。

(216) 判決文789～791, VAWW-NET Japan・同上, 344, 345頁。
(217) 判決文792, VAWW-NET Japan・同上, 345, 346頁。
(218) 判決文793～797, VAWW-NET Japan・同上, 346～348頁。
(219) 判決文793～797, VAWW-NET Japan・同上, 346～348頁。
(220) 判決文793～797, VAWW-NET Japan・同上, 346～348頁。
(221) 判決文798～800, VAWW-NET Japan・同上, 348, 349頁。
(222) 判決文798～800, VAWW-NET Japan・同上, 348, 349頁。
(223) 判決文1086, VAWW-NET Japan・同上, 347, 348頁。認定概要「勧告」1～7, VAWW-NET Japan・前掲注 (207) 305頁。
(224) 判決文1087, VAWW-NET Japan・同上, 348頁。認定概要「勧告」8, 9, VAWW-NET Japan・同上, 305頁。
(225) 判決文1088, VAWW-NET Japan・前掲注 (74) 348頁。認定概要「勧告」10, VAWW-NET Japan・同上, 305頁。
(226) VAWW-NET Japan・前掲注 (85) 6頁。
(227) 西野瑠美子「被害者の尊厳回復と『法廷』――『証言』とは何であったか――」VAWW-NET Japan・前掲注 (86) 36, 52～53頁。
(228) 高橋哲哉「女性国際戦犯法廷で裁かれたもの」VAWW-NET Japan・同上, 284頁。
(229) 吉見・前掲注 (3) 27, 28頁。
(230) 訴月54巻7号1455頁に掲載されているが, 確認できなかったため, Westlaw Japan, *supra note* 1で確認した。
(231) 訟月54巻7号1455頁に掲載されているが, 確認できなかったため, Westlaw Japan, *supra note* 1で確認した。
(232) 訟月51巻11号2813頁に掲載されているが, 確認できなかったため, Westlaw Japan, *supra note* 1で確認した。
(233) 訟月51巻11号2813頁に掲載されているが, 確認できなかったため, Westlaw Japan, *supra note* 1で確認した。
(234) 判決文1006, VAWW-NET Japan・前掲注 (90) 402, 403頁。
(235) 判決文1008～1011, VAWW-NET Japan・同上, 403～405頁。
(236) 判決文1012, VAWW-NET Japan・同上, 405頁。
(237) 判決文239, VAWW-NET Japan・同上, 181頁。オランダ人「慰安婦」の実態に関しては, マルゲリート・ハーマー著, 村岡崇光訳『折られた花　日本軍「慰安婦」とされたオランダ人女性たちの声』(新教出版社, 2013年) に詳しい。
(238) 判決文350～353, VAWW-NET Japan・同上, 205, 206頁。
(239) 判決文354, VAWW-NET Japan・同上, 206, 207頁。
(240) 判決文312～330, VAWW-NET Japan・同上, 198～202頁。
(241) 判決文337～342, VAWW-NET Japan・同上, 203, 204頁。
(242) 判決文182, 183, 233, 234, VAWW-NET Japan・同上, 161, 180頁。
(243) VAWW-NET Japan・前掲注 (73) 221～226頁。
(244) 吉見義明・林博史編著『共同研究日本軍慰安婦』(大月書店, 1995年) 220～225頁。

(245) 吉見・林・同上, 220〜225頁。
(246) 蘇貞姫サラ「帝国日本の『軍慰安制度』論――歴史と記憶の政治的葛藤――」『岩波講座 アジア・太平洋戦争2 戦争の政治学』（岩波書店, 2005年）349, 352頁。
(247) 蘇貞姫・同上, 370頁。
(248) 蘇貞姫・同上, 371, 374頁。
(249) 判決文371, VAWW-NET Japan・前掲注（90）210頁。
(250) 判決文343〜349, VAWW-NET Japan・同上, 204, 205頁。
(251) 判決文218〜220, VAWW-NET Japan・同上, 176頁。

第4章　第二次世界大戦後の軍隊と性暴力

第1節　戦後も続く「慰安所」の影響

　これまで，第二次世界大戦前の植民地支配の時期の日本による性支配および，第二次世界大戦下の日本・日本軍による「慰安婦」制度内外での性暴力について述べてきた。戦時下でなくとも軍隊との関連で，「遊廓」における性暴力が行われていたし，「慰安婦」制度内外での戦時性暴力は，軍隊による残虐な性暴力であった。

　以下には，第二次世界大戦終了に伴う，日本軍の撤退後も朝鮮半島に残った，日本の性文化による影響について述べ，そして，朝鮮半島における軍隊と性との関係について述べる。なぜなら，第二次世界大戦後の韓国における状況は，日本軍の撤退と米軍の継続した軍事的駐留という点において，沖縄と類似しているからである。

1　戦後韓国における軍隊と性

　日本の敗戦によって，韓国は米軍の占領下に移行した。米軍政府は，「婦女子の人身売買及び売買契約禁止」(1946年5月17日公布)，「公娼制度等廃止令」(1947年11月14日公布)を出して，日本が持ち込んだ公娼制を廃止し，売春禁圧策をとった。しかし，それによって，公娼がいなくなり私娼が急増しただけであった。

　韓国では，1949年に韓国軍が創設されると，徴兵制が復活し，「軍慰安隊」も作られた。韓国軍内部は，日本軍に所属していた者たちを多く継承していたため，「性売買・性暴力的体質も継承」したと指摘される。徴兵制復活によって，「軍入隊前に韓国人男性が行う買春が通過儀礼化され，軍隊を通じて『男らしさの再教育』が制度化され」た。朝鮮戦争中，国連軍による民間人女性へ

167

の強姦事件が多発したため，韓国政府は，1951年5月に国連軍向けの「慰安所」を提供した。朝鮮戦争による貧困，家族の戦死や離散，孤児や寡婦などが，「慰安婦」にされた。

　1953年の韓米相互防衛条約締結によって，米軍の韓国への長期駐留が決定されると，米軍の性売買文化である「基地村」が建設された。基地村は，バー，キャバレー，クラブなど新たなサービス産業を含んだ，「アメリカ式性売買文化」である。基地村は，日本軍基地周辺にあった性売買街を，米軍基地が受け継いで形成された。金富子は次のように主張する。米軍は，表向きには日本の公娼制を否定しながら，「実質的には，『日帝』の性売買・性暴力構造を引き継ぎ再編」したのであり，「性売買・性暴力構造における植民地主義が，日本からアメリカへと再編・継続された」。

　1971年から韓国政府と米軍によって，基地村の女性たちに対する「性病管理と統制，教育」がなされるようになった。例えば，かつて日本の軍都であった群山の基地村の運営は，政府主導で設立された株式会社によってなされ，基地村女性たちに対する「管理」は，政府による集中的な管理・取締であり，まるで公娼制であった。基地村の女性たちは，番号のつけられた小部屋といった，「隔離された性売買空間」で性売買を行っており，「日本式公娼制度」，「遊郭」，典型的な「慰安所」を連想させる造りであった。韓米合同軍事演習の際には，日本軍の部隊と共に移動した「慰安婦」のように，毛布を持って訓練地近くまで行く「毛布部隊」が作られた。基地村の女性たちが，抱え主に高い利子で巧妙に搾取されていた点も，日本の公娼制や「慰安婦」制度と類似していた。

　朝鮮戦争期に韓国は，国連軍向けの「慰安隊」も設置したが，その理由が国連軍兵士による地元女性に対する強姦事件の多発であった。「慰安隊」になった女性たちは，貧困層の女性たちであった。

　基地村は，1970年代から80年代に全盛期を迎えて，衰退していった。その後，韓国では一般人男性向けの売買春，観光産業として売買春文化が残った。

　日本軍「慰安所」撤退後の，韓国における性売買文化について，金富子は，米軍占領下の韓国における「性売買・性暴力構造」は，日本の「性売買・暴力構造における植民地主義」が引き継がれ，日本軍から米軍へと再編され継続されたと指摘した。

これに対し、林博史は、「朝鮮戦争時に米軍と韓国政府がともに、韓国社会における軍隊向け性売買を組織的に生み出し、……基地村（米兵向けの性売買地区）や都市部の売春地区を生み出す契機となっ」たと指摘する。

　米軍政府は日本の公娼制を廃止したが、性病のペニシリン治療が容易になり、「性病による兵力損失」の不安がなくなったことで、売春禁圧策を徐々にゆるめていった。米軍政府の公衆衛生福祉局は、公娼制度廃止前にすべての公娼に、接客女性の性病検査と、治療を義務付け、怠った場合にはライセンスを取り上げる措置をとり、検査・治療のための病院や健康センターも指定していた。米軍人は、公娼を利用するよりも町で女性を見つけることも多かったため、米軍政府は、公的には売春禁圧策を取りながら、実質的には私娼を容認し、売春女性の検査によって性病を防ぐ政策をとった。

　朝鮮戦争期には、米軍主導の性管理が行われた。韓国政府独自の売春禁圧規定がなく、女性たち自身に性管理が任されており、ペニシリンも不足していた。米軍は性病教育の強化と予防具の無償配布を提言し、女性たちの定期検査や治療、摘発などを韓国当局に行わせた。韓国各地に診療所が設置され、定期的に性病検査が行われ、感染していた場合には、その女性の働いている店の経営者が責任を負い、女性は治療を義務付けられた。女性たちは、無料で治療を受けることができ、治療を終えたあと、それを証明する「健康カード」を受け取り働くことができた。米軍は、建前上は兵士の「禁欲」を第1に掲げたが、予防具の使用や性器の洗浄などを予防措置として指示し、実際的には性管理の下で売買春が行われた。

　朝鮮戦争時期の韓国政府による国連軍兵士向けの「慰安所」の設置にも、米軍は深く関与した。国連軍兵士向けの「慰安所」の設置目的は、①軍人による強姦からの一般女性の保護、②韓国政府から兵士への「感謝の意」を示すため、そして③「兵士の士気高揚、戦闘力の維持」であった。これらの設置目的は、日本軍「慰安所」の設置目的と類似している。

　林は、「軍隊でも行政機関でも日本の植民地支配を担った対日協力者が戦後韓国の担い手になっていったことを考えると、性売買を当然視したのは十分予想される」という。また、その後韓国内で韓国男性にも広がった性売買の文化について、朝鮮戦争期に米軍の果たした役割が大きく、日露戦争期の朝鮮半島

への公娼制の導入では，日本軍が大きな役割を果たしたと指摘した。これらのことから，「20世紀の朝鮮半島における性売買の歴史は，軍隊と極めて大きな関係をもって展開された」といえる。⁽¹⁵⁾

　林によれば，日本軍「慰安所」の設置目的は，第1に強姦防止であり，「日本軍のきわだった侵略性」が，「慰安所」の特徴であった。「慰安所」の設置・運営については，計画，業者の選定，「慰安婦」徴集の依頼，女性たちの移送，「慰安所」施設の接収や建設，実際の運営，「慰安所」に対するさまざまな便宜の供与（食料，医療品など）など，「軍が最初から最後まで主導した」のが，「慰安婦」制度の特徴であった。⁽¹⁶⁾これに対して，米軍の韓国における性売買への関与は，性病の予防が目的であり，売買春を公に認めることによる，アメリカ市民からの非難の回避のためであった。軍隊とアメリカ市民との信頼関係を損なわないことが目的であったため，アメリカ本国に知られない限りは，「現地行政機関に米兵向けの民間売春婦を管理させる方式」であり，日本軍のような直接的な関わりを避けていた。⁽¹⁷⁾

2　女性の性の搾取の問題点

　日本軍撤退後の韓国では，日本の植民地支配から続く公娼制と，それに続く日本軍「慰安婦」制度の影響の上に，米軍による「基地村」文化が導入され，韓国の性文化は，軍隊との関わりの中で形づくられていった。韓国における性文化は，軍隊との関連が強く，貧困層の女性たちの性が，売買され，軍隊の性奴隷として犠牲になり，感謝を表す贈物として，士気高揚のための財物として提供された。

　金富子の主張するように，日本の植民地化から続く韓国における性売買について，「慰安婦」制度の問題点は，被害者の前歴が売春婦であったか否かや，連行に物理的強制性があったか否かではなく，「人格をもった女性の性を，"戦争遂行の道具"や"性奴隷"としたこと」にある。問題とすべきは，「慰安所」や米軍専用の「慰安婦」という「性暴力装置を通じて貧しい女性の性を利用・搾取する軍隊/将兵をめぐる問題系」である。女性が売春婦だったか，処女だったかといった「前歴や強制性は問題の核心ではない」。⁽¹⁸⁾

　しかし，実際には「慰安婦」とされた女性が，幼く暴力によって連行された

場合と,女性が,貧困などで止むを得ず「慰安婦」となった場合や前歴が娼婦であった場合には,その女性に対する社会の見方は異なる。日本による植民地支配から「慰安婦」制度成立までの間においても,女性たちは「人格」を持った人間というよりも,売買される商品であり,差別され,その健康も行動も管理された需要の対象であった。そのため,女性たちは,足りなくなれば,詐欺や暴力で公娼制に組み込まれた。そのような制度や思想・文化の流れの中で成立してきたとも考えられる「慰安婦」制度は,軍事的な性支配の下で,女性たちの人格をより過酷に否定した。軍隊との関係で,女性たちは,「戦争の道具」とされ,戦利品として,士気の高揚の源として,軍隊のストレスのはけ口として,敵に対する凌辱の手段として利用されてきたのである。

戦時性暴力が,軍隊の構造的暴力であることは,第1章ですでに述べた。第2章,第3章では,日本軍「慰安婦」制度内外で発生する性暴力の軍隊の構造的暴力の側面について述べた。

戦時下において際立って発生する戦時性暴力は,戦争後の基地周辺における売買春施設,基地村に吸収されたが,一方で,制度化された性暴力の外に流れ出る性暴力がある。平時における軍人による性暴力も軍隊の構造的暴力としての性暴力といえるのであろうか。韓国と同様に,第二次世界大戦終結に伴う日本軍の撤退後,米軍が統治した沖縄の場合をみながら若干検討を加える。

第2節　沖縄と軍隊と性暴力

1　沖縄戦の「慰安婦」

シンシア・エンローは,「沖縄は今日なお,地上でもっとも徹底的に軍事化された場所の1つであり続けている」として,日米安全保障条約によって沖縄の土地が,米軍に提供され続けていることを指摘した。[19]この沖縄の軍事化は,第二次世界大戦中の日本軍による軍事化から,大戦末期に沖縄に上陸した米軍による軍事化に引き継がれ,終戦後の1972年までの27年間も続く米軍統治下と,1972年の沖縄の本土「復帰」に伴う施政権返還後も続く,米軍駐留によって継続している。

沖縄における軍事化と性暴力の問題について語るには,第二次世界大戦中ま

でさかのぼらなければならない。

エンローは，沖縄における「軍事化のプロセスは，家父長制的にジェンダー化され，かつセックス化されていた」述べ，その具体的な例として第二次世界大戦中に，沖縄にも日本軍「慰安所」が設置されたことを指摘した。[20]

沖縄に設置された「慰安所」には，当時沖縄に存在していた尾類（ジュリ）と呼ばれる辻遊廓の女性たちが動員されたが[21]，朝鮮半島からも多くの女性たちが連行され「慰安婦」にされた。[22] 沖縄における「慰安所」は，沖縄本島の南部から北部，離島まで，ほとんど全域に存在していた。[23]

沖縄にあった「慰安所」で性奴隷化された女性たちも，第二次世界大戦後，沈黙を強いられてきたことは，前述の元「慰安婦」たちと同様である。そのような中で，朝鮮半島出身の元「慰安婦」，ペ・ポンギの証言は貴重である。

ペ・ポンギは，貧しい家に生まれ，7歳のころから手伝いとして，家々を転々とし，1943年，29歳のときに，当時「女紹介人」と呼ばれ，軍と結びついて，若い女性を斡旋していた朝鮮人と日本人の2人の男性の甘言を信じ，興南から京城，釜山を経由して日本の門司へ移送された。ペ・ポンギは，釜山を出る前に，性病検査をされた。[24] そして，彼女は門司から鹿児島を経由して沖縄へ移送され，さらに渡嘉敷島へ連行され，そこで「慰安婦」として生活した。彼女が沖縄に上陸したとき，すでに沖縄は地上戦の最中であり，那覇は空襲で壊滅状態だった。[25]

渡嘉敷島に「慰安婦」が到着する前に，渡嘉敷島の女子青年団が「貞操を守るという観念には昔から伝統的に厳格」な，「清い村」に「命より大事な」性を売り物にする施設を設置するのは，風紀が乱れ，地域の女性も軍人に「そのような女」だと勘違いされるという理由で反対した。しかし，村長と元海上挺進第三戦隊隊長が，女子青年団代表を「だいたい戦地は慰安所を置いている」，「慰安婦」を置くことが，地元の女性たちの身を守ることにつながると説得し，女子青年団は阻止運動を止めたという。[26]

このような貞操観念の中で，ペ・ポンギのような「慰安婦」たちは，「清い」女性たちとは区別され，軍人たちの性のはけ口にされた。地元女性の反対運動が起こったということは，「慰安所」の目的が戦時下の沖縄で知られていたということである。また，地元女性の反対を村長と軍隊長が説得したということ

は，「慰安所」の設置が軍の方針であったことも表している。

　ペ・ポンギを含む7名の朝鮮半島から渡嘉敷島へ連行された女性たちは，軍隊が民間人から接収した赤瓦の家に収容された。その家は，集落のはずれにあり，小高い山で集落から隔てられていた。ペ・ポンギや他の「慰安婦」たちは，「慰安所」では，それぞれ日本名で呼ばれていた。「慰安婦」の中には，まだあどけない女性もいて，軍人の性的相手にされたことで，毎日「目を真っ赤に泣き腫らして」いたという。この女性たちは，軍人の食事や洗濯の世話をする仕事だと勧誘され，騙されて連行されていた。[27]

　ペ・ポンギのいた「慰安所」では，帳場係は日本人で，彼女たちを門司から連れてきた男たちであった。軍人は帳場で切符を買い，順番がくれば，女性の個室に入り，切符を女性に渡した。彼女のいた「慰安所」でも，軍人が多く詰めかけた際には，軍人たちが入口に列をつくって待っており，休む暇もなかったこと，外で順番待ちをしている軍人が壁を叩いて急かしていた様子は，他の「慰安所」と同様であった。また，ペ・ポンギは，軍人が多く詰めかけたときには，腰や陰部が痛んだこと，生理のときにも軍人の相手をしなければならなかったことを証言した。[28]

　彼女たちは，1945年3月23日の空襲以降，激しい空襲に巻き込まれ，7名のうち数名が亡くなった。生き残った女性たちは，その頃には，軍隊とともに行動して，炊事や水汲み，洗濯などもしていた。そして，彼女たちは，8月26日の武装解除式の後，米軍に投降し，座間味島へ送られた。[29]

　ペ・ポンギは，その後，沖縄本島の石川の収容所へ収容された。収容所を出たあと，彼女は，沖縄県内各地を転々とした。行く宛てもない彼女は，終戦後にできた歓楽街で，1日から長くても1週間程度滞在しては，店を転々と変えながら，自らの性を売って生活せざるを得なかった。どこへ行っても「落ちつか」ず，飲み屋の女中や，食料品売りなどもしたが，言葉も不自由な場所で到底うまくいかず，売買春をして生計を立てた。そのため，性病に侵されたこともあった。[30]

　ペ・ポンギは，沖縄に「慰安婦」として連行されて以降，1991年に77歳で亡くなるまで，故郷に帰ることはなかった。[31]

　1945年10月の「在沖縄アメリカ軍政府活動報告」（1945年11月23日）で，米軍は，

日本軍が沖縄に残した朝鮮人「慰安婦」が「各地において恒常的な問題発生源」となっており,沖縄県の離島に所在していた「慰安婦」を沖縄本島に集め,「送還するまで,軍政府において彼女たちの収容ならびに給食の面倒をみて」いること,「慰安婦110名に,本島各地から集められた40名が合流して,朝鮮への出航を待っている」と報告し,11月の活動報告で,「朝鮮人『慰安婦』は,朝鮮に送還された」との報告がなされた。(32) 故郷へ帰った「慰安婦」がいた一方で,第3章で述べたように,第二次世界大戦後も故郷へ帰ることができない者が多くいたのは,沖縄における「慰安婦」たちも同様である。(33) 150名もの「慰安婦」が朝鮮へ帰っても,故郷へ帰ることができずに沖縄に残った「慰安婦」がおり,沖縄における「慰安所」の設置規模が大きかったことを物語っている。沖縄に残った女性たちは,米軍人や民間人相手の売買春によって生計を立てたものが多いといわれる。(34) ペ・ポンギの他にも,例えば,「花子」は,看護婦の仕事といわれて徴集され,看護学校で1カ月学んだ後,軍人の慰問に行くといわれ,連行された先が「慰安所」であった。終戦後は売買春街で,朝鮮人であることを隠し,本土から来たと偽って売春をして生活していた。(35)

2 第二次世界大戦後の沖縄の軍隊と性暴力

林博史は,東アジアにおける米軍基地網は,「軍による性暴力を継続させるものだった」と指摘する。(36)

第二次世界大戦において,沖縄に侵攻した米軍は,その後沖縄に駐留し,1947年3月に「占領軍への娼業禁止」に関する布告を出したが,売春そのものは見逃した。本格的に米軍基地を建設し始めると,1949年9月に,沖縄には,米軍の示唆で歓楽街が作られた。「表向きは飲食店などが並び売春街ではないとされたが,実際には売春が黙認された」。戦後の米軍駐留によって,沖縄の売買春は戦前よりも拡大した。先に述べた韓国における米軍相手の性売買の場合と同様に,沖縄においても,軍人に性病患者が発生すると,軍隊が感染ルートを調査し,感染源となった女性や,女性の努めるバーや売春施設を特定し,オフリミッツ措置を取った。米軍は,表向きは米軍人による「買春を認めない措置を取るが,実態はオフリミッツを通じて業者らに性病治療や衛生管理を徹底させる方法」を,上述の韓国の場合と同様に沖縄でもとっていた。(37)

林は,「東アジアにおける米軍基地は,各地域における性売買を大量に生み出し,性売買の隆盛の契機となった」と指摘する。⁽³⁸⁾沖縄においては,米軍人相手の売買春業が,ペ・ポンギや花子のような「慰安婦」として連行されてきた女性たちの受け皿になったと考えられる。

林は,「性売買・人身売買の横行とそれを当然視する社会は,性売買女性への侮蔑的差別的な意識を再生産しつづけ」,第二次世界大戦における「慰安婦」を含む性暴力の被害者や,「米軍による性暴力被害者が長年にわたって沈黙を余儀なくされ」てきたことと関係し,日本軍「慰安婦」たちの声は,「日本がその戦争責任をあいまいにしてきたことと,性売買の横行を容認する社会(日本でも韓国でも)により,幾重にもその声を封じられてきた」と述べる。⁽³⁹⁾

この指摘は,沖縄においては,沖縄に居住している元「慰安婦」たちの沈黙や,第二次世界大戦中・大戦後の米軍人による性暴力被害者たちの沈黙と深く関わっている。沖縄における軍隊と性暴力の関係は,辻遊廓の女性たちの日本軍「慰安婦」徴集に始まり,米軍の沖縄上陸に伴う性暴力,終戦後の米軍相手の歓楽街を中心とした売買春や米軍人の性暴力,そして現在の平時における米軍人による性暴力へと続いている。

3 平時における軍人による性暴力と構造的暴力

(1) 平時における軍隊・軍人と性暴力

第1章で述べたように,軍隊は,性暴力を起こしやすい性質を有している。

グエン・カーク,キャロリン・ボウェン・フランシスは,平時における軍人の性暴力の問題について述べた。彼女らによれば,沖縄に駐留する在日米軍人たちは,敵に対して攻撃的になるよう,殺すよう訓練され,洗脳されており,このような本質的な洗脳が,米軍基地周辺で平時に発生する性暴力の原因だとしている。⁽⁴⁰⁾米軍が軍人たちに対して行う分離トレーニングは,駐留受入れ地域住民と米軍人とを分離し,地域住民を物質化するトレーニングであり,このトレーニングで得た攻撃性が,駐留受入れ地域における女性に対する性暴力の要因となると指摘する。⁽⁴¹⁾よって,軍隊の訓練自体が,暴力性・攻撃性を育成し,軍隊と近接する住民を危険にさらす。特に,男性性を強調した,差別主義的な軍隊の構造は,女性を暴力の標的にしてしまう。

また，大越愛子は，男性性を誇示しようとするとき，男性は暴力的になると指摘した。軍人は，「無化されるかもしれない男性性を誇示するために，必要以上に暴力的」になることが戦場では求められるため，暴力性を常に維持するためには，男性性を誇示する場が必要となる。したがって，軍隊は，「女性に対する暴力的行為が許容される」売買春制度を必要とし，暴力的な性欲の充足である強姦によって男性性が誇示され，女性に受忍を強いる(42)。よって，軍隊の攻撃性・暴力性を高め，維持するために，男性性の誇示としての暴力的な性行為，強姦や売買春による性行為を，軍隊は必要とする(43)。

　このような考え方に基づけば，軍人たちの性暴力は，平時であろうと発生する。軍隊の特徴である，攻撃性や殺傷能力などを培うための訓練が，性暴力の発動の要因となっている。また，性暴力をふるうことが，軍人の男性性，暴力性，攻撃性を高めるために必要であるという相関関係が成り立つのである。

　1945年3月26日に，米軍が沖縄の慶良間諸島に上陸して間もないころ，米軍人による沖縄女性に対する性暴力は始まった(44)。当時，米軍人たちが沖縄においてふるった性暴力は，戦利品としての強姦，軍人たちの報酬としての強姦であったと考えられる。

　第二次世界大戦終結後，沖縄には米軍基地が残り，沖縄は米軍統治が続いた。戦争が終結した後も沖縄は，現在でも軍事化され続けている。そして，米軍のアメリカ本国外にある軍事拠点の1つであり，米軍と日本の軍事同盟の先端にある沖縄は，エンローが指摘するように，「今日なお，地上でもっとも徹底的に軍事化された場所の1つでありつづけている」(45)。平時であるにも関わらず，沖縄の人々は，駐留軍隊の周辺で起こる，軍事化された性暴力の危険にさらされている。

(2) 沖縄における軍人の平時の性暴力

　1995年に沖縄本島中部において発生した米軍人による強姦事件は，平時における軍人の性暴力の中でも，沖縄社会の記憶に強く残る事件の1つである。この事件について述べる中で，平時における軍人の性暴力も，軍隊の構造的暴力といえるのかどうかについて検討する。戦時性暴力に比較して，平時における軍人の性暴力は，非軍人による性暴力と同様に処理され，軍隊の持つ性暴力につながりやすい性質が見落とされてしまいがちである。

第 4 章　第二次世界大戦後の軍隊と性暴力

(a)　事件の概要

以下では，本件の強姦を提案し中心となって犯罪を実行した米軍人をA，強姦を行ったもう1人の米軍人をC，拉致，監禁等は行ったが，姦淫はしなかった米軍人をB，そして，計画段階には参加していたが，途中で犯行を離脱した米軍人をDとして，事件について述べていく。

この事件では，第一審の那覇地判1996年3月7日（判例時報1570号147頁）で，米軍人AおよびCに懲役7年，Bに懲役6年6カ月の実刑判決が下された。B，Cが量刑不当を理由に控訴した第二審の福岡高判1996年9月12日（判例タイムズ921号293頁）でも，第一審判決を踏襲し，Cに懲役7年の実刑判決，Bに懲役6年6カ月の実刑判決が下された。

第一審判決によれば，この事件は，1995年9月4日午後8時ごろ，沖縄県中部において，アメリカ軍所属の軍人3名が，12歳の少女を強姦する目的で，1人が被害者の背後から腕を巻き付け，もう1人が被害者の顔面を殴って拉致し，用意していた自動車に監禁し，ダクトテープで目隠しや両手足首を縛った上で，さらに顔面や腹を殴って抵抗を防いで，強姦に及び，負傷させた後，現場に遺棄した事件である。[46]

(b)　加害事実

この事件では，当初A，B，C，Dの4名の米軍人で，買春をしようと話し合っていたが，Aが金がないから代わりに強姦をしようと持ちかけたという。[47]

犯行に至るまでの流れは，控訴審の事実認定で詳細に示された。1995年9月4日に4名の米軍人は，軍人Aの運転でドライブしていたが，Aの提案で買春の代わりに強姦しようという話になり，米軍嘉手納基地内の売店でダクトテープとコンドームを購入した。軍人たちは，強姦するなら「女子学生が学校から帰るころがいい」と話し合い，犯行の際の役割分担を行い，強姦に及ぶ際に，「口にテープ」をする，「手足をテープで縛」る，「何かを頭からかぶせる」，「捕まった時は，コンドームをしていれば証拠が残らない」など具体的に話し合い，犯行計画を立てた。犯行に使うダクトテープ等を購入した後，車内からAが女性を物色したり，Bがコンドームを箱から取り出したり，Cがダクトテープを指に巻くなどしたため，Dは，A，B，Cが「本気で強姦を実行するつもりである」と察知し，Dは犯行から離脱することを決意して，キャンプ・ハンセ

ンで車を降りた。⁽⁴⁸⁾

　その後，米軍人A，B，Cは，午後8時ごろに，通行中の被害者を発見して，強姦しようと考えた。あらかじめ決めておいた役割分担に従い，Aは停車した車内で待機し，Cが被害者に話しかけ，Bが被害者の背後から首に腕を巻きつけて，Cが被害者の顔面を殴り，Bがそのまま被害者をAの待機する車の後部座席に引きずり込んだ。そして，Aは車を発進し，移動する間に，BとCが，あらかじめ用意していたダクトテープで被害者の目と口を覆い，両手足首を縛り，抵抗できないようにした。Aは，車を人気のない農道に駐車した。車の後部座席でAがまず強姦し，その後Bが後部座席に入ったが，被害者が幼いことに気付いて挿入を断念し，続いてCが後部座席で被害者を強姦した。⁽⁴⁹⁾

　犯行後，A，B，Cは，犯行現場の農道に被害者を放置して立ち去った。⁽⁵⁰⁾

　第一審判決，第二審判決ともに，被害者の恐怖や苦痛についての証言が表れている箇所は少ない。しかし，第一審において被害者の苦痛は，最初にAに強姦されたことによる「我慢できないくらいの激痛」と表現されている。それは被害者にとって「車内で自分を殴った犯人とその後に自分を姦淫した犯人との同一性すらはっきりしない」ほどの痛みと恐怖であった。その精神的・身体的苦痛は，「犯人を死ぬまで刑務所に入れて」ほしいという叫びで表現された。⁽⁵¹⁾

　第二審では，被害者は，「はっきりしない」が，B，Cが自分に対し「姦淫するような動作をしていたような気もする」と供述し，また，Aに強姦されたあと，「残りの2人が交代で車の中に入ってくる様子は分かったが，姦淫されたかどうかは分からない」と証言した。「はっきりしない」，「分からない」というのは，強姦されていないということではない。B，Cに急に暴力的に拉致され，目，口をふさがれ，手足も縛られたまま連行されている恐怖と，Aが強姦する際に，被害者の顔面や腹を殴ったことで，意識がもうろうとしていたうえに，最初の強姦による激痛があったからであった。⁽⁵²⁾

　第二審において裁判所は，「人格形成の途上にある被害者が受けた心の傷は大きく，将来的にも悪影響を及ぼすおそれがある」と述べ，被害者にとっての本件強姦の重大性に言及した。⁽⁵³⁾

　では，この軍人たちは，なぜ強姦に及んだのか，裁判例に表れた犯行動機をみる。

第一審において，Aが強姦を提案し実行に移した動機は，部隊内での「ストレス」にあったことが明らかになった。Aは，「肥満が原因で本国への転属が延期」になったこと，「身に覚えのないセクシャルハラスメントで部隊内で批判されていた」ことが原因でストレスを感じており，その「はけ口」として強姦を選んだ。また，安易に強姦を実行に移した理由は，外国人の「人相などの個人的特徴を記憶されにくい」こと，「日本の女性が護身道具を持ち歩いている可能性が少ない」ことなどであった。Aにとっては，強姦をするのはたやすいことであった。しかも捕まりにくいと考えた上での犯行であり，Aは，突発的にではなく，冷静に判断した上で強姦に突き進んだのである[54]。

　第一審において，Bは，Aに「半ば強要され」て犯行に参加したと供述し，しかも犯罪事実の認定において，姦淫を遂げていないことが認められている。しかし，Bは計画段階からダクトテープを購入する役割や，被害者を拉致する役割を担っていたし，Dのように強姦が現実味を帯びても離脱せず，AやCの強姦を止めたわけでもない[55]。

　第一審において，Cも，Aに「半ば強要された」と供述した。しかし一方で，「冗談で話をしているうち，強姦が可能なのではないかと考えるに至って，性欲のおもむくままに犯行に及んだ」と自らの犯行動機を述べている[56]。

　第一審判決は，このような動機に基づく，米軍人A，B，Cの計画的犯行に対して，「犯行態様は，被害者の人格をまったく無視し，被害者をあたかも欲望を満たすための道具として扱ったものであり，まことに凶悪かつ大胆であって，極めて悪質というべき」であると述べた[57]。

　また，第二審判決は，落ち度のない被害者がいきなり襲われて「辱めを受け」，被害者の年齢も考慮に入れると，「被害者の被った精神的，肉体的打撃は極めて大きい」と述べた。そして，この事件が，大きな反響を呼んだ原因は，「沖縄における米軍基地問題が背景にあるとはいえ，その主たる原因は，……本件犯行の凶悪さに起因する」と述べた[58]。

(3)　軍人の平時の性暴力の構造的暴力性——沖縄の事例から——

　1995年に発生した米軍人3名による強姦事件は，軍隊の構造的暴力としての性暴力といえるのであろうか。

　まず，本件で明らかになった特徴は，売買春と強姦との関係である。エン

ローによれば、軍事化された強姦と軍事化された売買春との間の境界線は、「家父長制的当局者」、「レイプに神経をとがらせる政策決定者」たちによって決定される境界線であり、実際には、軍隊の政策決定において、「軍当局者たちはレイプと売買春をまとめて考えている。男性兵士たちに組織化された売買春を提供することは、同じ兵士たちがレイプに及ぶのを防ぐ手立てだと考えられている」と述べる。(59) 上記の日本軍による「慰安所」設置は、日本軍が侵攻した地域での、日本軍人による強姦を防ぐことがその主要な目的であったことはすでに指摘したし、ペ・ポンギが連行された渡嘉敷島の女性たちの抵抗を抑えるために、地元女性たちを軍人による強姦から守ることが理由として挙げられたことにも、日本軍の政策決定者たちが、強姦と売買春の境界線を決定し、「慰安所」内での強姦を正当化したことからも明らかである。

本件の加害軍人Aは、買春をしようと考えたが、お金がなかったことから、強姦を他の犯行メンバーに提案した。そして、本件が問題になった際に、アメリカ太平洋軍司令官リチャード・マッキー（Richard C. Macke）海軍大将が、「レンタカーを借りる金で女が買えたのに」と述べ、かなりの非難を浴びたが、(60) これは軍隊内においては、ごく自然な発想だった可能性がある。軍隊は、構成員である軍人の暴力性を増強し、維持するために、性のはけ口となる女性を必要としてきた。エンローが指摘するように、軍隊にとって、強姦と売買春の境界線はあいまいである。この境界線は、軍の政策決定者によって自由に操作することが可能であり、軍隊の政策決定者にとっては、「まとめて考え」る事柄だからである。本件における軍人たちの強姦は、売買春が簡単に利用できなかったことのために発生した、軍人による強姦であり、エンローの分類によれば「娯楽的レイプ」であり、軍人たちが、「買春を日常の娯楽活動と考えていることを示唆」するものである。(61)

次に、軍人Aの犯行動機から次のことが明らかになる。Aの犯行動機の1つは、「ストレスのはけ口」であった。ストレス解消の手段として、女性に対する性暴力をすぐさま想起する思考は、軍隊構造の土台となっている家父長制的な女性蔑視の考え方が、訓練の過程でいかに個々の軍人に根付いているかを表すものと考えられる。

そして、戦時性暴力にも表れていたが、本件も集団強姦という特徴がある。

3名の軍人たちは，犯行にあたって，計画段階で犯行時の役割を綿密に分担し，拉致する際の役割分担，連行する際，どのように抵抗を排除するかなど，それぞれの役割をこなしながら，互いに綿密に連帯して，集団強姦を果たしている。軍人による強姦は，集団強姦が多いとされるが，本件においては，互いの作戦行動としての高度の連帯感の中で，1人の少女の人格の尊厳を暴力的に踏みにじったのである。

　第1章に述べたように，軍隊は構成員である軍人たちが戦場において，より暴力的にふるまうことができるようにするために，日々の訓練の中で，暴力的な男性性を増強させている。戦場において，他者を抹殺するため，他者を物質化するトレーニングを受ける。そして，実際の戦場では，敵を攻撃する手段として，性暴力が選択されることは，第3章における日本軍を例に見たところである。戦場において，性暴力は日常であり，攻撃の手段であるとともに，軍人たちに対する報酬でもあった。第二次世界大戦中，そして終戦直後の沖縄で，大量に発生した米軍人による強姦も，このような戦時性暴力の特徴を持っていた。

　このように軍隊が，具体的な戦場において，より暴力的に戦い，敵を攻撃し破壊する優秀な兵士になるために，平時における性暴力を必要とする。差別主義的な特徴を有する軍隊においては，性暴力の矛先が，より力の弱い者に向けられるのは当然である。そのように考えれば，1995年の軍人らによる性暴力は，平時に起こった性暴力であったが，軍隊の構造的暴力の特徴を有していたといえる。

　裁判例の中で，その他に明らかになったことであるが，この事件の審理には，軍人たちの上司も出廷し，部隊内で3名が平素から生活態度が良好であると証言し，[62]「平素の勤務態度は良好であった」という事情も認定された。[63] しかし，軍隊そのものが，強い暴力的男性性を必要とし，それを養成する組織であるから，日ごろ，部隊内で真面目に勤務し，熱心に訓練すればするほど，軍人たちは暴力的になるはずである。勤務態度が良好であることは，軍隊と性暴力との関係でみれば，更生の可能性を期待させるような事由にはなり得ない。

　本件で，米軍人たちがストレス解消や娯楽の手段として，女性に対する性暴力を選択し，外国人女性を標的として物色していた様子は，家父長制に基づく

女性蔑視の観念の表れだと考える。そして，抵抗を抑えるための執拗な身体的暴力，本件性暴力は，軍人の男性性・男らしさの表れであったと考える。また，計画段階から輪姦に至る連帯性は軍隊の特徴を示している。よって，本件は，家父長制を基礎とした観念に基づく，軍隊の特徴の表れた構造的暴力である。

そして，事件に関する司令官の売春を許容し推奨する思考は，軍隊にとって性暴力が日常の事柄であることを伺わせる。このことは，売買春や性暴力が，軍隊の男性性・男らしさの維持と強化に資するという指摘を思い出させる。

軍隊の構造的暴力としての性暴力は，訓練段階においても発揮され，基地の外に流出する。戦時性暴力だけが，軍隊の構造的暴力ではなく，平時においても軍隊の構造的暴力としての性暴力が発生している。

第3節　民族紛争下における性暴力

1　ルワンダにおける民族紛争下の性暴力
(1)　アカイェス事件概要

次に，第二次世界大戦以降の紛争下の性暴力として，ジェノサイド罪の手段としての性暴力について，以下に述べる。

民族紛争において，民族浄化や攻撃の手段として大規模な性暴力が発生してきた。特に注目された事件の1つとして，1991年から1995年までの間に，ボスニアにおいて発生した，セルビア系男性によるムスリム系女性に対する性暴力や，1994年にルワンダで発生した，フツ族男性によるツチ族女性に対する強姦や性暴力がある[64]。

ここでは，ルワンダで発生した大規模な性暴力に関連して，ルワンダ国際刑事裁判所（以下，ICTRと略する。）で示されたアカイェス事件判決（Prosecutor v. Jean-Paul Akayesu, Case No.I CTR-96-4-T. *ILM* Vol.37 No.6 (1998), p.1401 (Summary)）について述べる。

ジャン・ポール・アカイェス（Jean-Paul Akayesu）は，ICTRによって，「ジェノサイドの一環としてのレイプの罪で有罪になった史上初の刑事被告人」であり[65]，この裁判は注目される。

1994にルワンダでは，ツチ族とフツ族間の部族対立が激化し，ツチ族に対す

るジェノサイド罪が行われた。この対立で50万人以上の犠牲者がでたとされる(66)。

　本件の被告人であるアカイエスは，1993年4月にタバ市の市長になった。ルワンダでは，市長は広範な権限を持っており，尊敬を集めていた(67)。アカイエスは，1994年4月19日に，ツチ族の殺害を奨励する演説を行い，タバ市庁舎内やその近辺で行われたツチ族に対する強姦を許容し，殺人および暴行に立ち会い，命令し，自ら拷問行為を行ったことにより，殲滅，殺人，拷問，強姦，その他非人道的行為という人道に対する罪，殺人，残虐な待遇，個人の尊厳に反する行為，特に，強姦，品位を損なう取扱い等の1949年ジュネーブ諸条約共通3条および第2追加議定書違反の，正犯，共犯，直接かつ公然の扇動の嫌疑で起訴された(68)。

　本件においてICTRは，ルワンダのタバ市において集団としてのツチ族に対するジェノサイド罪が行われたと認定した。そして，アカイエスが演説によって，「ツチ族の破壊をもたらすに必要な民衆の心理状態を直接的につくり出す意図を有していた」と認定した(69)。

　また，ICTRは人道に対する罪を，「①非人道的であり，身体又は精神的若しくは肉体的健康に対して重い苦痛を与え又は重大な傷害をもたらし，②広範な又は組織的な攻撃の一部として，③文民たる住民の構成員に対して行われ，④国民的，政治的，民族的，人種的又は宗教的根拠といった一以上の差別的な根拠に基づいて行われた行為」と定義し，被告人の行為を人道に対する罪に該当するとした(70)。

　ICTRは強姦を，「強制的な状況の下で，人に対して犯された，性的な性質の身体的な侵害」と定義し，強姦を含む性的暴力を「人間の身体の肉体的な侵害に限られず，挿入を含まない行為，又はどんな身体的接触の行為も含んでいる」と，広く定義した。ICTRは，「強制的な状況は，身体的な強制によって証明される必要はなく，恐怖，脅迫，強要，恐れや絶望に基づく犠牲を強いられるその他の形態」であるとした(71)。また，強姦は「ツチ族女性と，その家族，そのコミュニティの身体的な精神的な破壊につながった。性犯罪は，特にターゲットとしたツチ族女性の破壊とツチ族全体の破壊の一因となり，破壊のプロセスの不可欠な部分であ」り，「ツチ族を破壊しようとする意図」をもって行わ

れたと認定された。⁽⁷²⁾

　ツチ族女性に対して行われた強姦や性暴力は次のようなものであった。1994年4月7日と6月の終わりの間に，タバ市に避難した多くのツチ族の人々は，市庁舎内やその近くでインターハムエのメンバーによって，頻繁に虐待され，多くが殺された。多くのツチ族の女性たちは，強姦や性暴力を強いられた。強姦等は，しばしば繰り返され，公的な場で行われることが多く，複数人の加害者による強姦等が行われた。被害者女性の1人は，「会う度に強姦してやる」といわれたことを証言した。強姦の際には，銃を携帯した市警察が立ち会っている場合があった。

　その他には，インターハムエによって服を脱がされ，見せしめのために走らされる等した後，地面に投げ倒され，強姦された上，殺害された事例もある。タバ市におけるツチ女性のレイプは，ほとんどの場合，それらの女性を殺すという意図を伴っており，強姦の後，殺害することをほのめかされ実際に殺害された例が多かった。「ツチ族に対する強姦，性暴力，その他の深刻な身体的，精神的な侵害行為は，そのプロセスの中で，集団のメンバーに対して苦痛を与え続ける一方で，ツチ族女性の苦痛を創り出し，殺す前でさえ傷を負わせ，ツチ族を破壊しようとする意図」があったと判決で認定された。

(2)　アカイェス事件判決の意義

　アカイェス事件判決は，「国際的な裁判機関で初めて」ジェノサイド罪について，「個人に有罪判決が下された事件」である点で，意義がある。一方で，ICTRそのものが，指導者層の訴追のために設置された法廷であり，「個別の犯罪の被害者への正義確立のために設置された」ものではなかったことも指摘されている。

　本件で，ジェノサイド罪は，特定の集団全体を現実に殲滅することではなく，「破壊しようとする意図」という主観的な要件によって成立すると認定された。ICTRは，「破壊しようとする意図」を「行為の規模，性質，計画性，組織性，及び特定の集団以外を犯罪対象から排除している事実等の客観的事実から推断されうる」とした。

　そして，本件で問題となったフツ族集団によるツチ族集団に対するジェノサイド罪は，民兵や市長などによって文民に対して行われたものであるが，「軍

隊構成員のみならず文民も国際人道法違反の責任を負うことが国際慣習法上の原則として確立しており，これらの放棄が戦闘員と文民に等しく適用される」ことを認めている(79)。

　特に本件は，強姦がジェノサイド罪の行為として認定された最初の事件であり重要である(80)。ICTRは，強姦を含む性暴力を広く定義し，「性的暴力が個人の尊厳に対する侵害，並びに重大な身体的又は精神的損害を与える非人道的行為であり，実行態様により拷問等いくつかの犯罪を構成し，厳格に処罰されうることを明らかにした」点で意義がある(81)。また，本件における女性たちの証言が，「国際公文書の一部となり，女性が語ったことは国際法が重要な発展を遂げる基礎となった」点で，大きな意義があった(82)。

2　ジェノサイド罪としての性暴力

　ジェノサイド罪としての強姦などの性暴力は，例えばルワンダにおけるフツ族のツチ族に対する組織的強姦のように「ツチ族を破壊しようとする意図」，「国民的な，民族的な，人種的な，または宗教的なグループ等の全部または一部の破壊をするという」特別な意図が構成要件となる点が特徴的である。

　市長のような非軍人や民兵が，敵とみなした特定の民族集団を差別し，その民族を破壊するための攻撃の重要な手段として，強姦を選択した。民族紛争においても，組織的・計画的に女性を性的に辱しめ，強姦等の性暴力を行い，強姦後の殺害や強姦の恐怖を与えて精神的にも虐待する態様は，戦時性暴力と類似している。また，性的暴力の加害者が複数人である場合が多いことも戦時性暴力と類似の特徴が表れている。

第4節　小　括

　本章では，第二次世界大戦後も続く，軍隊と性，紛争下の性暴力について述べた。

　日本軍撤退後の韓国では，日本の植民地支配下における公娼制と，「慰安婦」制度の影響の上に，米軍による「基地村」文化が導入された。「慰安婦」制度の影響は，韓国軍の性文化にも引き継がれた。韓国の性文化は，軍隊との関わり

の中で形成された。

　第二次世界大戦下の戦時性暴力は，戦争後の基地周辺における売買春施設，「基地村」に吸収されたが，一方で制度化された性暴力の外に流れ出る性暴力がある。林博史の指摘するように，「性売買・人身売買の横行とそれを当然視する社会は，性売買女性への侮蔑的差別的な意識を再生産しつづけ」[83]，「慰安婦」や，性暴力被害者が被害の声を挙げるのを妨げてきた。

　このことは，沖縄における「慰安婦」についても同様であり，本章第2節では，第二次世界大戦下の沖縄における「慰安婦」動員についても若干述べた。沖縄では，米軍の慶良間諸島への上陸直後から，米軍人による性暴力が発生し，第二次世界大戦後も米軍相手の歓楽街を中心とした売買春や米軍人の性暴力，そして現在も平時における米軍人による性暴力が発生し続けている。

　本章第2節では，1995年に沖縄で発生した3名の米軍人による集団強姦の事例を取り上げた。この事件を通して明らかになったことは，米軍人たちがストレス解消や娯楽の手段として，性暴力を選択したことである。そして，米軍人たちは，女性蔑視の観念に基づいて，外国人女性を標的とした。その犯行態様は，執拗な身体的暴力や，集団強姦の形態をとっており，軍隊の特徴の表れた構造的暴力であった。また，事件に関連した当時の米軍司令官の発言は，売買春や性暴力が軍隊にとっては日常であり，軍隊の男性性・男らしさの維持と強化に資するという指摘を想起させた。

　結局，軍隊の構造的暴力としての性暴力は，戦時だけではなく平時においても発生するのである。

　本章第3節では，第二次世界大戦後に発生した，民族紛争下の性暴力についても述べた。アカイェス事件を通して明らかになったことは，市長のような非軍人や民兵であっても，紛争下において，敵とみなした特定の民族集団を差別し，その民族を破壊するための攻撃の重要な手段として，ジェノサイド罪の一環として性暴力を選択したことである。民族紛争下で発生する性暴力も，組織的・計画的に女性を性的に辱しめ，強姦後の殺害や強姦の恐怖を与えて精神的にも虐待する態様や，集団強姦が多く発生するなど，戦時性暴力と類似している。

　軍隊，紛争と性暴力は，緊密な関係にある。軍隊，紛争と性暴力は，第二次

第4章　第二次世界大戦後の軍隊と性暴力

世界大戦後も続く問題であり，決して過去の問題ではない。

（1）　林博史「韓国における米軍の性管理と性暴力——軍政期から1950年代——」宋連玉・金栄編著『軍隊と性暴力——朝鮮半島の20世紀——』（現代史料出版，2010年）227～231頁。金富子「朝鮮南部の植民地都市・群山の性売買——遊廓・アメリカタウン・性売買集結地——」宋連玉・金栄編著『軍隊と性暴力——朝鮮半島の20世紀——』（現代史料出版，2010年）102，103頁。
（2）　金・同上，102，103頁。
（3）　金・同上，104頁。
（4）　金・同上，103頁。林博史「基地論——日本本土・沖縄・韓国・フィリピン——」倉沢愛子，杉原達，成田龍一，テッサ・モーリス・スズキ，油井大三郎・吉田裕編集委員『岩波講座7　アジア・太平洋戦争　支配と暴力』（岩波書店，2006年）401，402頁。
（5）　金・前掲注（1）103，104頁。
（6）　金・同上，103頁。
（7）　金・同上，104～107，109～112頁。
（8）　金・同上，103，104頁。日本軍の「慰安所」設置の理由も強姦の多発であった。吉見義明「従軍慰安婦と日本国家——解説にかえて——」吉見義明編『従軍慰安婦資料集』（大月書店，1992年）28，29頁。
（9）　金・前掲注（1）113頁。林・前掲（4）401，402頁。
（10）　金・同上，103頁。
（11）　林・前掲注（1）239頁。
（12）　林・同上，227～231頁。
（13）　林・同上，233～237頁。
（14）　林・同上，238頁。韓国では，設置された米兵相手の性売買施設の女性たちを，日本軍「慰安婦」問題が社会問題化する1990年代前まで，「慰安婦」と呼んでいたという。
（15）　林・同上，246，247頁。
（16）　林・同上，246～248頁。
（17）　林・同上，248，249頁。
（18）　金・前掲注（1）111，112頁。
（19）　シンシア・エンロー著，上野千鶴子監訳・佐藤文香訳『策略——女性を軍事化する国際政治——』（2006年　岩波書店）67頁，Cynthia Enloe, *Maneuvers: the international politics of militarizing women's lives*, (University of California Press: 2000): p.112.
（20）　エンロー・同上，66頁，Enloe, *Ibid.*, at 112.
（21）　山田盟子『慰安婦たちの太平洋戦争沖縄篇　闇に葬られた女たちの戦記』（光人社，1992年）7～12頁。「辻」は，沖縄の那覇の一角に，1526年に作られたといわれる社交場であった。琉球が日本に属するようになるまで，女性だけで運営されていた遊廓であった。辻では，抱親（アンマー。母という意味。）が，売られてきた2～5名程の女性を抱え，教育を施し，育て，芸妓や娼妓として働かせる場所であった。辻は，売られてきた子が成長すれば，女性の性を金で買う男性が出入りする場であったが，「抱妓に客を

多く取らせて，搾取しようと考える抱親は1人もおらず，抱え込んだ尾類ん子，姐たちを〝立身出世〟させることに心をくだき，自分の血脈のように慈しみ育てることに努力する様子は，まるでわが子のようで」あり，辻の3原則であった「義理，人情，報恩」を守り，「穏健な雰囲気の中で，お互いを信頼し，尊重し合いながら日々の生活」を営む場所であった。辻に男手がはいったのは，明治政府による統治が始まって，納税や衛生管理の届出の義務が発生し，無学であった抱親たちにはできない事務手続きをする男性が必要になったためである。しかし，あくまで辻は女性によって運営されていた（上原栄子『辻の華・戦後篇〈上巻〉』（時事通信社，1989年）iii～vi）。

(22) 　川田文子「沖縄の慰安所」吉見義明・林博史編著『日本軍慰安婦――共同研究――』（大月書店，1995年）128～134頁。
(23) 　福地曠昭『オキナワ戦の女たち――朝鮮人従軍慰安婦――』（海風社，1992年）281～285頁。
(24) 　川田文子『赤瓦の家――朝鮮から来た従軍慰安婦――』（筑摩書房，1987年）13～46頁。
(25) 　川田・同上，50～54頁。
(26) 　川田・同上，58～60頁。
(27) 　川田・同上，61～63頁。
(28) 　川田・同上，66～68頁。
(29) 　川田・同上，74～97頁。
(30) 　川田・同上，98～111頁。
(31) 　福地・前掲注(23) 232, 233頁。
(32) 　吉見・前掲注(8) 581, 582頁。
(33) 　吉見・同上，81, 82頁，福地・前掲注(23) 193頁。
(34) 　福地・前掲注(23) 193頁。
(35) 　福地・同上，193～197頁。
(36) 　林・前掲注(4) 403頁。
(37) 　林・同上，397～400頁。
(38) 　林・同上，402, 403頁。
(39) 　林・同上，402, 403頁。
(40) 　Gwyn Kirk and Carolyn Bowen Francis, Redefining Security: Women Challenge U.S. Military Policy and Practice in East Asia, *The Berkeley Women's Law Journal* Volume 15 (2000), pp.246-250.
(41) 　Kirk and Bowen Francis, Ibid., at 246-250.
(42) 　大越愛子「『国家』と性暴力」江原由美子編『性・暴力・ネーション』フェミニズムの主張4（勁草書房，1998年）113～114, 121頁。
(43) 　大越・同上，113～114, 121頁。
(44) 　1945年4月1日の米軍の沖縄本島上陸後，強姦が多発したため，各地域で住民による自警団が結成された。しかし，慶良間諸島に上陸して間もないころから，米軍人による沖縄女性に対する強姦が多発し，野戦病院や収容所内の女性も強姦被害にあった。基地・軍隊を許さない行動する女たちの会作成の『沖縄・米兵による女性への性犯罪

〔第7版〕』(基地・軍隊を許さない行動する女たちの会，2004年)には，現在まで続く多くの性暴力被害が，年表形式で記録されている。若干であるが男性が性暴力被害にあったケースも記録されている。

(45) エンロー・前掲注(19) 67頁，Enloe, *supra note* 19, at 112.
(46) 判例時報1570号(1996年) 147頁。
(47) エンロー・前掲注(19) 72, 73頁，Enloe, *supra note* 19, at 115-116.
(48) 判例タイムズ921号(1996年) 293頁。
(49) 同上。
(50) エンロー・前掲注(19) 72, 73頁，Enloe, *supra note* 19, at 115-116.
(51) 判例時報1570号(1996年) 147頁。
(52) 判例タイムズ921号(1996年) 293頁。
(53) 判例タイムズ921号(1996年) 293頁。
(54) 判例時報1570号(1996年) 147頁。
(55) 判例時報1570号(1996年) 147頁。
(56) 判例時報1570号(1996年) 147頁。
(57) 判例時報1570号(1996年) 147頁。
(58) 判例タイムズ921号(1996年) 293頁。
(59) エンロー・前掲注(19) 66頁，Enloe, *supra note* 19, at 112.
(60) エンロー・同上，74, 75頁，Enloe, *Ibid*., at 117-118.
(61) エンロー・同上，73頁，Enloe, *Ibid*., at 116.
(62) 判例時報1570号(1996年) 147頁。
(63) 判例タイムズ921号(1996年) 293頁。
(64) 中満泉「国内紛争と民族浄化・性暴力」宮地尚子編著『性的支配と歴史　植民主義から民族浄化まで』(大月書店，2008年) 243頁。
(65) 中満・同上，246頁。
(66) 稲角光恵「ジェノサイド罪の適用――アカイェス事件――」別冊ジュリスト156号(2001年) 114頁。
(67) Prosecutor v. Jean-Paul Akayesu, Case No.I CTR-96-4-T. *ILM* Vol.37 No.6, 2 September 1998 (Summary): p.1401, 1402.
(68) 稲角・前掲注(66) 114頁。
(69) 稲角・同上，114頁。
(70) 稲角・同上，114頁。
(71) Prosecutor v. Jean-Paul Akayesu, Case No.I CTR-96-4-T. *ILM* Vol.37 No.6, 2 September 1998 (Summary): , p.1406.
(72) *Ibid*., p.1408.
(73) フツ族の民兵組織(中満・前掲注(64) 260頁。)。
(74) Prosecutor v. Jean-Paul Akayesu, *supra note* 71, p.1404.
(75) *Ibid*., p.1408.
(76) 稲角・前掲注(66) 115頁。

- (77) 中満・前掲注(64) 247, 248頁。
- (78) 稲角・前掲注(66) 115頁。
- (79) 稲角・同上, 115頁。
- (80) ラディカ・クマラスワミ著, VAWW-NETジャパン翻訳チーム訳『女性に対する暴力をめぐる10年――国連人権委員会特別報告者クマラスワミ最終報告書――』(明石書店, 2003年) 80頁。
- (81) 稲角・前掲注(66) 115頁。
- (82) クマラスワミ・前掲注(80) 22頁。
- (83) 林・前掲注(4) 402, 403頁。

終章　構造的暴力としての軍隊の性暴力
——日本社会が向き合うために——

1　軍隊の性暴力の問題性

　沖縄では，第二次世界大戦終了後も，米軍人が加害者となる性犯罪多くが発生しているが，住民の性犯罪に対する怒りが爆発し，その怒りが暴力に対する抵抗へと突き動かす原動力となるのは，特に幼い無垢な少女が被害者である場合である。1972年の沖縄の本土「復帰」前の軍人による性犯罪として，沖縄においてもっともよく語られるのは，1955年の「由美子ちゃん事件」（6歳の少女が米軍人に拉致され強姦された上，殺された事件。）であり，「復帰」後は，1995年の3名の米軍人による12歳の少女に対する強姦事件である。

　しかし，性暴力被害において問題にすべきは，被害者が少女なのか，処女なのか，売春婦なのかといった女性の「性的純潔」ではなく，人格を持った女性を物質化して，ストレスのはけ口や戦利品として軍人たちがふるう性暴力の凶悪性そのものである。そして問題は，軍隊の構造的な暴力として，軍隊の政策決定者たちよって性暴力が選択され，軍人たちが性暴力をふるうことに抵抗がなくなるよう訓練され，実際に性暴力をふるうことである。さらに，軍人による性暴力は，個人に起こった被害であるが，民族や社会に対する凌辱として，被害そのものが社会化されるという特殊性がある。

2　構造的暴力と戦時性暴力

　本書では，第1章で，軍隊と性暴力の関係に関する言説を整理しながら，軍人による性暴力が軍隊の構造的暴力であることを示した。

　軍隊による性暴力については，その性暴力が個々の男性と女性との間で起こる，男性の個人的欲望の発現であるとする考え方から，軍隊の構造的暴力の問題と捉える考え方に変化してきている。

　軍隊には，男性性・男らしさ，支配服従の命令系統という特性がある。軍隊

を運用する軍事国家，軍国主義的観念や制度，軍国主義を推し進める軍事化も，男性性・男らしさを特徴とする。軍隊の特徴の基礎にあるのが家父長制の観念である。家父長制の特徴は，男性性・男らしさの強調，性差別主義的な男性優位主義，暴力と権威主義による他者の支配である。軍事国家，軍国主義，そこにおける軍隊は，家父長制の特徴をその内部に有しているのである。その結果，男女は，男性の能動性・攻撃性と女性の受動性・従順・性的純潔の役割に基づいて社会化される。そして男性優位的な家父長制，女性嫌悪を生む。

家父長制の特徴は，軍隊の訓練や戦争行為，紛争の場で効果的に運用される。軍隊は，家父長制の特徴を基礎にした政策決定を行い，軍隊の特徴である徹底した指揮命令系統によって命令を下す。軍隊は，男性性という性質を維持し，強化する組織である。

軍隊は暴力的な男性性の維持・強化のために，他者に対する暴力的な支配の表れである性暴力を必要とする。男性優位主義的な女性嫌悪は，政府・軍隊によって管理され軍用される売買春や，戦時や平時の強姦を必要とする。したがって，女性の性は物質化され，侵略の対象となり，報酬の対象になり，訓練の場になる。

そのため，軍人による性暴力は，非軍人による場合とは異なる性質を含んでいる。性暴力は，個人の欲望や個人の犯罪を超えた，軍隊構造に基づく暴力という性質を有しているのである。軍隊の強固な男性性を維持する効果的な手段として，ナショナリズムや軍人の士気の高揚，敵対する集団に対する攻撃，戦争に対する勝利を示す戦利品として，性暴力は国家や軍隊の政策決定者たちによって選択される。軍人による性暴力は，直接的暴力そのものは，加害者個人の被害者個人に対する暴力であったとしても，軍隊の構造的暴力が，個人を介してふるわれるという点を見落としてはいけない。

したがって，軍人による戦時性暴力および平時における性暴力は，家父長制を基礎とした軍隊の構造的暴力だと考える。軍隊は，その組織の特徴である屈強な男性性・男らしさの維持と増強のために，暴力的な強姦を必要とする。そのため，意図的に性暴力が選択され，指揮・命令され実行される構造がある。軍人による性暴力は直接的暴力であるが，軍隊構造の中に組み込まれた，男性優位主義的な支配・被支配の不平等な関係に基づく暴力であり，構造的・間接

的暴力である。軍人による性暴力については，軍人個人に加えて，国家・軍隊の政策決定者，指揮・命令を下す者の責任を問うべき暴力である。

3　公娼制・「慰安婦」制度と戦時性暴力

　戦時性暴力の実態を明らかにするために，本書では，第二次世界大戦中の日本軍「慰安婦」制度について検討した。第2章では，「慰安婦」制度がどのような制度であったのかを公文書や先行研究を基にしながら明らかにした。

　日本軍「慰安婦」制度に特徴的であったことは，日本の植民地支配開始以降，植民地へ導入された公娼制が，「慰安婦」制度の土台となったことであった。植民地への日本人の流入は，植民地への公娼制の流入でもあり，植民地における日本人居留者の増大は，娼妓の需要の増大を招き，植民地の女性たちを制度に巻き込んでいった。植民地における公娼制の下で，すでに女性たちに対する民族差別や，典型的な「慰安所」の建物の構造，性病予防システムなどが形成されていた。

　特に，日本軍が駐留するようになった軍都では，1932年以前から軍人の性病罹患を予防するための軍隊による性管理や憲兵による監視などの管理制度が形成された。娼妓の需要が増せば，売買春を行うという実態を隠して，貧しい女性たちを徴集する方法もすでに行われていた。

　公娼制の土台の上に，日本軍「慰安婦」制度が開始されたことから，日本軍「慰安婦」制度の問題は，日本軍による植民地支配との関連性が深く，植民地支配の責任にまで掘り下げて責任を明らかにするべき問題だと指摘される。[3]

　日本軍「慰安婦」制度の開始は1932年であった。そして，「慰安所」は1937年末から1938年には広範囲に開設され，1945年の日本の敗戦によって終了した。

　軍人によって徴集されたり，民間業者を介して徴集された多くの「慰安婦」たちが，日本軍の撤退後，敗戦も知らされないまま「慰安所」に置き去りにされた。証拠隠滅のために日本軍に殺された者も多く[4]，また日本軍は組織的に「慰安所」に関する公的な文書の湮滅を図った。[5]

　日本軍が「慰安所」を開設した主な理由は，軍人による地元女性の強姦を防止することであった。[6]その他には，軍人たちの不満が軍隊に向かないようにすること[7]，軍人の士気の高揚[8]，軍人たちの性病予防であった。[9]第2章で明らかに

なったことは,「慰安所」開設が軍隊の計画であり,「慰安所」の実際の運用や管理も軍隊との関連が強く,「慰安所」の運営を民間業者が行っていた場合であっても,「慰安所」の利用規定や「慰安婦」の移送,物資の支給,軍医による性病管理,「慰安所」の警備などについて,軍隊が,深く関わっていたことであった。

　吉見義明の分類によれば,「慰安所」には,①軍直営「慰安所」,②軍隊が監督統制する軍人・軍属専用の「慰安所」のような「純粋の慰安所」,③民間の売買春施設を一時的に,軍人用に指定する軍利用の「慰安所」があった(10)。しかし,第3章で検討した具体的な被害者証言に基づいてみると,典型的な「慰安所」に加え,このような分類に当てはまらない性暴力も行われていたことが明らかになった。

　日本軍「慰安婦」制度は,日本の公娼制を土台として形成されたものであり,「慰安所」の設置された地域が広範で,数も多く,「慰安婦」として犠牲にされた女性の人数があまりに多く,その出身地も広範囲に及ぶため,日本軍特有の制度と考えられがちである。しかし,「特有」の制度として詳細を確認しないでいることは,「慰安婦」制度に含まれる戦時性暴力としての特徴を見落とすことにつながる。

4　「慰安婦」制度の構造的暴力性①——日本の裁判例の検討——

　そこで本書では,第3章で日本の裁判所の判決に表れた「慰安婦」被害実態と,民衆法廷である女性国際戦犯法廷に表れた被害および加害実態に基づいて,日本国,日本軍の責任を明らかにしながら,「慰安婦」制度が,日本軍に特有の制度であったのか,それとも戦時性暴力として一般化できる暴力であったのかを検討した。そして,具体的事例を検討した結果,「慰安婦」制度の被害者たちをどのように救済すべきか述べた。

　長い沈黙を破って,1991年以降元「慰安婦」たちは,日本政府を相手取り,謝罪や損害賠償等を求める訴訟を提起した。そのどれもが最終的に元「慰安婦」たちの敗訴に終わったが,裁判所の判決が認定した事柄から,「慰安婦」裁判の意義と課題を明らかにした。

　本書では裁判所によって認定された被害事実を,上記の吉見分類を参考にして,「慰安婦」制度の被害者たちの証言した被害態様に応じて,いわゆる「純粋

終章　構造的暴力としての軍隊の性暴力

の慰安所」における被害と性的拷問の2つに分類し,「純粋の慰安所」については さらに，統制のある「慰安所」と統制の曖昧な「慰安所」の2つに分類し，裁判所が認定した被害実態を確認した。

統制のある「慰安所」における被害は，第2章に示した「慰安所」制度を確認させるものであった。まず，①被害女性たちの徴集方法は，甘言や詐欺によっていた。②勧誘者は，民間人（おそらく業者）の場合と，軍人や警察の場合があった。③「慰安所」の場所は，日本軍の駐屯地内やその近隣であり，軍人専用の「慰安所」であった。④女性たちが監禁されていた「慰安所」の部屋は，小さく仕切られた個室であることが多く，公娼制に類似していた。⑤女性たちは監禁され，見張りが立てられ，外出規制を受けていた。見張りは，軍人である場合，軍人かどうかわからない場合や，「慰安所」の経営者の場合もあった。⑥女性たちに対する制裁は，容赦のない残虐な暴力であった。⑦女性たちが1日に相手にする軍人の人数は，非常に多く，「慰安所」の外に軍人が行列をなしていたことも特徴であった。そして，⑧女性たちに対して軍隊の性管理がなされていた。しかし，妊娠した事例や性病に罹患した場合も多く，現場での性病管理は行き届いていなかった。

統制の曖昧な「慰安所」では，軍隊が「慰安婦」を徴集し，軍隊の駐屯地内などに監禁したが，衛生や性病予防措置や料金設定などの規則による統制の様子が曖昧であり，軍医による性病検査もなかった。しかし，軍人専用の「慰安所」であった。このような「慰安所」における性暴力の特徴は次のようであった。①作戦の過程で，軍人が女性たちを強姦した上で，直接徴集した。②典型的な「慰安所」の形式を整えた施設ではなく，施設整備に乏しかった。③性病検査や性病予防などの管理が行き届いていなかった。④利用規則がなかった。⑤女性を，一定期間囚われの状態に置き，繰り返し強姦した。⑥徴集の際には輪姦することが多かった。⑦性暴力以外の身体的暴力も激しかった。

そして，「性的拷問」に分類される被害実態は，軍人たちによる性暴力が，女性の人格，自尊心を破壊する攻撃の手段としての暴力であることを示していた。①性的拷問の理由は，敵対する政党にその女性自身や夫などの親族が所属していることであった。②多くの場合，集団強姦が行われた。③女性たちに対して，非常に激しい性的・身体的暴力を伴う尋問がなされた。④被害者たち

は，女性であるという理由で解放されず性的拷問を加えられた。⑤直接的な強姦の他にも，女性を辱しめ，自尊心を破壊しようとする精神的虐待や，家族に対する拷問や虐殺を目撃させたり，妊婦の虐殺の様子を見せるなど精神的虐待も行われた。妊婦とその胎内の子の虐殺は，その母子だけでなく敵対する集団に対する攻撃も意味していたと考えられる。⑥集団や家族の目の前で，見せしめとしての強姦が行われた。そして，⑦村人たちや家族に対する制裁を回避し，屈服させるために，女性が財物として差し出された。

　裁判所の判決は，最終的には，被害者たちを救済しその名誉を回復する措置をとるものではなかった。しかし，上述のように裁判所が認定した「慰安婦」被害実態は，「慰安所」内での軍人たちによる性暴力，その他の身体的暴力などの実態を浮き彫りにした。そして「慰安所」が大規模に存在したこと，「慰安所」設置の背景，運営等，詐欺や暴力などによる女性たちの強制連行があったことも事実として認定されたことは強調されるべきである。判決の中には，「慰安所」の経営者や日本軍の不法行為責任を認めた判決もあった。裁判所が国家の責任を明らかにしたことも事実である。

　日本軍は，「慰安所」という組織的な性暴力制度を作り，軍人たちの暴力性を内部で醸成する一方で，戦地における性的拷問を戦場での攻撃の手段として，「慰安所」外で爆発させた。上記の被害事実の分類に従えば，「純粋の慰安所」や統制の曖昧な「慰安所」で醸成された暴力性が，「性的拷問」として外部に表れたことになる。

　日本軍もまた，他の軍隊と同様に，軍隊の特徴である「男らしさ」の発現として，激しい暴力性を伴って，女性の名誉や尊厳を傷つける手段として性暴力を選び，女性たちを強姦した。そして，軍人たちは輪姦によって，連帯意識を強めた。日本軍は，侵略の手段として，軍刀や銃による暴力の一環として，戦争遂行の決定的な手段として性暴力を選択した。日本軍の性的拷問は，軍隊の構造的暴力としての性暴力の特徴を有しており，当時の軍事主義的な家父長制国家を背景として，男性性を強化した軍隊が，敵の女性たちに対してふるった戦争遂行のための組織的で大規模な構造的暴力であった。

　日本軍に特徴的であったのは，「慰安所」内で培われた，異民族女性に対する差別と，暴力的な性行為の容認が，「慰安所」外での異民族女性に対する，

残虐な大量強姦を許容し，促進したことであった。

　日本の裁判所の判決は，除斥期間や国家無答責の法理，国際法の一般原則などを援用したために，法的救済の場としては十分に機能していなかった。しかし，司法による救済が不可能であるということは，むしろ立法・行政による救済措置をとるべきだということであり，例えば，東京地判2003年4月24日（判例時報1823号61頁）は，明確に「立法的・行政的な措置を講ずる」べきことを示唆していた。また，日本軍「慰安婦」裁判における被害実態は，「慰安所」内の性暴力と，それと密接に関係する「慰安所」外の性暴力，軍隊の組織的，構造的暴力の実態を明らかにする点で，意義のあるものであった。

5　「慰安婦」制度の構造的暴力性②——女性国際戦犯法廷判決の検討——

　しかし，裁判所の判決が結果的に被害者の敗訴に終わったことによって，日本政府は責任を明確に認めず，被害者を救済しないままに時が流れてしまった。そこで，第3章第2節では，天皇をはじめとした軍の責任者たちの責任，日本の国家責任を認め，被害者救済のために日本政府に対し勧告をおこなった，民衆法廷の判決について検討した。この民衆法廷では，日本の裁判所には表れなかった，「慰安婦」被害や日本軍「慰安婦」制度なども明らかになった。

　民衆法廷の重要な意義の1つは，天皇裕仁の有罪を宣言したことである。これは，「慰安婦」制度の被害者たちが求めていた加害者の断罪であった。当時の日本軍の最高責任者を裁くことは，日本政府が長い間放置してきた「被害者の尊厳の回復」につながった。[11]

　民衆法廷では，「慰安婦」被害を生き抜いてきた被害者たちの証言から被害事実を認定した。「慰安所」において日本名で呼ばれ，戦後，沈黙を強いられてきた被害者たちが，名前を明らかにし，自分の言葉で被害事実を告白し，それを民衆法廷が丁寧に判決に反映したことも被害者救済に奉仕するものであった。そして，被害を裏付ける加害者証言や文書資料によって，証言内容を補強し，国家，天皇をはじめとする日本軍の高官ら個々の加害者たちの責任を明確にした。そして，日本政府が国家として，被害者個人に対して正式に謝罪し，被害者の名誉と尊厳を回復する措置をとり，被害に見合う損害賠償を個人に対して行うべきことが示された。

また民衆法廷は，日本軍「慰安婦」制度がどのようなものであったかを示しており，あまりにも残虐であったこの制度の再発を防止する策を講ずるべきことも勧告した。
　しかし，日本政府や日本社会は，相変わらずこの問題に向き合うことができていない。民衆法廷が日本に突きつけた勧告を，日本政府は無視し続け，被害者たちを継続的に傷つけ続けている。民衆法廷は，日本政府や日本社会が過去の加害の事実に誠実に向き合うことが，被害者の尊厳の回復や正義の実現につながることを示しており，日本政府や日本社会が加害事実に向き合うことが，被害者救済の第一歩であることは明らかである。
　民衆法廷は，次のように「慰安婦」制度について明らかにした。
　日本軍は，南京大虐殺の一環として行われた大量強姦が，海外・日本国内にも知られることとなり，対策を迫られ，強姦防止の目的で，「慰安婦」制度を創設した。軍隊は，その他に，性病予防や秘密漏えいの防止，ストレスの軽減という目的を持って，「慰安婦」制度を計画した。「慰安所」開設にあたって，軍隊は，民間業者を介して女性たちを「慰安婦」として徴集した。当時の日本は女性たちの移動のための許可を出し，軍隊が女性たちを輸送した。「慰安婦」の徴集にあたっては，地元の村長，警察，公務員などを利用したケースがあった。軍隊は，部隊に対する「慰安婦」の分配，「慰安所」の設置・管理規定，見張りの軍人の配置など，「慰安所」の運営に深く関わっていた。それにもかかわらず，女性たちに対する過酷な性的虐待に対して，何ら予防策をとらなかった。「慰安婦」制度は，「慰安所」の内外で，女性たちに対する性暴力を許容し，助長する役割を果たした，組織的な暴力であった。
　民衆法廷は，典型的な「慰安所」，洞窟，家屋など，どのような場所であっても，軍隊によって監禁され，軍人による連続的な性暴力によって性奴隷化された被害実態を，日本軍「慰安婦」制度と呼んだ。したがって「慰安所」には，軍隊の性管理がなされた場所もあれば，性管理もなく強姦され続けた場所もあった。民衆法廷が明らかにした日本軍「慰安婦」制度とは，女性たちを一定期間監禁し，繰り返し性暴力や性暴力以外の身体的・精神的虐待を行い，暴力性が激しく，女性たちを従属させ，非人間的に扱った性奴隷制度であった。
　もともと売春を行っていた女性たちが，すすんで「慰安婦」になった場合で

あっても，過酷な「慰安所」における性労働において，自己決定や離脱の自由を妨げられ，性奴隷化されたことは，騙されるなどして「慰安所」に組み込まれた女性たちと同様であった。

　日本軍の「慰安所」設置目的の1つが，軍人たちの性病を予防することにあったため，典型的な「慰安所」では，女性たちは，定期的に屈辱的な性病検査を受けさせられた。また，軍隊の定めた利用規定には，性交後の消毒や，性病予防の注射，コンドームの使用なども指示され，コンドームは軍隊によって配られていた。しかし，実際には，コンドームが不足したり，軍人がコンドームの使用を拒んだために，多くの女性たちが，健康を脅かされ，また妊娠した。妊娠した女性の中には，妊娠中も性労働を強いられたり，強制堕胎させられた者もいた。日本軍「慰安婦」制度下では，女性たちの身体に対する自由は，あらゆる面で侵害されていたことが，民衆法廷で明らかになった。

　民衆法廷は，日本軍「慰安婦」制度の構造を次のように示した。「慰安婦」制度は，当時の日本に根付いていた，天皇を頂点とする軍事主義に基づく構造的差別の表れであった。その当時，家父長制を基礎として，女性の男性への隷属を当然視する当時の日本社会の中で，貧しい家庭の女性が，家のために売られ，家のために性的奉仕に従事した。「慰安婦」たちの性的奉仕もまた，天皇に対する奉仕として当然視された。そして，差別構造は，異民族の女性に対しては，特に過酷な隷属を強いる民族差別として働いた。

　それに加えて，日本軍内部の構造も影響した。日本軍内部は上官への絶対服従を是とした厳しい階級制度であった。そのため軍人たちは，死と隣り合わせの極度の緊張と，軍隊内部での極度の緊張にさらされ，強いストレスの下にあった。そのストレスのはけ口として「慰安所」が利用されたため，軍人たちの「慰安婦」たちに対する性行為は，過度の暴力性を伴うことが多かった。

　民衆法廷は，「慰安婦」制度が，民間の売春業者による売買春とは到底言えないと述べた。この制度は，軍隊の明確な目的意識の下で，女性たちを利用して広範囲に行われた性奴隷システムであった。

　そして，民衆法廷で明らかになったことは，「慰安婦」制度の家父長制的な特徴や，性や民族差別に基づく支配と隷属の関係などは，他の軍隊による性暴力にもみられる特徴があったことである。しかし一方で，公娼制に類似の制度

であったことや、「慰安所」の規模、被害者の数の膨大さ、そして何より、上官への絶対服従や過度の緊張やストレスなど日本軍内部の構造的特徴に起因する暴力性という、日本軍「慰安所」特有の部分があった。結局「慰安婦」制度は、軍隊の構造的暴力であるものの、当時の日本社会や日本軍独特の構造的特徴に起因する暴力の側面があり、また、「慰安所」内における性暴力の許容と助長のために、「慰安所」外における戦時性暴力も狂暴性を増すという、「慰安所」内外の性暴力が互いに補完し合う関係にあったと考える。

民衆法廷が、判決の最後に示した日本政府に対する勧告は、被害者をどのように救済すべきかを、政府として考える際の指針となるものであった。

①日本政府が、「慰安婦」制度の設立に関する責任と国際法違反を全面的に認め、国家として被害者に対し、「完全で誠実な謝罪」を行うこと。②日本政府が、被害者個人に対して、適切な金額の損害賠償を行うこと。③日本政府が有する「慰安所」関係の文書・資料等の情報を公開すること、および「慰安婦」制度の調査を行うこと。④被害を記憶にとどめ、再発を防ぐために、記念館等を設立すること。そして、それによって被害者たちを認知し、その尊厳回復に努めること。⑤教育や研究を通して、将来の世代に「慰安婦」制度があったことを教え、再発を防ぐこと。⑥性の平等の尊重を確立すること。⑦帰国を望む者を出身地へ帰すこと。⑧「慰安婦」制度に関する主要な実行行為者をつきとめ、処罰すること。

このように、あらゆる方法での救済措置と再発防止策を、日本に対して勧告した。[12]日本の立法府や行政府は、以上の勧告を被害者救済と再発防止のために参考にし、被害者個人に対して真摯に砕身しなければならない。そして、日本社会も民衆法廷で明らかにされた「慰安婦」制度の実態と、日本政府が果たすべき戦争責任を認識し、被害者救済と再発防止に向き合うべきである。

6 軍隊の構造的暴力としての平時の性暴力

以上のような日本軍「慰安婦」制度が、日本の敗戦とともに廃止されて以降も、軍隊と性暴力との関係は続いている。本章第1節では、韓国を例として、日本軍撤退後の米軍占領下で、「慰安婦」制度が、米軍人相手の管理された売買春へと変化していった流れを概観した。日本の植民地支配によって韓国に持

ち込まれた性文化は，日本軍「慰安婦」制度を経て，米軍の「基地村」文化へと引き継がれていった。戦後も続く，女性の性に対する侵害は，人格を持った女性たちの「性」が，「戦争の道具」や「性奴隷」として物質化されることの問題性を示している。[13]

沖縄では，日本軍撤退後，米軍政下に移行し軍隊による性支配が継続された。本章第2節では，沖縄における軍隊と性支配について日本軍「慰安婦」制度を概観した後，戦後も続く米軍駐留の中で起こった，平時における軍人の性暴力について，若干検討を加えた。

具体的な事例としては1995年に沖縄で発生した3名の米軍人による強姦事件を挙げて，検討した。この事件の第一審，第二審判決において認定された，加害事実に基づいて，平時における軍人の性暴力も軍隊の構造的暴力といい得るのか検討した。

この事件の加害行為には，軍人たちが買春を日常の娯楽と考え，この娯楽が容易に得られないことで，安易に強姦を選んだ「娯楽的レイプ」の特徴が見られた。[14] そして，本件は，ストレス解消の手段として強姦が選択され，女性蔑視の考え方に基づいてなされた犯行であったことも明らかになった。また，本件は3名の軍人が計画的に役割を分担して犯行に及んだ集団強姦であり，軍人による性暴力がその高い連帯性の結果として行う集団強姦の形態をとっていた。

この平時における軍人による性暴力は，日ごろの軍隊における分離トレーニングや男性性の増強の結果であり，平時に起こった性暴力であったが，軍隊の構造的暴力の特徴を有していた。

7 民族紛争下におけるジェノサイド罪としての性暴力

また，第二次世界大戦以降の性暴力の問題として，民族紛争下におけるジェノサイド罪としての強姦にも若干言及した。

ルワンダで発生したフツ族のツチ族女性に対する組織的で大規模な性暴力は，その加害者が非軍人である市長や民兵組織であり，敵とみなした特定の民族集団の破壊を目的とする点に大きな特徴があった。しかし，その暴力の態様は，特定の民族を差別し，民族の破壊のために，女性を攻撃対象に選択し，攻撃手段として強姦を選択し，女性を辱しめ，その身体・精神を侵害するもので

あった。ジェノサイド罪としての性暴力も，女性蔑視で男性性を内包した暴力である点で，「慰安婦」に対する性暴力やその他の戦時性暴力，平時の軍人による性暴力と類似するものであった。

8　構造的暴力の責任を問う

以上にみてきたように，軍隊による性暴力はあらゆる形をとって発生する。ある時は女性政治犯に対する尋問の手段として，ある時は戦場における攻撃の一環としての大量強姦として，ある時は脅しのための見せしめとして，ある時は「慰安所」内で，ある時は戦勝の証としての戦利品として，ある時は戦後の売買春施設で，ある時は平時の基地周辺の日常の中で発生する。これらは発生する時代や場所，戦時か平時かは異なるが，その根幹は軍隊の構造的特徴にある。本書で示した軍人たちによるあらゆる形態の性暴力は，軍隊の構造的暴力の特徴を有していた。

軍隊によって平和を創造しようと選択する国家は，軍事化されている。家父長制構造を基礎として社会が構成され，家父長制の特徴を有する軍隊を平和構築の手段として選択するためである。軍隊は家父長制の特徴を強調し，暴力的な男性性とそれに従属する女性性を必要とする。軍隊の差別主義的な構造は，女性蔑視の男性性を内包しており，軍隊が効果的に機能するために必要とされる暴力的な男性性は，女性に対する性暴力の場で養成され，強化され，維持される。したがって軍隊は，本質的に，性暴力を必要とし，許容してきたのである。

このような性暴力を引き起こしやすい軍隊を，平和を構築するための手段として選択することじたいに筆者は反対するが，もし，国家が，軍隊を平和構築の手段として政策上選択するのであれば，性暴力の危険を未然に防ぐ努力と，発生した問題に対処する責任を持たなければならない。

第2章，第3章で検討した日本軍「慰安婦」被害も，日本軍に特有の「慰安所」制度が誘発した，戦時性暴力という特徴を有していた。「慰安所」内外で発生した軍人による性暴力に対する，当時の日本国・日本軍の責任が明確であるから，その延長にある国家として現在の日本国は国家としての責任を果たさねばならない。そのことが，あのような甚大な性暴力被害を将来において引き起こ

さないための出発点である。そのためには，日本国・日本社会が，被害者たちの語った被害事実に真摯に向き合わねばならない。そして，裁判では，被害者救済の障害になっていた事柄を，検討し，障害を取り除かねばならない。日本国憲法制定以前の国家の行為によってもたらされた甚大な被害に対して，現憲法下で責任を果たすには，先にも述べたように，大日本帝国憲法下の国家無答責の法理の克服が必要である。国家無答責の法理が存在していたことを認めながら，侵害された権利との関係で，国家無答責の法理の適用を制限することができるのか否か，どのような場合に制限できるのかを，検討しなければならない。その際には，被害者が痛みを伴いながら語った被害事実を認識し，現憲法に具体的な根拠を求め，具体的な救済策を打ち立てることが必要だと考える。

また，戦時性暴力と比べ，平時における軍人による性暴力は，個人の問題として処理されるが，軍隊を平和構築の手段として選択した国家は，軍隊周辺で，軍隊の構造的暴力としての性暴力の被害者が発生することに対する責任を引き受けなければならない。

軍隊がその暴力的な男性性を維持するために個人の尊厳を踏みにじる性暴力を必要とし，軍隊の日々の訓練が性暴力につながりやすいことは，すでに述べたとおりであり，本来的に軍隊による平和を選択すべきではないと，筆者は考える。

しかし，あえて軍隊による平和を選択する国家は，軍人の引き起こす性暴力を未然に防ぎ，発生した性暴力に対し真相究明と被害者救済に全力を尽くし，再発防止に取り組まなければならない。自国の軍隊であろうと，他国の軍隊を駐留させている場合であろうと，国家はその選択に対して責任を負うべきである。そして軍隊も，その構造的暴力の責任を負うべきであり，性暴力を末端の個人のみの責任にして，軍隊による性暴力の性質を曖昧にすべきではない。

日本軍「慰安婦」に対する性暴力被害を明らかにし，日本国・日本軍の責任を明確にしたことで，軍隊の構造的暴力としての性暴力をより具体的に把握することができた。第二次世界大戦当時の日本軍の性暴力は，日本軍特有の部分があったものの，一般化して捉えることができる部分，すなわち第1章で述べた軍隊の構造的暴力としての戦時性暴力の部分を有していたことを示すことができた。そして，戦時性暴力の責任を国家が被害者個人に対して負うべきこ

と，どのように被害者救済すべきであるかも提示した。

　軍隊の構造的暴力がどのようなものであり，その暴力に国家が責任を負わねばならない構造は，現在の軍隊の構造的暴力としての性暴力の問題に直結する。軍人による性暴力は，個人の個人に対する直接的性暴力であるが，軍隊構造に基づいた間接的・構造的暴力である。国家・軍隊は，その構造的暴力に対して無関心でいられる立場にはない。

おわりに

　本書の目的は，戦時性暴力を中心として軍人の性暴力の特徴を検討し，戦時・平時の軍人による性暴力が，軍隊の構造的暴力であること示すことであった。そして，性暴力を引き起こす軍隊の「構造」を明らかにし，国家・軍隊の責任を問うていくべきであるという方向性を示した。

　そのために，まず軍隊と性暴力に関する言説に基づいて，戦時性暴力が軍隊の構造的暴力であることを示した。軍隊は，その構造上性暴力を誘発する組織であり，戦場では，性暴力を攻撃の手段として利用する。そして，軍人の暴力的な男性性を高める性暴力は，軍隊の男性性・男らしさの維持，増強に仕えるものであるため，軍隊は軍人たちの性暴力を許容してきた。

　その上で，戦時性暴力と軍隊との関係を明らかにする具体的な例として，第二次世界大戦下の日本軍「慰安婦」制度について検討した。日本軍「慰安婦」制度について述べるにあたり，その前提として，「慰安婦」制度を設置した目的や「慰安婦」制度に対する日本軍の直接的・間接的な関わり，日本の公娼制の影響などについて，公文書等に基づいて概観した。

　そして，具体的な検討の場面では，日本の裁判所の判決と民衆法廷である女性国際戦犯法廷の判決を検討した。

　本書において，すべての訴訟において，元「慰安婦」の敗訴に終わった「慰安婦」訴訟の判決を読み返したのは，日本の司法権が，「慰安婦」制度や「慰安所」での性暴力被害について，事実として認定していることを再度確認し，司法が立法・行政による救済を促していることを日本政府そして日本社会に示し，この問題に向き合う機会を得るためであった。また，裁判所は，いわゆる「河野談話」を踏襲し，「慰安婦」制度に対する，当時の日本政府や日本軍の関

わりを認めた。「慰安婦」たちの被害者証言からは、「慰安所」内が、日本軍独特の制度であったことと、一方「慰安所」外では、攻撃の手段としての戦時性暴力が、敵の女性たちに対して容赦なくふるわれたことが示された。

　女性国際戦犯法廷の判決を用いたのは、その判決が、民衆法廷であるものの信用性の高い法廷の判決であったことと、「慰安婦」制度の被害を生き抜いた者たちの尊厳や名誉回復の役割を担ったことから、日本が国家としてなすべきことの示唆を得るためであり、また詳細な事実認定や高官個人の刑事責任の追及、そして日本が国家としてどのような戦後補償を行うべきかということを明らかにしており、判決から10年以上が経過した今、再考の必要があると考えたからである。この民衆法廷の判決から、当時の天皇や日本軍の高官の責任が明らかになり、日本の裁判所の判決以上に、被害実態や加害者証言から日本軍「慰安婦」制度の実態が明らかになった。「慰安所」は、上官への絶対服従を厳しく強制された日本軍人たちのストレスの発散の場であり、日本軍によって組織的・制度的に管理・運用された軍人専用の性奴隷制度であり、日本軍独特の特徴があった。他方で、「慰安所」外では、敵対する異民族の女性に対する蔑視の観念に基づく戦時性暴力が発生していた。さらに、日本の果たすべき国家責任についての勧告もなされ、被害者救済や真相究明、再発防止のために、今後何をなすべきかが示された。しかし、残念ながら日本政府、そして日本国民もこの勧告に向き合っていない。

　本書では、戦時性暴力との関連で、平時における軍人の性暴力の問題や民族紛争下におけるジェノサイド罪としての強姦にも言及した。平時における軍人の性暴力に関しては、第二次世界大戦後の軍隊と性との関連について述べた上で、沖縄における軍人による平時の性暴力について、裁判例を挙げて検討した。平時における軍人の性暴力もまた、軍隊の構造的暴力としての性暴力の特徴がみられた。民族紛争下におけるジェノサイド罪としての強姦については、アカイェス事件に関するICTRの判決を挙げ検討した。ジェノサイド罪としての強姦においても、女性蔑視、民族差別の男性性を内包する、戦時性暴力に類似の特徴がみられた。

　本書は、軍隊の構造的暴力については、戦時性暴力であっても、平時における性暴力であっても、個人の責任のみならず国家・軍隊の責任を問うべきであ

るという立場に立っている。日本軍「慰安婦」制度内外で引き起こされた，軍人による性暴力の被害に対して，国家は被害者救済の責任がある。その責任は，被害者個人に対して，その被害の回復に見合うだけの救済をしてはじめて果たされる。そして，加害者追及や真相究明，再発防止のための措置が必要である。本書は，平時の軍人による性暴力についても，加害者個人の責任だけではなく，国家・軍隊の責任を問うべきという立場である。性暴力を引き起こしやすい軍隊の性質を変えるのでなければ，国家は，軍隊を平和を維持し創造する手段として選択すべきではない。国家・軍隊は，軍隊という手段を選択した結果，性暴力を未然に防止できなかった責任を負わねばならない。国家・軍隊は，加害者を追及し処罰するとともに，真相の究明や再発防止の措置をとらなければならない。

　本書は，軍隊の構造的暴力としての戦時性暴力の核心に迫ることができたが，平時における軍人の性暴力については，考察が不十分であり，この点に関しては課題が残る。また，日本軍「慰安婦」制度が，植民地時代の公娼制と深く関連していることを示すことはできたものの，植民地支配そのものについての考察には至らなかった。戦時性暴力に関しても，女性・少女に対する性暴力被害のみの検討にとどまっており，男性や少年に対する戦時性暴力について考察することができなかった。日本軍の戦時性暴力だけではなく，他の軍隊による戦時性暴力や国家の軍隊だけではない具体例のより深い探求も必要であり，課題が残る。元「慰安婦」の救済のために憲法上，国家賠償法上，検討しなければならない課題もある。今後さらに追究し，軍隊による性暴力の実体に迫り，根本的な解決に近づかなければならない。

　日本政府の「慰安婦」問題への対応に対しては，国内からの要求だけではなく，国際社会からの勧告も多くなされている。1996年にラディカ・クマラスワミ「女性に対する暴力」特別報告者が国連人権委員会（現，国連人権理事会）に提出した，「戦時下軍隊・性奴隷制に関する報告」には，日本政府が元「慰安婦」に対して法的責任を負っており，賠償責任があることが指摘されていた。[15] 2003年に提出された最終報告書では，「慰安婦」を「軍性奴隷」とし，日本政府が「法的責任を受け入れてない」こと，「犯罪の責任のある加害者の多くを処罰していない」ことが指摘されている。[16]

終章　構造的暴力としての軍隊の性暴力

　1998年の国連人権委員会差別防止・少数者保護小委員会で採択されたゲイ・J・マクドゥーガル戦時・性奴隷制特別報告者の「武力紛争下の組織的強姦・性奴隷制および奴隷制類似慣行に関する最終報告書」は，「慰安婦」制度について「人権法と人道法に対する重大な違反に責任があり，その違反は全体として人道に対する罪に相当する」と指摘し，日本政府が元「慰安婦」に対して「償うために，一定程度の措置はとってきた」としつつも，「日本政府が法的責任とそのような責任から生じるさまざまな結果を全面的にそして無条件に受け入れないかぎり，どんな対応もまったく不十分である」とし，「十分な救済のために不可欠な決定的措置を取る責任がある」としている。そして，「アジア女性基金」は法的賠償には当たらないとし，損害賠償額を検討する際に，被害の重大さ，規模，反復性，被害の重大さ，公務員の行為の犯罪性の程度，経過した膨大な時間のために，「救済が大幅に遅れたことによる心理的被害とともに，貨幣価値の下落による損失」等も考慮して賠償を決めるべきとしている。そして，「慰安所」における残虐行為に加わった個人や生存する責任者を探し出し，「訴追する義務を日本に完全に果たさせる」必要があることを勧告している[17]。

　また，国連各機関による度重なる指摘にもかかわらず，日本政府は「慰安婦」[18]に対する賠償問題は解決済みであるという従来からの姿勢を軟化させようとはしていない。

　2011年8月30日には，韓国の憲法裁判所において，元「慰安婦」たちが個人として日本に対して有している賠償請求権が，「大韓民国と日本国間の財産及び請求権に関する問題の解決並びに経済協力に関する協定」2条1項によって，消滅したか否かに関する韓国と日本との間の紛争を，韓国政府が同条約3条の手続に従って解決しないでいる不作為を違憲とする判決がでた[19]。

　韓国憲法裁判所に，元「慰安婦」らによって提起されたこの訴訟では，元「慰安婦」らは，同条約2条1項の「両締約国及びその国民（法人を含む）の財産，権利及び利益並びに両締約国及びその国民の間の請求権に関する問題が，……完全かつ最終的に解決されたこととなることを確認する」との規定に関して，日本が，元「慰安婦」らを「性奴隷に追い込んで加えた人権蹂躙行為」は，醜業禁止条約や強制労働禁止協定等の国際条約に違反するものであり，「協定の対

象に含まれたことはな」く,「韓国国民の日本国に対する個人的損害賠償請求権は放棄されていない」と主張した。日本が同協定によって,個人的賠償請求権は消滅したと主張しているのに対して,韓国政府は,2005年8月26日に「消滅せず,そのまま残っている」と述べており,両国政府に解釈上の紛争が存在する。そのことから,元「慰安婦」らは,同協定が「解釈及び実施に関する両締約国間の紛争は,まず,外交上の経路を通じて解決」すべきこと(3条1項),同条1項の解決ができない場合には,仲裁手続きによる解決を図るべきこと等(同条2項)を定めていることに基づいて,韓国政府には紛争解決のための作為義務があるにもかかわらず積極的に解決しようとしなかった不作為があるとして,訴えを提起したのである。そして,憲法裁判所は,韓国政府の不作為を違法であるとした。[20]

韓国国会は,日本政府の公式謝罪と被害補償を求める決議を本会議で行い(2012年9月3日),国連人権担当委員会(国連総会第三委員会)において韓国は,日本軍「慰安婦」問題を提起している(2012年10月15日)。このような韓国における動きは,上記の憲法裁判所決定に影響されたものだといえる。[21]

2014年2月に,日韓国交正常化50年を前にして,「慰安婦」問題の最終決着を図りたいと,日本政府が韓国政府に求めたという。しかし,それは「慰安婦」問題は解決済みであるという従来の姿勢を前提としたものであり,日本政府の法的責任を解決策として求める韓国政府とは見解の開きがみられる。[22]また一方で,同年3月には,衆議院予算委員会において菅義偉官房長官が,いわゆる「河野談話」の根拠となった元「慰安婦」の証言内容を再調査するチームの発足を表明したり[23],菅官房長官が,元「慰安婦」の強制連行や日本軍関与の証拠は見当たらないと述べる[24]など,相変わらず被害者を傷つけ続ける状況が続いている。

このような現状の中での日本政府の「慰安婦」問題解決の模索は,外交的な緊張状態の解消をしたいという,日本政府みずからの利益のための「慰安婦」問題解決の検討であることが明らかであり,被害者の救済を真に目的とするものではないという,日本政府の本音が透けて見える。

そして,本書執筆中の2014年4月10日,「慰安婦」訴訟を闘った元「慰安婦」女性がまた1人亡くなった。[25]日本の裁判所による判決によって救済されることなく,その受けた被害に対する日本政府による謝罪・賠償を得ることもなく,

被害者救済がなされるのを待たずに亡くなったのである。

　「慰安婦」に対する日本軍の戦時における性暴力の残虐性が明るみに出て注目を集めて以降も，平時における軍人の性暴力や紛争地にける性暴力が発生し続けている。過去の戦時における性暴力に向き合い，その責任を追及し，被害者の求める救済をし，その尊厳を回復していくことが，未来における戦時性暴力の予防につながると信ずる。過去の歴史に向き合い，日本軍性奴隷制度である「慰安婦」制度の下で，被害にあった多くの女性・少女に対する，その被害に見合う早急な救済が求められる。

（1）　基地・軍隊を許さない行動する女たちの会『沖縄・米兵による女性への性犯罪（1945年4月〜2004年8月）〔第7版〕』（基地・軍隊を許さない行動する女たちの会，2004年）17頁。
（2）　柴田修子「戦時性暴力とどう向き合うか——グアテマラ民衆法廷の取り組み——」日本比較政治学会年報13号（『ジェンダーと比較政治学』）（ミネルヴァ書房，2011年）168頁。
（3）　金富子「朝鮮南部の植民地都市・群山の性売買——遊廓・アメリカタウン・性売買集結地——」宋連玉・金栄編著『軍隊と性暴力——朝鮮半島の20世紀——』（現代史料出版，2010年）77頁。
（4）　判決文362〜372，VAWW-NET Japan編『日本軍性奴隷制を裁く——2000年女性国際戦犯法廷の記録第6巻　女性国際戦犯法廷の全記録［Ⅱ］』（緑風出版，2002年）208〜210頁。
（5）　判決文946，VAWW-NET Japan・同上，385頁。
（6）　吉見義明編『従軍慰安婦資料集』（大月書店，1992年）209〜211頁。
（7）　吉見・同上，57, 58頁。吉見義明「『従軍慰安婦』政策における日本国家の指揮命令系統」『日本軍慰安婦を裁く——2000年女性国際戦犯法廷の記録　第3巻　「慰安婦」・戦時性暴力の実態Ⅰ——日本・台湾・朝鮮編』（緑風出版，2000年）43, 44頁。
（8）　吉見・前掲注（6）224〜233頁。
（9）　吉見・同上，232, 233頁。
（10）　吉見・同上，27, 28頁。
（11）　西野留美子「被害者の尊厳回復と『法廷』——『証言』とは何であったか——」VAWW-NET Japan編『裁かれた戦時性暴力——「日本軍性奴隷制を裁く女性国際戦犯法廷」とは何であったか——』（白澤社／現代書館，2001年）36, 52〜53頁。
（12）　判決文1086，VAWW-NET Japan・前掲注（4）437, 438頁。認定概要VAWW-NET Japan編『裁かれた戦時性暴力——「日本軍性奴隷制を裁く女性国際戦犯法廷」とは何であったか——』（白澤社／現代書館，2001年）305頁。
（13）　金・前掲注（3）111, 112頁。

(14)　シンシア・エンロー著,上野千鶴子監訳,佐藤文香訳『策略──女性を軍事化する国際政治──』(岩波書店,2006年) 73頁, Cynthia Enloe, *Maneuvers: the international politics of militarizing women's lives*, (University of California Press: 2000): p.116.
(15)　VAWW-NETジャパン編訳『戦時・性暴力をどう裁くか──国連マクドゥーガル報告書全訳──』(凱風社,2000年) 4頁。
(16)　ラディカ・クマラスワミ著,VAWW-NETジャパン翻訳チーム『国連人権委員会特別報告者クマラスワミ最終報告書　女性に対する暴力をめぐる10年』(明石書店,2003年) 108, 109頁。
(17)　VAWW-NETジャパン・同上, 117～121頁。
(18)　1994年以降,女性差別撤廃委員会,社会権規約委員会,自由権規約委員会,拷問禁止委員会が,「慰安婦」問題に対する,日本政府の対応に対して所見が述べられている。特に,2003年の拷問禁止委員会の所見では,日本政府が国連勧告を拒絶していることに対して,懸念が示されている。また,法的責任を認めていないこと加害者の訴追の必要性,再発予防のため歴史教科書に「慰安婦」問題を明記すべきこと,資料の隠ぺいに対する批判,国会議員等が事実を否定することによって被害者を再度傷つけていること,被害者救済を怠っていることについて懸念が示されている (Vamアクティブ・ミュージアム女たちの戦争と平和資料館ホームページ http://wam-peace.org/)。
(19)　韓国憲法裁判所2011年8月30日決定2006憲マ788　大韓民国と日本国間の財産及び請求権に関する問題の解決並びに経済協力に関する協定第3条不作為違法確認 (女たちの戦争と平和資料館http://wam-peace.org/)
(20)　同上。
(21)　中川敏宏「韓国憲法裁判所・日本軍慰安婦問題行政不作為違憲訴願事件」専修大学論集116巻197頁 (2012年11月)。
(22)　『琉球新報』2014年4月16日。
(23)　『琉球新報』2014年3月1日。
(24)　『沖縄タイムス』2014年3月14日。
(25)　『琉球新報』2014年4月12日。

あとがき

　本書は，筆者が北九州市立大学に提出した博士論文「戦時性暴力について」に加筆し修正を加えたものである。本書は，戦時性暴力が軍隊の構造的暴力であることを明らかにした上で，第二次世界大戦中の日本軍による組織的・大規模な性暴力である，いわゆる「慰安婦」問題に焦点をあて，日本軍「慰安婦」制度の性暴力構造を明らかにしようとするものである。そして，戦時性暴力の延長としての平時の軍人による性暴力，第二次世界大戦後の民族紛争下における性暴力が，軍隊の構造的暴力にあたるのかについても，若干ではあるが検討を加えている。

　本書は基本的に，軍隊によって平和を構築しようとする政策に反対する立場をとる。暴力組織である軍隊によって，人間にとっての真の安全保障が実現されるとは考えられないし，実際，戦時に人々の性や生命は脅かされてきた。そして，筆者が生まれ育ち居住する沖縄では，大規模な在日米軍基地において，日々行われる軍事訓練から派生する基地被害によって，平時でも我々は毎日の生活を脅かされ続けている。

　しかし，現実には多くの国家が，軍隊による平和構築を政策の手段として選択している。筆者は，軍隊を手段としてとるべきではないと考えるが，軍隊によって平和を構築しようとする国家は，軍隊の構造的暴力のために発生する被害に対して，責任を負わなければならない。個々の軍人によって侵される性暴力が，軍隊の構造的暴力の発現であるならば，国家・軍隊は，性暴力の発生を予防し，発生した被害に対して被害者の負った損害に見合うだけの責任をとらなければならないと考える。

　本書では，戦時性暴力に関する先行研究を整理し，戦時性暴力が軍隊の構造的暴力であることを示した。その上で，公文書等と被害者証言の双方から，日本軍「慰安婦」制度の構造を明らかにした。

　本書は，第二次世界大戦下の「慰安婦」制度における性暴力に，重点をおいて考察している。売買春「制度」を装った性奴隷制であった，「慰安婦」制度の

構造を明らかにし，被害の実態を再認識し，責任の所在を明らかにし，どのような責任をとるべきかを，日本の裁判所の判決，2000年の女性国際戦犯法廷の判決の両方を検討する中で考察した。

　日本政府・日本社会は，日本軍「慰安婦」問題をあまりにも長く放置しすぎた。「慰安婦」訴訟だけではなく，女性国際戦犯法廷においても，旧日本軍による組織的・大規模な性犯罪が明らかになっているにも関わらず，向き合おうとせず，事実の風化に手を貸し続けている。また，2014年8月には『朝日新聞』が，「慰安婦」の強制連行に関する吉田清治氏（元山口県労務報国会下関支部動員部長）の証言（以下，吉田証言とする。）が虚偽であったとして報道を取り消した。当然のことであるが，強制連行の1つの証拠であった吉田証言が虚偽であるからといって，他の多くの「慰安婦」証言や「慰安婦」問題そのものがなかったことにはならない。個々の事例の中には，暴力的な強制徴集・連行が多くあったことは，本文ですでに述べた。甘言や欺瞞による徴集・連行の事例であっても，「慰安所」内における過酷な性暴力は，被害者たちの意に反して強制されたものであり，強制は存在した。そもそも「慰安婦」問題は単に強制の有無の問題ではなく，組織的な性暴力，性奴隷制が全体として問題なのである。そして，その責任から目を背け，現在まで被害者を救済せず放置し続ける日本政府や日本社会は問題解決を阻んでいる。「慰安婦」制度の構造的暴力の側面，軍隊による性暴力の歴史を直視し，誠実に向き合うことが，現在も続く軍隊による性暴力の問題性に目を向けることにつながると考える。

　軍隊の構造的暴力というテーマからすると，本書が提示する研究成果は，限られたものであるが，「慰安婦」問題と軍隊の構造的暴力としての性暴力との関係を明らかにした上で，日本軍や当時の日本社会に由来する「慰安婦」制度の特殊性を示し，従来から「慰安婦」問題についてなされてきた被害実態の解明と責任追及のための歩みを，現代の問題として認識すべきものとして，再構成しようと試みた。本書で明らかに示したことは，「慰安婦」問題は，過去の問題ではなく，いまだ終結していない現代の問題であり，第二次世界大戦後も続く軍隊による性暴力と連続しているということである。今後は，「慰安婦」問題や平時の軍隊による性暴力を含め，残された課題について考察を進めたい。

あとがき

　なお，本書は書き下しであるが，「慰安婦」訴訟に関しては，以下のすでに刊行した論文を参考にした。

「従軍慰安婦裁判――原告の訴えるもの――」沖縄大学法経学部紀要9号（2007年）
「戦後補償立法と被害者救済――いわゆる従軍慰安婦裁判を契機として――」沖縄大学法経学部紀要14号（2010年）
「『慰安婦』訴訟の意義と課題」沖縄大学地域研究所紀要地域研究13号（2014年）

　1995年9月に沖縄で発生した米軍人3名による少女暴行事件を契機として，軍隊による性暴力の問題に関心を持った筆者は，日本国憲法の平和主義，日米安全保障条約と地位協定の矛盾，性的自由等に取り組む中で，旧日本軍による性暴力の問題が清算されていないこと，平時の軍隊による性暴力に対するためには，戦時性暴力についての追求が必要であること，そして分野横断的な知識が必要であることに気付かされた。本書の基になった博士論文の執筆にあたっては，法学，政治学を専門とする先生方のご指導があり，さまざまな専門分野の論文を読む中で多くのことを学ぶことができた。

　本書の刊行は，中道壽一北九州市立大学名誉教授の熱心なご指導がなければ実現しなかった。中道先生に深く感謝申し上げる。そして，秋林こずえ同志社大学教授，岡本博志北九州市立大学教授からも，貴重なご指導，ご配慮をいただいた。先生方に深く感謝申し上げる。

　そして，多くのご指導，ご厚意をいただいている沖縄の諸先生方，軍隊による女性・少女に対する暴力の問題に共に取り組んでいる沖縄・日本の女たちに，心よりお礼申し上げる。

　本書の刊行にあたって多大なご配慮を頂いた法律文化社編集部舟木和久氏，同社の皆様に心よりお礼申し上げる。

　本書の執筆中にも，日に日に大きく育っていく我が子の生きる世界が，あらゆる暴力から自由で平和な社会になることを願って。

2014年9月

髙良　沙哉

参考文献一覧

1 軍隊の性暴力一般

アティナ・グロスマン著，荻野美穂訳「沈黙という問題——占領軍兵士によるドイツ女性の強姦——」思想898号（1999年）

稲角光恵「ジェノサイド罪の適用——アカイェス事件——」別冊ジュリスト156号（2001年）

上野千鶴子『ナショナリズムとジェンダー』（青土社，1998年）

大越愛子「『国家』と性暴力」江原由美子編『性・暴力・ネーション』フェミニズムの主張4（勁草書房，1998年）

基地・軍隊を許さない行動する女たちの会『沖縄・米兵による女性への性犯罪（1945年4月～2004年8月）〔第7版〕』（基地・軍隊を許さない行動する女たちの会，2004年）

佐藤健生「ドイツの戦後補償に学ぶ［連載8］〔過去の克服〕日独の『慰安婦』問題をめぐって① ドイツの『強制売春』問題と日本の『従軍慰安婦』問題」法学セミナー463号（1993年）

佐藤健生「ドイツの戦後補償に学ぶ［連載9］〔過去の克服〕日独の『慰安婦』問題をめぐって② ドイツの『強制売春』問題と日本の『従軍慰安婦』問題」法学セミナー464号（1993年）

柴田修子「戦時性暴力とどう向き合うか——グアテマラ民衆法廷の取り組み——」日本比較政治学会編，日本比較政治学会年報13号（『ジェンダーと比較政治学』）（2011年）

シンシア・エンロー著，池田悦子訳『戦争の翌朝——ポスト冷戦時代をジェンダーで読む』（緑風出版，1999年）

シンシア・エンロー著，上野千鶴子監訳，佐藤文香訳『策略——女性を軍事化する国際政治——』（岩波書店，2006年）

スーザン・ブラウンミラー著，幾島幸子訳『レイプ——踏みにじられた意思——』（勁草書房，2000年）

高里鈴代『沖縄の女たち——女性の人権と基地・軍隊——』（明石書店，1996年）

高良沙哉「平和時における軍隊構成員による性的暴力をいかに考えるか——沖縄の視点から——」沖縄大学法経学部紀要7号（2006年）

竹中千春「国際政治のジェンダー・ダイナミクス——戦争・民主化・女性解放——」日本国際政治学会編，国際政治161号（『ジェンダーの国際政治』）（2010年）

田中利幸「国家と戦時性暴力と男性性——「慰安婦制度」を手がかりに——」宮地尚子編著『性的支配と歴史——植民地主義から民族浄化まで——』（大月書店，2008年）

田中利幸『知られざる戦争犯罪——日本軍はオーストラリア人に何をしたか——』（大月書店，1993年）

永原陽子「南部アフリカに『真実和解委員会』が残したこと——植民地主義の過去をめぐって」『歴史と責任——「慰安婦」問題と一九九〇年代——』（青弓社，2008年）

中満泉「国内紛争と民族浄化・性暴力」宮地尚子編著『性的支配と歴史 植民地主義から民族浄化まで』（大月書店，2008年）

ベティ・リアドン著，山下史訳『性差別主義と戦争システム』(勁草書房，1988年)
山下英愛『ナショナリズムの狭間から——「慰安婦」問題へのもう一つの視座——』(明石書店，2008年)
Betty A. Reardon, *Sexism and the war system*, Teachers College Press: 1985
Cynthia Enloe, *The morning after: sexual politics at the end of the Cold War*, University of California Press: 1993
Cynthia Enloe, *Maneuvers: the international politics of militarizing women's lives*, University of California Press: 2000
Gwyn Kirk and Carolyn Bowen Francis, "Redefining Security: Women Challenge U.S. Military Policy and Practice in East Asia", *The Berkeley Women's Law Journal*, Volume 15: 2000
Susan Brownmiller, *Against Our Will: Men, Women, and Rape*, Simon and Schuster: 1975
Ximena Bunster-Burotto, "Surviving Beyond Fear: Women and Torture in Latin America," *Women and Change in Latin America*, June Nash and Helen Safa *ed.*, Bergin & Garvey Publishers, Inc. 1986

2　「慰安婦」問題関連

青山武憲「いわゆる慰安婦訴訟事件」国会月報45巻600号（1998年）
阿部浩己『人権の国際化　国際人権法の挑戦』(現代人文社，1998年)
泉澤章「戦後補償裁判における請求権放棄論と最高裁2007年4月27日判決」国際人権19号（2008年）
稲葉正夫編『岡村寧次大将資料上巻——戦場回想篇——』(原書房，1970年)
宇賀克也『国家補償法』(有斐閣，1997年)
内海愛子「戦時性暴力と東京裁判」VAWW-NET Japan編（内海愛子，高橋哲哉責任編集）『戦犯裁判と性暴力』(緑風出版，2000年)
岡田正則『国の不法行為責任と公権力の概念史——国家賠償制度史研究』(弘文堂，2013年)
岡野八代「修復的正義——国民基金が閉ざした未来——」志水紀代子，山下英愛編『「慰安婦」問題の解決に向けて——開かれた議論のために——シンポジウム記録』(白澤社／現代書館，2012年)
小畑郁「請求権放棄条項の解釈の変遷」芹田健太郎，棟居快行，薬師寺公夫，坂元茂樹編集代表『講座　国際人権法Ⅰ　国際人権法と憲法』(信山社，2006年)
川田文子『赤瓦の家——朝鮮から来た従軍慰安婦——』(筑摩書房，1987年)
川田文子「沖縄の慰安所」吉見義明，林博史編著『日本軍慰安婦——共同研究——』(大月書店，1995年)
金栄，庵逧由香「咸鏡北道の軍都と『慰安所』・『遊廓』」宋連玉，金栄編著『軍隊と性暴力　朝鮮半島の20世紀』(現代史料出版，2010年)
金富子「朝鮮南部の植民地都市・群山の性売買——遊郭・アメリカタウン・性売買集結地——」宋連玉，金栄編著『軍隊と性暴力——朝鮮半島の20世紀——』(現代史料出版，2010年)
クリスティーヌ・チンキン著，VAWW-NET Japan訳「女性国際戦犯法廷と国際法およびジェ

ンダー正義」VAWW-NET Japan編（西野瑠美子，金富子責任編集）『裁かれた戦時性暴力——「日本軍性奴隷制を裁く女性国際戦犯法廷」とは何であったか——』（白澤社／現代書館，2001年）

芝池義一「戦後補償訴訟と公権力無責任原則」法律時報76巻1号（2004年）

志水紀代子・山下英愛編『「慰安婦」問題の解決に向けて——開かれた議論のために——シンポジウム記録』（白澤社／現代書館，2012年）

蘇貞姫サラ「帝国日本の『軍慰安制度』論——歴史と記憶の政治的葛藤——」『岩波講座　アジア・太平洋戦争2　戦争の政治学』（岩波書店，2005年）

宋連玉「公娼制度から『慰安婦』制度への歴史的展開」VAWW-NET Japan編（金富子，宋連玉責任編集）『日本軍性奴隷制を裁く——2000年女性国際戦犯法廷の記録　第3巻　「慰安婦」・戦時性暴力の実態Ⅰ——日本・台湾・朝鮮編』（緑風出版，2000年）

宋連玉「世紀転換期の軍事占領と「売春」管理」宋連玉，金栄編著『軍隊と性暴力——朝鮮半島の20世紀——』（現代史料出版，2010年）

高橋哲哉「女性国際戦犯法廷で裁かれたもの」VAWW-NET Japan 編（西野瑠美子，金富子責任編集）『裁かれた戦時性暴力——「日本軍性奴隷制を裁く女性国際戦犯法廷」とは何であったか——』（白澤社／現代書館，2001年）

戸塚悦朗「日本が知らない戦争責任（54）関釜裁判で元『慰安婦』に勝訴判決——国家賠償立法運動に弾み——」法学セミナー 523号（1998年）

内藤光博「『従軍慰安婦』問題と平和憲法の原理」専修大学法学研究所紀要25号（2000年）

中川敏宏「韓国憲法裁判所・日本軍慰安婦問題行政不作為違憲訴願事件［2011年8月30日判決］」専修法学論集116巻（2012年）

中島光孝「関釜控訴審判決（戦後補償）」国際人権12号（2001年）

西埜章「戦後補償における国家無答責原則克服の試み」国際人権15号（2004年）

西埜章『国家補償法概説』（勁草書房，2008年）

西野瑠美子「被害者の尊厳回復と『法廷』——『証言』とは何であったか——」VAWW-NET Japan編（西野瑠美子，金富子責任編集）『裁かれた戦時性暴力——「日本軍性奴隷制を裁く女性国際戦犯法廷」とは何であったか——』（白澤社／現代書館，2001年）

VAWW-NET Japan編（金富子，宋連玉責任編集）『「慰安婦」・戦時性暴力の実態Ⅰ——日本・台湾・朝鮮編——』（緑風出版，2000年）

VAWW-NET Japan編（西野瑠美子，金富子責任編集）『裁かれた戦時性暴力——「日本軍性奴隷制を裁く女性国際戦犯法廷」とは何であったか——』（白澤社／現代書館，2001年）

VAWW-NET Japan編（松井やよりほか責任編集）『日本軍性奴隷制を裁く——2000年女性国際戦犯法廷の記録　第6巻　女性国際戦犯法廷の全記録［Ⅱ］——』（緑風出版，2002年）

花房恵美子「関釜裁判を支援して——原告ハルモニたちとの二〇年を振り返って——」志水紀代子，山下英愛編『「慰安婦」問題の解決に向けて——開かれた議論のために——シンポジウム記録』（白澤社／現代書館，2012年）

林博史「『法廷』にみる日本軍性奴隷制下の加害と被害」VAWW-NET Japan編（西野瑠美子，金富子責任編集）『裁かれた戦時性暴力——「日本軍性奴隷制を裁く女性国際戦犯法廷」とは

何であったか』(白澤社／現代書館，2001年)
林博史「基地論──日本本土・沖縄・韓国・フィリピン──」倉沢愛子，杉原達，成田龍一，テッサ・モーリス・スズキ，油井大三郎，吉田裕編『岩波講座7　アジア・太平洋戦争　支配と暴力』(岩波書店，2006年)
林博史「韓国における米軍の性管理と性暴力──軍政期から1950年代──」宋連玉，金栄編著『軍隊と性暴力──朝鮮半島の20世紀──』(現代史料出版，2010年)
東澤靖「〈解題1〉判決が『慰安婦』犯罪に適用した法」VAWW-NET Japan編(松井やよりほか責任編集)『日本軍性奴隷制を裁く──2000年女性国際戦犯法廷の記録　第6巻　女性国際戦犯法廷の全記録[Ⅱ]──』(緑風出版，2002年)
福地曠昭編著『オキナワ戦の女たち──朝鮮人従軍慰安婦──』(海風社，1992年)
藤永壯「朝鮮諸植民地支配と『慰安婦』制度の成立過程」VAWW-NET Japan(金富子，宋連玉責任編集)『「慰安婦」・戦時性暴力の実態Ⅰ──日本・台湾・朝鮮編──』(緑風出版，2000年)
藤目ゆき「日本人『慰安婦』を不可視にするもの」VAW-NET Japan編(西野瑠美子，金富子責任編集)『裁かれた戦時性暴力──「日本軍性奴隷制を裁く女性国際戦犯法廷」とは何であったか──』(白澤社／現代書館，2001年)
マーク・セルデン著，野崎与志子訳「アジアにおける戦争と賠償と和解について」VAWW-NET Japan編(西野瑠美子，金富子責任編集)『裁かれた戦時性暴力──「日本軍性奴隷制を裁く女性国際戦犯法廷」とは何であったか──』(白澤社／現代書館，2001年)
マクドゥーガル著，VAWW-NET Japan編訳『戦時・性暴力をどう裁くか　国連マクドゥーガル報告全訳〔増補新装2000年版〕』(凱風社，2000年)
松井やより「開廷の言葉」VAWW-NET Japan編(松井やよりほか責任編集)『日本軍性奴隷制を裁く──2000年女性国際戦犯法廷の記録　第5巻　女性国際戦犯法廷の全記録[Ⅰ]──』(緑風出版，2002年)
松本克美『時効と正義──消滅時効・除斥期間論の新たな胎動──』(日本評論社，2002年)
松本克美『『国家無答責の法理』と民法典」立命館法学292号(2003年)
松本克美『続・時効と正義──消滅時効・除斥期間論の新たな展開──』(日本評論社，2012年)
マルゲリート・ハーマー著，村岡崇光訳『折られた花　日本軍「慰安婦」とされたオランダ人女性たちの声』(新教出版社，2013年)
宮井清暢「戦後補償問題と立法府・行政府等の責任」ジュリスト1269号(2004年)
山田盟子『慰安婦たちの太平洋戦争　沖縄篇──闇に葬られた女たちの戦記──』(光人社，1992年)
山手治之「判例研究　アジア太平洋戦争韓国人犠牲者補償請求事件──日韓請求権協定2条の解釈を中心に──」京都学園法学45・46号(2004年)
山元一「判例紹介　下関関釜裁判山口地裁判決」国際人権10号(1999年)
吉見義明編・解説『従軍慰安婦資料集』(大月書店，1992年)
吉見義明「従軍慰安婦と日本国家──解説にかえて──」吉見義明編『従軍慰安婦資料集』(大月書店，1992年)

吉見義明「『従軍慰安婦』政策における日本国家の指揮命令系統」VAWW-NET Japan編（金富子，宋連玉責任編集）『日本軍性奴隷制を裁く——2000年女性国際戦犯法廷の記録　第3巻　「慰安婦」・戦時性暴力の実態Ⅰ——日本・台湾・朝鮮編』（緑風出版，2000年）

吉見義明「『慰安婦』問題と近現代史の視点」日本の戦争責任資料センター編『ナショナリズムと「慰安婦」問題——シンポジウム——〔新装版〕』（青木書店，2003年）

吉見義明，林博史編著『日本軍慰安婦——共同研究——』（大月書店，1995年）

ラディカ・クマラスワミ著，VAWW-NETジャパン翻訳チーム訳『女性に対する暴力をめぐる10年——国連人権委員会特別報告者クマラスワミ最終報告書——』（明石書店，2003年）

和田春樹「慰安婦問題二〇年の明暗」『「慰安婦」問題の解決に向けて——開かれた議論のために——シンポジウム記録』（白澤社／現代書館，2012年）

3　ウェブ，新聞

外務省ホームページ
　http://www.mofa.go.jp/mofaj/
デジタル記念館女性のためのアジア女性国民基金
　http://www.awf.or.jp/
Vamアクティブ・ミュージアム女たちの戦争と平和資料館
　http://wam-peace.org/
『沖縄タイムス』2014年3月14日
『琉球新報』2014年3月1日，4月12日，4月16日

4　その他

上原栄子『辻の華・戦後篇〈上巻〉——』（時事通信社，1989年）

沖縄県編『沖縄苦難の現代史——代理署名拒否訴訟準備書面より——』（岩波書店，1996年）

ヨハン・ガルトゥング「平和学とは何か」ヨハン・ガルトゥング，藤田明史編著『ガルトゥング平和学入門』（法律文化社，2003年）

西山俊彦「『構造的暴力理論』の批判的考察と平和学の課題」ヨハン・ガルトゥング，藤田明史編著『ガルトゥング平和学入門』（法律文化社，2003年）

ヨハン・ガルトゥング著，高柳先男，塩屋保，酒井由美子訳『構造的暴力と平和』（中央大学出版部，1991年）

事項索引

あ 行

青山武憲 …………………………… 82
アカイェス事件 ………………… 182, 184
阿部浩己 …………………………… 92
「慰安所」
　――での生活実態 ……………… 119
　――の衛生管理 ………………… 40
　――の開設の責任 ……………… 35
　――の管理・運営 …………… 39, 114
　――の管理体制 ………………… 38
　――の形態 ……………………… 118
　――の設置目的 ………………… 116
　――の設置理由 ………………… 33
　――の統制 ……………………… 38
　――の目的・効果 ……………… 129
　――の類型 ……………………… 38
　海軍――― ……………………… 32
　軍人・軍属専用の――― ……… 38
　軍直営――― …………………… 38
　軍利用の――― ………………… 38
　純粋の――― ……………… 38, 61, 142
　統制の曖昧な――― ………… 66, 142, 143
　統制のある――― …………… 61, 65, 142
「慰安婦」
　――制度 ……………………… 59, 131
　――徴集 ……………………… 116, 130
　――募集 ……………………… 36, 100
上野千鶴子 ………………………… 19
宇賀克也 …………………………… 90
エンロー，シンシア（Cynthia Enloe） … 11
大越愛子 …………………………… 16
岡田正則 …………………………… 91
男らしさ／女らしさ ………… 12, 16, 21
小畑郁 ……………………………… 91

か 行

カーク，グエン（Gwyn Kirk） ……… 23

家父長制 ………………………… 9, 11, 15
　――社会 ………………………… 8
基地村 ……………………………… 168
旧ユーゴ国際刑事裁判所規程 ……… 127
強制売春 …………………………… 51
強制労働 …………………………… 92
　――条約 ………………………… 76
行政不作為 ………………………… 75
クマラスワミ，ラディカ（Radhika
　Coomara-swamy） ………………… 94
グロスマン，アティナ（Atina Grossman） … 18
軍事化 ……………………………… 11
　――されたレイプ ……………… 14
軍事主義（militarism） …………… 11
軍用売買春 ………………………… 13
権威主義的家父長制 ……………… 7
憲法29条3項 ……………………… 74
構造的暴力 …… 5, 72, 73, 139-141, 143, 144, 146
公的売買春 ………………………… 17
河野談話 …………………………… 31
国家安全保障レイプ ……………… 14
国家無答責の法理 …………… 74, 79, 90
強姦神話 …………………………… 17
娯楽的レイプ ……………………… 14

さ 行

芝池義一 …………………………… 90
柴田修子 …………………………… 23
醜業禁止条約 …………………… 77, 92
集団強姦（レイプ） …………… 11, 19, 20
ジェノサイド罪 ………………… 182, 184
ジェンダー差異（gender differences） … 9
女　性
　――嫌悪（mysogynist） ………… 103
　――国際戦犯法廷 ……………… 95
　――憎悪 ………………………… 17
　――たちの物体化 ……………… 122
　――のためのアジア平和国民基金 ……… 31

除斥期間 …………………… 74, 89	西埜章 ……………………… 90
人道に対する罪 …………… 128, 77	日韓請求権協定 ……………… 84
性器の徴発 …………………… 146	
請求権消滅 …………………… 84	は 行
請求権放棄 …………………… 91	ハーグ陸戦条約 ……………… 77
性差別主義 …………………… 8	婦女売買禁止条約 …………… 77
性支配 ………………………… 47	フランシス，キャロリン・ボウェン
性的拷問 ……………… 10, 68, 71	（Carolyn Bowen Francis）…… 23
性的植民地支配 …………… 43, 44	ブラウンミラー，スーザン（Susan Brownmiller）
制度的暴力 …………………… 23	…………………………………… 6
性奴隷 ………………………… 115	武力紛争下の組織的強姦，性奴隷制および
──システム（制）…… 123, 129, 146, 199	奴隷制類似慣行に関する最終報告書 …… 94
戦時下軍隊・性奴隷制に関する報告 …… 94	ブンスター，ヒメナ（Ximena Bunster-Burotto）
戦時性暴力 ………………… 23, 73	…………………………………… 9
戦時利得 ……………………… 146	補償請求 ……………………… 74
戦時レイプ …………………… 14	
戦争システム ………………… 8	ま 行
戦利品 ………………………… 104	マクドゥーガル，ゲイ・J（Gay J. McDougall）
組織的な大量レイプ ………… 14	…………………………………… 94
	松本克美 …………………… 89, 90
た 行	マリアニスモ（Marianisumo）…… 10
高里鈴代 ……………………… 24	宮井清暢 ……………………… 83
竹中千春 ……………………… 15	民族浄化 ……………………… 22
田中利幸 ……………………… 20	
男性性 ……………………… 17, 175	や 行
徴 集 ………………………… 116	山下英愛 ……………………… 19
直接請求権 …………………… 76	山手治之 ……………………… 84
直接的暴力 …………………… 5	山元一 ………………………… 79
戸塚悦朗 ……………………… 78	由美子ちゃん事件 …………… 191
奴隷化 ………………………… 20	
奴隷条約 ……………………… 92	ら 行
	リアドン，ベティ（Betty A. Reardon）…… 7
な 行	陸戦の法規慣例 ……………… 93
内藤光博 ……………………… 80	立法不作為 ………… 75, 78–80, 82, 83
中島光孝 ……………………… 83	ルワンダ国際刑事裁判所規程 …… 127
中満泉 ………………………… 22	

判例索引

高等裁判所

福岡高判1996年9月12日（判例タイムズ921号293頁）……………………………………… 177
広島高判2001年3月29日（判例時報1759号42頁）………………………………………… 59, 76
東京高判2003年7月22日（判例時報1843号32頁）……………………… 64, 74, 75, 77, 84
東京高判2004年12月15日（訟月51巻11号2813頁）…………………………………… 67, 70

地方裁判所

那覇地判1996年3月7日（判例時報1570号147頁）………………………………………… 177
山口地判下関支部1998年4月27日（判例時報1642号24頁）……………………… 59, 75, 77
東京地判1999年10月1日（判例集未搭載）…………………………………………………… 63
東京地判2002年3月29日（判例時報1804号50頁）………………………………………… 68, 77
東京地判2003年4月24日（判例時報1823号61頁）……………………………………… 66, 69, 83
東京地判2006年8月30日（訟月54巻7号1455頁）……………………………………… 65, 70, 75

◆著者紹介

髙良　沙哉（たから　さちか）

　1979年沖縄県生まれ
　北九州市立大学法学部法律学科卒業
　同大学大学院法学研究科法律学専攻修士課程修了
　同大学大学院社会システム研究科地域社会システム専攻博士後期課程修了（博士（学術））
　2006年　大学兼任講師
　2010年　沖縄大学人文学部福祉文化学科専任講師
　現在　沖縄大学人文学部福祉文化学科准教授

主な著書・論文

『沖縄の脱軍事化と地域的主体性――復帰後世代の「沖縄」――』（共著）明治大学軍縮平
　和研究所（2006年）
「従軍慰安婦裁判――原告の訴えるもの――」（単著）沖縄大学法経学部紀要 9 号（2007年）
「在日米軍人による性的暴力の提起する諸問題」（単著）沖縄大学法経学部紀要11号（2008
　年）
「戦後補償立法と被害者救済――いわゆる従軍慰安婦裁判を契機として――」（単著）
　沖縄大学法経学部紀要14号（2010年）
「『慰安婦』訴訟の意義と課題」（単著）沖縄大学地域研究所紀要地域研究13号（2014年）

「慰安婦」問題と戦時性暴力
──軍隊による性暴力の責任を問う

2015年1月15日　初版第1刷発行

著　者　髙良沙哉
発行者　田靡純子
発行所　株式会社 法律文化社

〒603-8053
京都市北区上賀茂岩ヶ垣内町71
電話 075(791)7131　FAX 075(721)8400
http://www.hou-bun.com/

＊乱丁など不良本がありましたら、ご連絡ください。
　お取り替えいたします。

印刷：亜細亜印刷㈱／製本：㈱藤沢製本
装幀：白沢　正

ISBN 978-4-589-03641-4

Ⓒ2015　Sachika Takara Printed in Japan

JCOPY　〈(社)出版者著作権管理機構　委託出版物〉

本書の無断複写は著作権法上での例外を除き禁じられています。複写される
場合は、そのつど事前に、(社)出版者著作権管理機構(電話 03-3513-6969、
FAX 03-3513-6979、e-mail: info@jcopy.or.jp)の許諾を得てください。

ヨハン・ガルトゥング／藤田明史編著
ガルトゥング平和学入門
A5判・242頁・2500円

ガルトゥングの平和理論の概念装置を体系的に提示し，その実践方法である「紛争転換」について概説。また，同理論的立場からテロをめぐる言説，東アジアの平和構想，平和的価値創造，非合理主義批判などを検討する。

横田洋三編
国際人権入門〔第2版〕
A5判・272頁・2700円

国連人権理事会の普遍的定期審査など，国際人権法の新展開に即し全面的に内容を見直した。初学者が親しみやすいように，資料や設問を新たに盛り込む。個人通報制度の受諾問題をはじめ日本との関わりも意識的に取りあげる。

ガバン・マコーマック，乗松聡子著／乗松聡子訳
沖縄の〈怒〉
――日米への抵抗――
A5判・283頁・2800円

沖縄問題の核心を通史の展開をふまえ実証的に追究。日本が米国の属国であるがゆえに沖縄が翻弄され続けていることを衝き，沖縄に正義と平和をもたらす責務が日本の私たちにあることを切実に投げかける。沖縄研究にとって必読の書。

望月康恵著
移行期正義
――国際社会における正義の追及――
A5判・192頁・4000円

紛争後の社会において過去のジェノサイドや人権侵害行為の処罰や事実解明を試みる際に国際社会が直面した正義の問題を検討。国際社会と主権国家の対立のなかで，個人責任の追及と国内社会の和解との関係を鋭く分析。

菊池一隆著
東アジア歴史教科書問題の構図
――日本・中国・台湾・韓国，および在日朝鮮人学校――
A5判・380頁・6000円

日・中・台・韓・在日朝鮮人学校の歴史教科書は史実にどのようにアプローチし，いかなる論理構成で評価を与えているか。各国の特色や共通性／差異を示し，東アジア史の中での日本の位置と相互の有機的関連を構造的に考察する。

――法律文化社――

表示価格は本体(税別)価格です